WERNERT

Internetkriminalität

Internetkriminalität

Grundlagenwissen, erste Maßnahmen und polizeiliche Ermittlungen

Manfred Wernert
Erster Kriminalhauptkommissar
Hochschule für Polizei Baden-Württemberg
Institutsbereich Ausbildung Lahr

4., aktualisierte Auflage, 2021

Bibliografische Information der Deutschen Nationalbibliothek |
Die Deutsche Nationalbibliothek verzeichnet diese Publikation in der Deutschen Nationalbibliografie; detaillierte bibliografische Daten sind im Internet über www.dnb.de abrufbar.

4. Auflage, 2021

ISBN 978-3-415-06891-9

Satz: abavo GmbH, Nebelhornstraße 8, 86807 Buchloe | Druck und Bindung: Laupp & Göbel GmbH, Robert-Bosch-Straße 42, 72810 Gomaringen

Richard Boorberg Verlag GmbH & Co KG | Scharrstraße 2 | 70563 Stuttgart
Stuttgart | München | Hannover | Berlin | Weimar | Dresden
www.boorberg.de

Inhaltsverzeichnis

Vorwort 4. Auflage

Die tagesaktuelle Berichterstattung verdeutlicht die Brisanz der Internetkriminalität. Betrugshandlungen, Kinderpornografie, strafbewehrte Selbstinszenierung in Internetforen und professionelle Hacker bestimmen die Schlagzeilen und beeinträchtigen das Sicherheitsgefühl in der Öffentlichkeit. Rasante technische Entwicklungen leisten dem Missbrauch Vorschub. Der Gesetzgeber tut sich schwer, mit rechtlichen Anpassungen hier Schritt zu halten. Umso mehr ist die Polizei gefordert, um mit den ihr zur Verfügung stehenden Mitteln und Möglichkeiten einen maßgeblichen Beitrag zur Bekämpfung der Internetkriminalität zu leisten. Hier ist es notwendig, bundesweit und über Landesgrenzen hinweg zusammenzuarbeiten. Auch im gemeinsamen Agieren mit außerpolizeilichen Organisationen und Einrichtungen sind Synergieeffekte zu erzielen.

Innerhalb dieser Dimensionen sind jede Polizeibeamtin und jeder Polizeibeamte gehalten, sich zum Kriminalitätsphänomen zu orientieren. Zur erfolgreichen Abwehr von Gefahren und der Verfolgung und Aufklärung von Straftaten ist eine angemessene Basiskompetenz gefordert.

Das vorliegende Buch soll hierzu seinen Beitrag leisten. Daneben bietet es eine Schnittstelle zu weitergehenden Informationen, Spezialgebieten und Ermittlungsmöglichkeiten.

Lahr, im November 2020 Manfred Wernert

Vorwort 3. Auflage

Es geht weiter. Das Internet ist allseitig, das „Allesnetz“ ist angesagt. Immer mehr durchdringt die Digitalisierung die Tageswelt. Und natürlich bieten die neuesten technischen Möglichkeiten und die weitgehende Verbreitung und Nutzung der Datennetze auch neue Tatgelegenheiten. Wo Menschen sind, da „menschelt's!“, oder nach frühester kriminologischer Erkenntnis – „Verbrechen ist ubiquitär“ – Kriminalität ist überall – so auch im Netz.

Sicherheit hat auch hier ihren Preis. Es bleibt die Frage, was es uns wert ist und welche Grundvoraussetzungen wir schaffen, um Sicherheit zu gewährleisten – Umsicht und Weitblick von Verantwortungsträgern sind gefragt. Dazu gehört nachhaltiges Agieren und nicht bloß überhastetes Reagieren, purer Aktionismus. Neben den vielen sich bietenden Chancen des Internets bedarf es des geschärften Blickes und der angemessenen, aber deutlichen Reaktion bei Fehlentwicklungen.

Zwischen unkontrollierter, globalisierter Netzfreiheit und Cyber-Nato bewegen sich die Sicherheitsbehörden und letztlich auch die Polizei.

Gerade sie ist auf solide Ressourcen angewiesen. Aktuellste Technik und bestqualifizierte Kräfte bilden maßgeblichen Anteil, um dem gesteigerten Sicherheitsbedürfnis in der Gesellschaft Rechnung zu tragen.

Dabei sind nicht nur die Spezialdienststellen, sondern gerade jede Polizeibeamtin und jeder Polizeibeamte tagtäglich in diesem Kriminalitätsbereich gefordert. Augenmaß und Handlungssicherheit stellen hier wichtige Grundpfeiler für die ersten Feststellungen und Maßnahmen zur Abwehr von Gefahren und der Verfolgung und Aufklärung von Straftaten dar.

Das Buch versteht sich dafür auch weiterhin als übersichtlicher und verständlicher Beitrag für die Praxis und die polizeiliche Aus- und Fortbildung.

Lahr, im Februar 2017 Manfred Wernert

Vorwort 2. Auflage

Die Informations- und Kommunikationstechnik entwickelt sich exponentiell und die Kriminalitätsentwicklung geht mit den technischen Möglichkeiten einher. Das Internet bildet dafür die Plattform und birgt neben den vielen Chancen auch enorme Risiken. Im Spannungsfeld von Freiheit und Sicherheit ist es auch Aufgabe der Kriminalistik, Angriffe auf die Integrität informationstechnischer Systeme abzuwehren und Straftaten beweissicher zu verfolgen. Nur dann kann dem ausgeprägten Sicherheitsbedürfnis der Bevölkerung in diesem Bereich Rechnung getragen werden. In Abgrenzung zu den Geheimdiensten orientieren sich die Strafverfolgungsbehörden, allen voran die Polizei, bei der Erfüllung ihres Auftrages an einem verantwortlichen Umgang mit unserer Verfassung und den darin verankerten Grundrechten.

Neben einer umfassenden Aufklärung im Sinne der Prävention bedarf es der ständigen Fortentwicklung personeller und technischer Ressourcen zur Kriminalitätsbekämpfung. Neben klassischen kriminalistischen Tugenden sind fachspezifische Kenntnisse für den mit Internetkriminalität konfrontierten Polizeibeamten gefordert. Das Buch liefert dafür die Kerninformationen zu den aktuellen Erscheinungsformen dieses Kriminalitätsbereiches, den rechtlichen Grundlagen und kriminalistischen Möglichkeiten. Es soll weiterhin als strukturierter Beitrag für die Praxis und die polizeiliche Aus- und Fortbildung dienen.

Lahr, im März 2014 | Manfred Wernert

Vorwort 1. Auflage

Der Einzug von Computern in nahezu alle Bereiche des gesellschaftlichen Lebens, die steigende Anzahl der Internetnutzer und die damit einhergehenden aktuellen Kriminalitätsentwicklungen führen auch für die Aufgaben der Polizei zu Veränderungen.

Die Polizei muss dem Bürger bei der Anzeigenaufnahme auch in diesem Deliktsbereich ein kompetenter Ansprechpartner sein.

Mit der **Anzeigenaufnahme** und der **Durchführung des Ersten Angriffs** sind unter anderen regelmäßig die **Polizeibeamtinnen und -beamten des Streifendienstes** und **der Bezirks- und Postendienste** konfrontiert. Die **Fortentwicklung** der **Kriminalistik** ist in diesem Zusammenhang notwendiger denn je.

Die Anzeigenaufnahme und die Bearbeitung von Delikten im Zusammenhang mit der Informations- und Kommunikationstechnik erfordern **fachspezifische Kenntnisse.**

Ziel der Behandlung des Themas in diesem Buch ist es insbesondere, dem mit diesen Aufgaben befassten Kollegenkreis entsprechende **Informationen** zu **vermitteln.**

Dabei geht es um das allgemeine Verständnis des **Kriminalitätsphänomens, rechtliche Entwicklungen**, die **Vornahme relevanter Feststellungen** und die sachgerechte **Sicherung elektronischer Beweismittel** als Bedingungen einer optimalen Auswertung durch qualifizierte Sachbearbeiter.

Analog dem Ergebnis klassischer Tatortarbeit soll auch die **Sicherung digitaler Spuren** den forensischen Anforderungen entsprechen.

Mit als **Basis** der Empfehlungen dienten **die aktuellen Handlungsanweisungen der Landeskriminalämter** und Erfahrungen der Praxis.

Das Buch soll damit einen **strukturierten Beitrag** zur geforderten Vermittlung des Grundlagenwissens und den Herausforderungen an die Strafverfolgungsbehörden im Bereich der Bekämpfung der Kriminalität mit Informations- und Kommunikationsmedien im Rahmen der **polizeilichen Aus- und Fortbildung** leisten.

Lahr, im Februar 2011 — Manfred Wernert

Abkürzungsverzeichnis

APRAnet	Advanced Research Project Agency NETwork
BBK	Bundesamt für Bevölkerungsschutz und Katastrophenhilfe
BfV	Bundesamt für Verfassungsschutz
BITKOM	Bundesverband Informationswirtschaft, Telekommunikation und neue Medien e.V.
BKA	Bundeskriminalamt
BMJV	Bundesministerium für Justiz und für Verbraucherschutz
BND	Bundesnachrichtendienst
BNetzA	Bundesnetzagentur
BPOL	Bundespolizei
BSI	Bundesamt für Sicherheit in der Informationstechnik
BVerfG	Bundesverfassungsgericht
CERN	Centre Européen de Recherches Nucléaires
DNS	Domain Name Systems
GiV	Gefahr im Verzug
GSM	Global System für Mobile Communications
http-Protokoll	HypertextTransferProtocol
IANA	Internet Assigned Numbers Authority
ICANN	Internet Corporation for Assigned Names and Numbers
IKZ	Internet Kompetenz Zentrum
IM	Innenministerium
IMK	Innenministerkonferenz
IMSI	International Mobile Subscriber Identity
Internet	InterconnectedNetworks
JMStV	Jugendmedienschutz-Staatsvertrag
LKA	Landeskriminalamt
LAN	LokalAreaNetwork
LTE	Long Term Evolution
KJM	Kommission für Jugendmedienschutz der Landesmedienanstalten
noeP	nicht offen ermittelnder Polizeibeamter
NotRufV	Notrufverordnung
PIN	Personal Identification Number
ProPK	Programm Polizeiliche Kriminalprävention der Länder und des Bundes
PUK	PIN Unblocking Key
SIM	Subscriber Identity Modul

SNS	Social network services
TCP/IP-Protokoll	TransmissionControlProtocol/InternetProtocol
TKG	Telekommunikationsgesetz
TMG	Telemediengesetz
TOR	The Onion Routing
UCE	Unsolicited Commercial E-Mails
UMTS	Universal Mobile Telecommunations System
UrhG	Gesetz über das Urheberrecht und verwandte Schutzrechte
URL	Uniform Resource Locator (deutsch: einheitlicher Quellenanzeiger oder Adresszeile)
VE	Verdeckter Ermittler
WLAN	WirelessLokalAreaNetwork
ZIT	Zentralstelle zur Bekämpfung der Internetkriminalität
ZKA	Zollkriminalamt

1 Missbrauchspotenzial Internet

Die Digitalisierung hat die Vernetzung der Welt erheblich beeinflusst und die Globalisierung auf eine neue Stufe gehoben. Ein Ende dieser Entwicklung ist nicht in Sicht. Genauso wie man Kleidung online kauft, kann man auch Drogen oder Waffen in der Underground Economy erwerben. Man findet im World Wide Web die Anleitung zum Aufbau eines Schrankes genauso wie die zum Bau einer Bombe. Und so praktisch Onlinebanking oder der smarte Backofen auch sind – sie bieten auch Angriffsmöglichkeiten für Straftäter.[1]

In seiner Rede anlässlich des Tages der Deutschen Einheit 2013 beschäftigte sich der damalige Bundespräsident Joachim Gauck mit den Chancen und Risiken dieser „**digitalen Revolution**": „So wie einst die industrielle Revolution verändert heute die digitale Revolution unsere gesamte Lebens- und Arbeitswelt. Digitale Technik dient als Spielwiese, als Chatraum und ersetzt den Gang zur Bank. Freiwillig und gedankenlos geben Menschen bei jedem Klick ins Netz Persönliches preis, manche vertrauen sozialen Netzwerken sogar ihr ganzes Leben an – Ausgeliefertsein und Selbstauslieferung sind kaum voneinander zu trennen", so der Bundespräsident.

Er beklagt die **schwindende Privatsphäre** und erkennt, dass Öffentlichkeit viele nicht mehr als Bedrohung empfinden, sondern als Verheißung, die Wahrnehmung und Anerkennung verspricht. „Sie verstehen nicht oder sie wollen nicht wissen, dass sie so mitbauen an einem digitalen Zwilling ihrer realen Person, der neben ihren Stärken eben auch ihre Schwächen enthüllt – oder enthüllen könnte. Der ihre Misserfolge und Verführbarkeiten aufdecken oder gar sensible Informationen über Krankheiten preisgeben könnte. Der den Einzelnen transparent, kalkulierbar und manipulierbar werden lässt für Dienste und Politik, Kommerz und Arbeitsmarkt" … und eben auch Tatgelegenheit bietet für Kriminelle.

„Wir wollen und sollten die **Vorteile** der digitalen Welt **nutzen**, uns **gegen** ihre **Nachteile** aber **bestmöglich schützen**", fordert der Bundespräsident. „Es gilt, Lösungen zu suchen, politische und gesellschaftliche, rechtliche, ethische und ganz praktische: Was darf, was muss ein freiheitlicher Staat im Geheimen tun, um seine Bürger durch Nachrichtendienste vor Gewalt und Terror zu schützen? Was aber darf er nicht tun, weil sonst die Freiheit der Sicherheit geopfert wird? Wie muss der Arbeitsmarkt aussehen, damit

1 *Münch*, Präsident des BKA, BKA Herbsttagung 2018, „Sicherheit in einer offenen und digitalen Gesellschaft, Begrüßungsrede, www.bka.de, 22.05.2020.

der allzeit verfügbare Mensch nicht zu so etwas wie einem digitalen Untertanen wird? Wie existieren Familie und Freundschaften neben den virtuellen Beziehungen? Wie können Kinder und Jugendliche das Netz nutzen, ohne darin gefangen zu werden? Wir brauchen also Gesetze, Konventionen und gesellschaftliche Verabredungen, die diesem epochalen Wandel Rechnung tragen."[2]

In diesem Spannungsfeld zwischen Freiheit und Sicherheit spiegeln die nachfolgenden aktuellen Schlagzeilen das Missbrauchspotenzial im Internet wieder![3]

Hacker-Bande ergaunert 1,65 Millionen Euro
NSA späht Kanzlerin-Handy aus
Gefahrenquelle Smartphone
Netzangriffe, Sabotage, Propaganda
Corona-Spam: Vorsicht vor falschen Masken-Mails
Radikalisierungsmaschinen – Wo Menschen zu Radikalen werden
Polizei zerschlägt Kinderporno-Ring – Haupttäter in Haft
Attacken auf Superrechner – Hacker greifen europaweit Hochleistungscomputer an
23-Jährige erstochen – Mörder im Netz kennengelernt
Wie aus Routern Zombies werden
Sicherheit im Netz hat ihren Preis

Seit 1997 erheben die großen deutschen Fernsehsender ARD und ZDF in einer repräsentativen Studie die Entwicklung der Internetnutzung in Deutschland. Danach nutzen rund 90 % der deutschsprachigen Bevölkerung ab 14 Jahren das Internet. Die deutlichsten Zuwächse gab es in 2019 bei der medialen Internetnutzung. Video-Streamingdienste wie Netflix gehören mittlerweile für 37 % zum wöchentlichen Medienrepertoire, aber auch Live-Fernsehen im Internet gewinnt an Beliebtheit. Audiostreaming über Spotify und Co. nutzen 13 % der Onliner, 20 % lesen mittlerweile online Artikel oder Berichte. Unter den Social-Media-Plattformen bleibt Facebook (21 % Tagesreichweite) Nummer Eins, Instagram ist der größte Gewinner (+4 %-Punkte auf 13 % Tagesreichweite). Die mediale Internetnutzung und Video-on-Demand gewinnen damit weiter an Bedeutung. Das Smartphone stellt bei der Internetnutzung unverändert ein ungemein rele-

2 *Gauck*, Bundespräsident, Rede zum Tag der Deutschen Einheit am 03.10.2013 in Stuttgart, www.bundespraesident.de

3 Aktuelle Schlagzeilen zur Berichterstattung diverser Tages- und Wochenzeitungen.

vantes Gerät dar und wird von der befragten Bevölkerung ab 14 Jahren zunehmend als Universalgerät eingesetzt.[4]

Die Reichweite des Internets ist damit vergleichbar mit der des Fernsehens. Das Internet zählt für die meisten Online-Nutzer zum Alltag und wird gewohnheitsmäßig täglich eingeschaltet.

Mit dem **Web 2.0 (Social Media)** entsteht seit 2003 eine „in sozio-technischer Hinsicht veränderte Nutzung des Internet, bei der dessen Möglichkeiten konsequent genutzt und weiterentwickelt werden. Es stellt eine Evolutionsstufe hinsichtlich des Angebots und der Nutzung des World Wide Web dar, bei der nicht mehr die reine Verbreitung von Informationen bzw. der Produktverkauf durch Webseitenbetreiber, sondern die Beteiligung der Nutzer am Web und die Generierung weiteren Zusatznutzens im Vordergrund stehen".[5]

Wikis, Blog, Microblogs, Social Networks und Social Sharing bezeichnen die Funktionsweisen der Kommunikation im Web 2.0.

Internetnutzer weltweit verbringen immer mehr Zeit mit sozialen Medien. Während die durchschnittliche Nutzungsdauer von sozialen Medien im Jahr 2012 noch bei 90 Minuten pro Tag lag, belief sich diese Nutzungsdauer im Jahr 2018 bereits auf 138 Minuten täglich. Gemessen an der durchschnittlichen Nutzungsdauer pro Tag ist unter 16- bis 19-Jährigen in Deutschland YouTube das beliebteste soziale Netzwerk. Die tägliche Nutzungsdauer belief sich im Durchschnitt auf 150 Minuten. Die zweithöchste Nutzungsdauer in dieser Altersgruppe erzielte Instagram mit 72 Minuten täglich. Unter den Deutschen ab 60 Jahren weist Facebook die höchste tägliche Nutzungsdauer auf.[6]

Smartphone, Tablets, Apps und die Cloud sind heute allgegenwärtig und gleichzeitig vielleicht auch schon wieder von gestern?! Neue Techniken sehen die Funktionen unserer ständigen Begleiter direkt in unseren Körper integriert (vgl. den Begriff Biohacking) – digitale Tattoos machen die Haut zum Medium, kleinste Chips unter der Haut mit kleinen Datenmengen, ins Ohr implantierte Bluetooth-Kopfhörer, operativ eingesetzte Elektroden zur Messung der Gehirnströme projizieren Gedanken in die Umgebung. Die Grenzen zum Cyborg[7] sind nicht mehr weit.

4 ARD/ZDF-Onlinestudie 2019, www.ard-zdf-onlinestudie.de, 19.05.2020.

5 *Gehl*, Kriminalität im Internet-Zeitalter, Vorwort zur Studientagung für Polizeibeamte, Richter, Staatsanwälte u. a., Katholische Akademie Trier 2012, zitiert aus http://wirtschaftslexikon.gabler.de, Stichwort: Web 2.0.

6 Statistiken zum Thema Soziale Netzwerke, https://de.statista.com, 19.05.2020.

7 Cyborg (von engl. „cybernetic organism") ein Lebewesen, das technisch ergänzt oder erweitert ist, https://wirtschaftslexikon.gabler.de, 19.05.2020.

Die Entwicklungen dauern an, im **Web 3.0**, dem sogenannte semantischen Web, kommt zu den nutzergenerierten Inhalten die Verknüpfung von Bedeutungen. Hier werden Informationen strukturiert und so aufbereitet, dass es Computern möglich ist, diese entsprechend ihrer Bedeutung zu verstehen und zu verarbeiten. Der Nutzer soll bei der Bewältigung der Informationsfülle unterstützt werden.

In Zukunft sollen nachfragebasierte Daten sowie intelligente Netzwerke die Nutzung des Webs dominieren. Ist von künstlicher Intelligenz die Rede, werden damit in aller Regel die IoT-Anwendungen des **Web 4.0** bezeichnet.[8]

Künstliche Intelligenz (KI) ist Innovationsmotor und Sicherheitsrisiko zugleich. KI gilt für immer mehr Bereiche als großer Zukunftstrend und wird schon heute in Unternehmen genutzt, um Abläufe zu automatisieren, Anwendungsprobleme zu lösen oder Sicherheitslücken aufzuspüren. Expertinnen und Experten gehen davon aus, dass KI schon bald in nahezu allen Unternehmensbereichen Einzug hält. KI wird aber auch eingesetzt, um Anomalien aufzudecken. Anomalien sind Abweichungen von bereits bekanntem Verhalten, und solche Abweichungen können auf bösartige Absichten hinweisen, die auf verärgerte Beschäftigte, Malware oder gar Kriminelle zurückgehen. Die Attacken sind in der Regel gut vorbereitet. Zuerst spionieren die Täterinnen und Täter mit Hilfe von Spionage-Software etwa E-Mails und Finanzdaten des Unternehmens aus, sichern sich Zugriff auf alle relevanten Systeme und installieren letztendlich die Verschlüsselungssoftware.[9]

Das Internet hat sich seit Beginn der 90er Jahre sprunghaft zum „Tummelplatz“ einer globalisierten Informations-, Wissensgesellschaft und Dienstleistungsgesellschaft entwickelt. Es dient als **uneingeschränkter Informationspool** und als **maßgebliches Kommunikationsmittel**. Der Kaufmann um die Ecke entwickelte sich zum Internethändler – der bequeme Einkauf von zuhause aus kann weltweit erfolgen. Mit dem Online-Service-Angebot wirbt die Wirtschaft: „Unnötige Wartezeiten am Telefon vermeiden, aktuelle Verträge einsehen, Angebotsberechnungen durchführen, Vertrags-, Adress- und Kontoänderungen vornehmen, Antworten auf Fragen zur Jahresrechnung finden.“ Die Furcht vor Viren und Ansteckung, Kontaktbeschränkungen und Abstandregeln fördern und verlangen die Internetnut-

8 Internet der Dinge (IdD), auch: „Allesnetz“, englisch Internet of Things, Kurzform: IoT, bezeichnet die Vernetzung von Gegenständen mit dem Internet, damit diese Gegenstände selbstständig kommunizieren können und dadurch Dienstleistungen absolvieren, https://wirtschaftslexikon.gabler.de, 19.05.2020.

9 Pressemeldung Zweites CyberSicherheitsForum, 19.02.2020, www.baden-wuerttemberg.de, 20.05.2020.

zung. Privates wird öffentlich, schon beim Telefonieren an jedem Ort mit dem Handy, jedenfalls beim uneingeschränkten Einsatz mobiler Computer auf Straßen und Plätzen und in öffentlichen Verkehrsmitteln oder durch die Eingabe und Nutzung persönlicher Informationen in sozialen Netzwerken.

Das Internet bestimmt so das Leben in vielen Bereichen und Situationen unseres Alltags.

Dabei hat die Technologisierung der Gesellschaft, wie bereits mehrfach angedeutet, auch ihre Schattenseiten, denn „Gelegenheit macht Diebe". Mit dem Internet entstand das sogenannte „global village". Dieses „globale Dorf" ist reich bevölkert. Jeder – mit Zugangsmöglichkeit, und es werden immer mehr – kann diesen Raum, dieses virtuelle neue Gebiet auch nutzen, um Straftaten zu begehen. Entsprechend bietet das Internet die **Plattform für neue Tatgelegenheiten und Kriminalitätsformen**. Auch Kriminelle nutzen die Vorzüge des Internets für ihre Zwecke aus. Digitale Beutezüge sind wesentlich lukrativer als herkömmlicher Betrug. Hinzu kommt das weit geringere Entdeckungsrisiko. Der „moderne Bankräuber" agiert im geschützten Raum am Computer, die **gefälschte IP-Adresse ersetzt die Maskierung**, **Gewaltanwendung** ist **nicht nötig** – ein **Mausklick genügt**.

Die rasante technologische Entwicklung beeinflusst die Erscheinungsformen von Kriminalität sowie Tat- und Tätertypologien nachhaltig, so BKA-Präsident Jörg Ziercke bei einer Konferenz mit dem Thema „Cybercrime – eine globale Gefahr?" bereits am 12.05.2010 in Kopenhagen.

Bei der Herbsttagung im Jahr 2013 warnte das BKA vor zunehmender Cyberkriminalität.[10] Der damalige Präsident des BKA, Jörg Ziercke, erkannte darin eine „Bedrohung mit unvergleichbarer Dimension. Die direkten Kosten, die durch Cybercrime entstehen, sind größer als jene, die der Handel von Kokain, Heroin und Marihuana gemeinsam erzeugen", sagte er in Wiesbaden.

Für Ziercke stand fest: „Durch die über das Internet zur Verfügung gestellte digitale Infrastruktur eröffnen sich neuartige Modi operandi mit enormen Schadensausmaß und -potenzialen." Das Internet entgrenze Kriminalität und sei ungebremst entwicklungsoffen. „Je mehr Geräte und Schnittstellen wir nutzen, je stärker wir uns digital vernetzen, desto mehr nimmt die Verwundbarkeit der Systeme zu."[11]

10 BKA-Herbsttagung am 12./13.11.2013 mit dem Thema „Cybercrime – Bedrohung, Intervention, Abwehr", Publikationen mit Tagungsprogramm und Rede- und Diskussionsbeiträgen finden sich unter www.bka.de

11 BKA warnt vor zunehmender Cyberkriminalität, http://www.tagesspiegel.de, Artikel vom 12.11.2013 zur BKA-Herbsttagung.

Eine vermeintliche Anonymität im Internet, die Erreichbarkeit großer Zielgruppen sowie deren teilweise fehlende Kompetenz im Umgang mit den neuen Medien begünstigen kriminelles Verhalten. In fast allen Kriminalitätsbereichen bedienen sich die Täter modernster Technik und nutzen das **Internet als Tatmittel**.

Es gibt kaum einen Computernutzer, der noch keinen Virus auf dem Rechner gehabt hätte. Geht der Angriff glimpflich ab, sind ein paar Daten verloren. In schlimmeren Fällen ist das Bankkonto geplündert oder die gesamte Identität ausgespäht. Für Wirtschaft und Verwaltung bedeutet Internetkriminalität mehr als persönlichen Ärger – sie bedroht öffentliche Infrastrukturen.

Hinter den Angriffen stehen auch oft kriminelle Netzwerke und Organisationen. Diese arbeiten hochprofessionell mit Hackern und Virenautoren über Staatengrenzen hinweg zusammen und verfügen über entsprechende Schadprogramme sowie die Infrastruktur zur Begehung von Straftaten im Internet. Das kriminelle Agieren ist durch eine besondere Dynamik gekennzeichnet, da sich die Täter veränderten technischen Gegebenheiten sehr schnell anpassen und enorme Innovationsfähigkeiten zeigen.[12]

Das sogenannte **Darknet**[13] bildet eine **digitale Parallelwelt** zum Internet, ein Netzwerk und globaler Marktplatz für Kriminelle, bezeichnet auch als **Underground Economy** – kriminelle wirtschaftliche Aktivitäten im Untergrund.

Ein spektakulärer Fall führt vor Augen, wie der Bankraub des 21. Jahrhunderts funktioniert: Innerhalb weniger Stunden hatten mehrere Internetbetrüger einer „New Yorker Zelle“ weltweit rund 45 Millionen Dollar an Bankautomaten abgehoben – ganz ohne Waffen und Sprengstoff. Der international agierenden Tätergruppierung war es gelungen, über kompromittierte Server in das Sicherheitssystem einer Bank einzudringen und sich die Kreditkartendaten zu verschaffen.[14]

Auf der Suche nach IT-Sicherheitslücken helfen „Werkzeugkisten“. Entsprechende Angebote sind auch bei Hackern gefragt. Sicherheitslücken aufzuspüren und darauf aufsetzende Angriffssoftware zu programmieren ist mühselig. Sammlungen, wie Metasploit oder Blackhole, helfen mit An-

12 Cyberkriminalität: Die globale Gefahr, in: Polizeispiegel 6/2010.ff, und *Münch*, Präsident des BKA, BKA Herbsttagung 2018, „Kriminalitätsbekämpfung weiterdenken – Phänomene – Herausforderungen – Handlungsoptionen im Zeitalter von Big Data, Algorithmen und autonomen Systemen“, dortige Fallskizze, www.bka.de, 20.05.2020.

13 Gleichbedeutend werden die Begriffe „Darkweb, „Deep Web“ verwendet.

14 Pressemeldung des IM Baden-Württemberg bzgl. „Internationales Symposium Cybercrime – Building Alliances for a Safer Digital World“, 17.10.2013.

griffsroutinen und Suchprogrammen, die auch versteckte Sicherheitslücken schnell finden. Auf der Website des Open-Source-Projekts www.metasploit.com tauschen sich Entwickler über sogenannte Penetrationssoftware, die Einbruchsstellen in Systeme ermittelt, und neueste Angriffsprogramme aus. Dort kann auch die „Metasploit Framework" genannte Werkzeugsammlung zur Entwicklung von Angriffssoftware heruntergeladen werden.

Während Systemadministratoren die **Software** einsetzen, um ihre Systeme auf Schwachstellen zu testen und gefundene Sicherheitslücken zu schließen, besteht so auch die **Möglichkeit** des **Missbrauch**s für Kriminelle. Die **Angriffsprogramme** eignen sich für nahezu alle kommerziell eingesetzten Betriebssysteme. Ein Exploit oder Angriffsprogramm dringt in ein Rechnersystem ein und installiert dort Schadsoftware (Spionageprogramme), stiehlt Kontendaten, vertrauliche Dokumente oder die Computeridentität der Anwender, löscht Festplatten, kidnappt das System oder manipuliert Steuerungsrechner von Industrieanlagen.

Blackhole ist eine Sammlung von Angriffsprogrammen, die laut dem Sicherheitsunternehmen Sophos bei einem Drittel aller Cyberattacken verwendet wird. Im Gegensatz zu Metasploit handelt es sich bei Blackhole um ein kommerzielles Produkt, das Jahresabonnement kostet 1.500 Dollar. Der Kunde erhält dafür nicht nur eine Sammlung von Angriffsprogrammen, sondern auch fortlaufende Lieferungen mit neu entdeckten, aber noch nicht bekannten Sicherheitslücken.[15]

Auch der Handel mit illegalen Waren und Dienstleistungen (Rauschgift, Waffen, digitale Identitäten, Kreditkartendaten, E-Mail-Accounts, Bankkonten [sogenannte „Bankdrops"][16], Anleitungen zu DDos-Attacken[17]) wird durch den Zugang zu entsprechenden Foren im Internet ermöglicht.

3D-Drucker ermöglichen die Herstellung funktionsfähiger Schusswaffen aus Kunststoffteilen, die so über das Internet illegal vertrieben werden können (vgl. Abb. 1).

15 *Welchenring*, Verschlungene Wege für mehr Sicherheit am Rechner, Frankfurter Allgemeine Sonntagszeitung, 14.04.2013.

16 *Burandt/Tölle*, Cybercrime – nicht nur in der Großstadt! – Erfahrungen am Beispiel einer Ermittlungskommission, in: Kriminalistik 8–9/2013.

17 Vgl. Kapitel 2.3, Cybercrime im engeren Sinn.

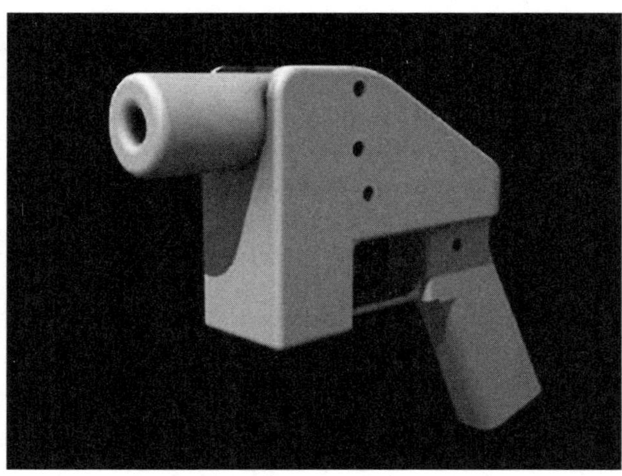

Abb. 1 Mit 3D-Drucker hergestellte Schusswaffe, Bezeichnung „Liberator" (dt. Befreier)[18]

Es gibt keine klassische Straftat, die nicht auch durch das Internet gefördert wird. Selbst Mord, z. B. durch die Attacke des Hackers auf einen Herzschrittmacher, ist nicht ausgeschlossen.

Hinzu kommt die teilweise große **Sorglosigkeit** vieler **Internet-Nutzer**, unter anderem bei Betrugsdelikten, die den Tätern das Vorgehen sehr erleichtert und zum Erfolg verhilft. So werden z. B. ohne Bedenken die Kontoverbindungsdaten preisgegeben oder wird auf der Suche nach einem besonders preisgünstigen Angebot die notwendige Sorgfalt außer Acht gelassen.

Social Engineering bezeichnet das Agieren von Kriminellen zur Gewinnung von vertraulichen Informationen. Im Internet vorhandene private Daten werden genutzt, um z. B. mit dem Namen des Ehepartners oder des Haustieres Passwörter zu erraten. Nach dem manipulierten Zurücksetzen vergessener Passwörter werden die Antworten auf Sicherheitsfragen gegeben. Wenn diese aus einem Geburtsdatum, einem Namen oder aus Bestandteilen der Wohnanschrift bestehen, lässt sich das eventuell über die Einträge in Sozialen Netzwerken herausfinden.

Persönliche Informationen werden auch für betrügerische E-Mails genutzt. Durch Ausforschung des Profils wird bekannt, dass nahe Angehörige verreist sind. Aus diesem Wissen heraus wird dann per E-Mail an Verwandte ein angeblicher Notfall des Reisenden behauptet und um Geld oder Zugangsdaten für das Online-Banking gebeten.

18 DPolG-Standpunkt, Nr. 46/2013.

Eltern wissen nicht, womit sich ihre Kinder im Internet beschäftigen oder in welchen Chatrooms sie sich bewegen. Täter nutzen gezielt den Schutz der Anonymität, um mit Kindern und Jugendlichen in Kontakt zu treten. Die Delikte reichen dabei von **sexuellen Beleidigungen** bis hin zu **Kontaktanbahnungen** und sogenanntem Blind Date, mit dem Ziel, sexuelle Handlungen vorzunehmen. Chats und Foren sind ideale Orte, um Kontakte zu Opfern anzubahnen und Vertrauen zu erschleichen.[19] Sogenanntes **Cybergrooming** (wörtlich als „Internetstreicheln" übersetzt) nutzen Sexualstraftäter neben klassischen Chat-Foren in von Minderjährigen genutzten virtuellen Welten bei interaktiven Online-Spielen an Computern und Spielekonsolen.[20]

Soziale Netzwerke und Online-Communities bilden Plattformen für Mobbing (engl. mob = fertigmachen, anpöbeln). Das „Sich-fertig-machen-im-Netz" ist unter Kindern und Jugendlichen weit verbreitet und wird durch den sorglosen Umgang mit Daten, z. B. durch „Sexting"[21], begünstigt. Immer wieder machen Suizide der Opfer Schlagzeilen und lösen Trauer und Entsetzen aus. **Cybermobbing** betrifft aber auch Erwachsene, etwa durch sogenannte Rachepornos („Revenge Porns"). Vor allem Männer stellen dabei Nacktfotos ihrer ehemaligen Partnerin online, häufig samt Namen und Anschrift.

Bloßstellen und Diffamieren von Personen oder das Verbreiten von „virtuellen Gerüchten", bewusste Falschbehauptungen, mittels Handy oder Internet, gehören im interaktiven Web 2.0 zum Alltag. Dabei werden Straftatbestände wie Verleumdung, Beleidigung, üble Nachrede oder Verletzung des höchstpersönlichen Lebensbereichs durch entsprechendes Veröffentlichen und Verbreiten von Bildern ohne Zustimmung der aufgenommenen Personen erfüllt. Die dafür verwendeten Bezeichnungen Cybermobbing und **Cyberbullying** werden mittlerweile meist synonym verwendet. Es handelt sich um ein weltweites Problem.[22]

Die **extremistische Szene** nutzt das Internet zur **Verbreitung** ihrer **Ideologien** und zur Darstellung ihrer **Aktionen**. Zu diesem Zweck werden eigene Homepages erstellt, soziale Netzwerke genutzt und Informationen in Foren

---

19 „Mädchenjagd im Internet", Frankfurter Allgemeine Sonntagszeitung, 24.03.2013. Der Beitrag beschreibt das Ergebnis einer Recherche, bei der sich Mitarbeiter der F. A. S. zwei Wochen lang in beliebten, ausdrücklich auf Kinder zielenden Chatforen als zehn- bis zwölfjährige Mädchen ausgaben.

20 *Rüdiger*, Cybergrooming in virtuellen Welten – Chancen für Sexualtäter?, in: Deutsche Polizei 2/2012.

21 Hierzu werden z. B. mittels Smartphone freizügige Bildaufnahmen von der eigenen Person gefertigt (sog. „Selfie") und im „Freundeskreis" versandt.

22 Bundesprüfstelle für jugendgefährdende Medien, www.bundespruefstelle.de, und Bundesministerium für Familie, Senioren, Frauen und Jugend, www.bmfsfj.de – hier finden sich Informationen und Handlungsanweisungen, z. B. „Cybermobbing – Was kann ich dagegen tun?"

und Chatrooms ausgetauscht. Häufig sind Internetseiten mit extremistischen Inhalten nicht sofort als solche zu erkennen. Politische Inhalte sind oft subtil „verpackt“ und machen dadurch auf den ersten Blick einen seriösen Eindruck.

Über das Internet wird der Großteil des Handels mit **„Szeneutensilien“** abgewickelt. Radikale Salafisten versuchen im Internet, über Propagandavideos neue Mitglieder und Kämpfer für den Dschihad, den sogenannten „Heiligen Krieg“, zu gewinnen. Berichten des nordrhein-westfälischen Verfassungsschutzes zufolge entfalten die Videos vor allem auf Jugendliche „eine stark radikalisierende Wirkung“. Die Palette der salafistischen **Internet-Propaganda** reiche von der Missionierung neuer Anhänger bis hin zu „hassstiftenden und gewaltverherrlichenden Predigten“. Einige der Propagandavideos erreichten über 10.000 Klicks, so die Feststellungen des Verfassungsschutzes.[23]

Radikale Kräfte nutzen Imageboards und Plattformen der Gamer-Szene und kommunizieren mit Hilfe verschlüsselter Messenger-Dienste.[24]

Im Netz können Jugendliche zu Terroristen radikalisiert und junge Mädchen in Anorexie-Foren zu gesundheitsschädigendem Hungern verleitet werden. Sogar Suizid-Foren gibt es, Amokläufer machen auf sich aufmerksam, Trittbrettfahrer legen falsche Spuren. Die Täter schotten sich ab und verschleiern ihre Identität.

Beinahe täglich gibt es neue Berichte über **Datendiebstahl, Wirtschafts- und Industriespionage** oder den Verlust geheimer Dokumente. Die üblichen Verdächtigen sind oft schnell gefunden: schlecht administrierte Server, nachlässige Mitarbeiter, technische Defekte.[25]

Deutschland stellt aufgrund seines hohen Entwicklungsstands ein attraktives Ziel für Cyberkriminelle dar. Angriffe auf Unternehmensprozesse und auf IT-Systeme von KRITIS (kritische Infrastrukturen) stellen eine abstrakt hohe Bedrohung für die öffentliche Ordnung dar. Auch kleinere und mittlere Unternehmen stehen vermehrt im Fokus krimineller Aktivitäten, insbesondere durch Ransomware-Angriffe.[26] Hackerangriffe und Cyberkriminalität sind nach einer neuen Studie der Allianz für Unternehmen rund um den Globus die größte Bedrohung. Bei den IT-Gefahren stellt Europas größter Ver-

---

23 Heiliger Krieg im Internet, in: Badische Zeitung, 23.10.2013.

24 *Ebner*, Wo Menschen zu Radikalen werden, „Radikalisierungsmaschinen“, in: Badische Zeitung, 31.01.2020.

25 *George*, Cyberwar und Wirtschaftsspionage – Ein Strategiewechsel ist erforderlich, BayLfV, in: der kriminalist 4/2013.

26 Vgl. BKA, Cybercrime Bundeslagebild 2018, www.bka.de, 22.05.2020.

sicherer vor allem die Erpressung heraus. Cyberkriminelle verschlüsseln mit Hilfe von Schadsoftware (Ransomware) Firmenrechner und verlangen anschließend Geld für die Entschlüsselung. Das Phänomen ist seit Jahren bekannt, doch verlangen die Angreifer laut Allianz immer höhere Summen.[27]

Der Sicherheitstacho verdeutlicht anschaulich die weltweiten Cyberangriffe auf die Honeypotinfrastruktur der DTAG (Deutsche Telekom AG) sowie ihrer Partner.[28]

Weitere Gelegenheiten betreffen die **Herstellung** und den **Vertrieb** von **Raubkopien** oder das **Verbreiten kinderpornografischen Materials**. Schätzungen der UNO zufolge setzen Verbrecherringe mit Kinderprostitution und Kinderpornografie weltweit jedes Jahr ca. fünf Milliarden US-Dollar um. Die sexuelle Ausbeutung von Kindern ist damit ähnlich lukrativ wie der Waffen- und Drogenhandel.

Organisierte Kriminalität im Internet bedroht uns erheblich. Dabei eröffnet Cyberkriminalität völlig neue Dimensionen und ist nicht nur danach zu kategorisieren, ob sie die OK-Definition[29] erfüllt. Sie ist nach ihrer Gefährlichkeit, nach ihrer kriminellen Energie, nach der Zahl ihrer Opfer, dem angerichteten Schaden für das Vermögen, das Eigentum und die Persönlichkeitsrechte von Opfern und nach den teilweise katastrophalen Folgen zu beurteilen, die ihre Taten für IT-Systeme und das Vertrauen in das Funktionieren von Wirtschaft und Gesellschaft hinterlassen. Das kriminelle Handeln einer Gruppierung von Computerkriminellen, das klassisch die OK-Definition erfüllen würde, wiegt dabei nicht schwerer als das Handeln eines Einzeltäters, der als Hacker ganze Infrastrukturen zum Einsturz bringt oder Betriebsgeheimnisse ausspioniert.

Oft ist der Einkauf qualifizierter Experten nur eine Frage des Geldes und nicht eine Frage, ob die von ihnen erwarteten Leistungen für eine kriminelle oder eine legale Organisation erbracht werden. Es wäre erstaunlich, wenn die klassischen OK-Gruppierungen, die im Besitz von Milliardenbeträgen sind, sich nicht der Cyberkriminalität mit ihrem deutlich geringeren Entdeckungsrisiko bedienen würden.[30]

---

27 Hacker sind Feinde Nr. 1, in: Badische Zeitung, 16.05.2020, vgl. Kapitel 16, Digitale Erpressung.

28 https://www.sicherheitstacho.eu, T-Systems International GmbH, 22.05.2020. „Honeypot, Honeynet“: Computersysteme oder Netzwerke, die gezielt Angreifer anlocken sollen.

29 Von der Arbeitsgruppe Justiz/Polizei gefasste Definition, vgl. Glossar und Handbuch für die Ausbildung der Polizei Baden-Württemberg, Fachteil K, Richard Boorberg Verlag.

30 *Jaeger*, Impulsreferat auf dem 16. Europäischen Polizeikongress am 19./20.02.2013 in Berlin zum Thema „Schutz und Sicherheit im digitalen Raum“, Fachforum „Organisierte Kriminalität im Internet“, in: der kriminalist 5/2013.

Die **statistischen Zahlen** von Cybercrime sind in den vergangenen Jahren angestiegen. Es ist davon auszugehen, dass dieser Trend in der Zukunft anhalten wird. Die Fallzahlen dieses Kriminalitätsbereiches hängen aber ebenso vom Anzeigeverhalten der Betroffenen ab. Teilweise wird das Eindringen in den Rechner von den Geschädigten gar nicht erkannt oder die erkannte Straftat wird durch das geschädigte Unternehmen nicht angezeigt, weil eine Rufschädigung befürchtet wird. Deswegen ist auch von einem entsprechenden **Dunkelfeld** in diesem Bereich auszugehen. Fallzahlen als auch Schadenssummen sowie die Anzahl der Geschädigten dürften weitaus höher liegen, als es die polizeilichen Statistiken ausweisen.

Einer Studie des niedersächsischen Innenministeriums zufolge, die das sogenannte Dunkelfeld verschiedener Straftatbestände untersucht, ist die Zahl der nicht zur Anzeige gebrachten Straftaten gerade im Bereich Cybercrime höher als in allen anderen untersuchten Bereichen. Danach wird nur jeder vierte Betrugsversuch im Internet angezeigt. Bei Phishing beträgt das Dunkelfeld das Zehnfache, bei Datenverlusten und finanziellen Einbußen durch Schadsoftware sogar mehr als das Zwanzigfache des der Polizei bekannt gewordenen Fallvolumens.[31]

Abb. 2 Formeln in Programmiersprache und 0-1-Kombinationen[32]

31 Dunkelfeldstudie – Befragung zu Sicherheit und Kriminalität in Niedersachsen, 2013, www.lka.polizei-nds.de, 22.05.2020.

Je umfassender sich die Gesellschaft in der digitalen Welt bewegt und je mehr Möglichkeiten diese bietet, desto mehr Tatgelegenheiten ergeben sich für Cyberkriminelle.

Dies zeigt sich nicht nur an den im Vergleich zum Vorjahr erhöhten Fallzahlen bei gleichzeitig niedrigerer Aufklärungsquote, sondern z. B. auch an dem massiven Anstieg der Vielfalt von Schadsoftware.

Mit fortschreitenden Entwicklungen, wie dem Internet der Dinge (IoT)[33], Industrie 4.0, „Smart Home" oder Automotive IT (AIT) und stark zunehmenden „adressierbaren" Objekten im Internet wird das Spektrum potenzieller Ziele für Cyberkriminelle erweitert. Unzureichende Absicherungen sowie veraltete Technologien wirken sich dabei kriminalitätsfördernd aus. Über sogenannte Wearables (z. B. Smartwatches, Fitnesstracker, Kleidung) werden körperbezogene Messdaten und personenbezogene Standortdaten permanent erfasst und verarbeitet. Die bei Internetdienstleistern gespeicherten Daten ermöglichen die Fertigung von umfassenden Persönlichkeits- und Aktivitätsprofilen.[34]

Es gibt viele Phänomene, die die Unpersönlichkeit des Internets ausnutzen. Für das **Verbrechen** bietet sich damit ein **neuer Kosmos**. Mit einer weiteren Verlagerung bisher „konventionell" begangener Straftaten auf das Medium Internet oder unter dessen Nutzung ist zu rechnen. Das **Internet als Tatort** wird **auch in Zukunft nur begrenzt kontrollierbar** bleiben.[35]

32 Cyber-Sicherheitsstrategie für Deutschland, Bundesministerium des Innern, www.bmi.bund.de.

33 Vgl. FN 8.

34 Vgl. BKA, Cybercrime Bundeslagebild 2018, www.bka.de, 22.05.2020.

35 Programm Innere Sicherheit, Fortschreibung 2008/2009, Ständige Konferenz der Innenminister und -senatoren des Bundes und der Länder/IMK.

2 Kriminalitätsbegriff

Die dynamische Entwicklung der Informations- und Kommunikationstechnologie verändert die weltweite Kommunikation, Interaktion und Datenspeicherung tiefgreifend. Damit geht eine entsprechende Veränderung der Erscheinungsformen der IuK-Kriminalität und damit der Tat- und Tätertypologien einher.[36]

Angriffe auf die Integrität und Sicherheit von Datensystemen bergen in unserer modernen Informationsgesellschaft ein hohes Gefahrenpotenzial. Kriminelle können mit einem Mausklick Tausende schädigen.

2.1 Kriminalitätsmerkmale[37]

- Fehlendes Unrechtsbewusstsein und vermeintliche oder tatsächliche Anonymität auf Täterseite fördern die Tatbegehung. Psychologische Hemmschwellen entfallen zunehmend.
- Fehlende Kompetenzen und Technik kaufen oder mieten Täter. Der Kontakt erfolgt über Foren, sodass die Beteiligten in der Regel anonym bleiben. Hierdurch wird das Entstehen internationaler Strukturen begünstigt.
- Täter erschweren den Zugriff der Ermittlungsbehörden, indem sie zunehmend Informationen mit Beweiswert nicht auf ihrem Rechner, sondern im Internet speichern. Sie nutzen Internettelefonie (VoIP) über internationale Anbieter, Kryptierungstechniken sowie Steganografie und verschleiern IP-Adressen.
- Täter reagieren sehr schnell auf technische Sicherheitsvorkehrungen, indem sie unverzüglich ihre Vorgehensweise durch Anpassung der Schadprogramme ändern. Dadurch entfalten Sicherheitsvorkehrungen in der Regel nur kurzzeitig Wirkung.
- Das Dunkelfeld im Bereich der IuK-Kriminalität im engeren Sinne ist hoch einzuschätzen. In vielen Fällen wird die Straftat vom Geschädigten nicht bemerkt. Bei Wirtschaftsbetrieben ist ein befürchteter Imageverlust häufig Ursache für eine Nichtanzeige.

---

36 Programm Innere Sicherheit, vgl. FN 35. Hier wird der bis dahin gebräuchliche Begriff „IuK-Kriminalität“ verwendet.

37 Programm Innere Sicherheit, vgl. FN 35.

2.2 Begriff Cybercrime

Im politischen, wirtschaftlichen, gesellschaftlichen und polizeilichen Sprachgebrauch begann sich der Begriff Cybercrime zu formen. Gemäß der am 01.07.2009 in Kraft getretenen „Convention on Cybercrime" des Europarates[38] – Deutschland ratifizierte die EU-Konvention am 09.03.2009 – sind die nachfolgenden Straftaten vom Begriff Cybercrime umfasst[39]:

1. **Straftaten gegen die Vertraulichkeit, Unversehrtheit und Verfügbarkeit von Computerdaten und -systemen** – Ausspähen und Abfangen von Daten, Datenveränderung, Computersabotage einschließlich Vorbereitungshandlungen, Infizierung von Computersystemen mit Schadsoftware, Datenspionage – „Hacking, Phishing", Störung des Zugriffs auf Computersysteme, Herstellen, Verschaffen und Zugänglichmachen von Passwörtern, Sicherungscodes oder auf die Begehung von Straftaten abzielender Computerprogramme – „hacking tools, crimeware".
2. **Computerbezogene Straftaten** – betrügerische Angriffe auf das Vermögen, Betrug, Computerbetrug, bei denen im Einzelfall aber auch die missbräuchliche Verwendung der digitalen Identität eines anderen und damit der Tatbestand des Verfälschens und Gebrauchens beweiserheblicher Daten eine Rolle spielen kann. Außerdem geht es hier um Angriffe auf höchstpersönliche Rechtsgüter wie die Ehre – „Cybermobbing, Cyberbullying".
3. **Inhaltsbezogene Straftaten** – Straftaten, bei denen über das Netz illegale Inhalte transportiert werden, also Informationen, deren Umgang vom Gesetzgeber mit Strafe bedroht wird, z. B. Kinderpornografie, Gewaltdarstellungen und Propagandadelikte.
4. **Straftaten im Zusammenhang mit Verletzungen des Urheberrechts und verwandter Schutzrechte** – unerlaubte Verwertung urheberrechtlich geschützter Werke, unerlaubtes Verbreiten von Bildnissen, z. B. unbefugtes Herunterladen und Verbreiten von Musik, Filmen, Software mittels Filesharing-Systemen oder Peer to Peer-Netzwerken wie eMule oder BitTorrent.
5. Mittels Computersystemen begangene **Handlungen rassistischer und fremdenfeindlicher Art** – gem. Zusatzprotokoll 2006.

---

38 Convention on Cybercrime, Budapest, 23.11.2001 (CETS No. 185), übersetzt als „Übereinkommen über Computerkriminalität".

39 Weiter dazu *Meier*, Neue Kriminalitätsformen: Phänomenologie und Bedingungsfaktoren der Internetkriminalität, in: Hilgendorf/Regnier (Hrsg.), Festschrift für Wolfgang Heinz zum 70. Geburtstag, 2012.

Der Arbeitskreis II „Innere Sicherheit“ (AK II)[40] sah vor dem Hintergrund nationaler sowie internationaler sicherheitspolitischer Entwicklungen das Erfordernis, den phänomenbezogenen Sprachgebrauch zu harmonisieren und die bisherigen Begriffsbestimmungen zur „IuK-Kriminalität“ durch den Begriff „Cybercrime“ zu ersetzen. Es gilt die nachfolgende Definition.

Cybercrime umfasst die Straftaten, die sich gegen

- **das Internet,**
- **weitere Datennetze,**
- **informationstechnische Systeme**

oder deren Daten richten.

Cybercrime umfasst auch solche Straftaten, die mittels dieser Informationstechnik begangen werden.

Diese Begriffsbestimmung berücksichtigt sowohl nationale[41] als auch internationale Sicherheitsstrategien und steht im Einklang mit internationalen Begriffsbestimmungen wie der Convention on Cybercrime[42], der United Nations Organization[43] und des FBI[44].

Sie ist geeignet, alle Straftaten der Cybercrime, sowohl der bisher als IuK-Kriminalität im engeren Sinn bezeichneten Delikte als auch der Straftaten, bei denen die IuK als Tatmittel verwendet wird (bislang als IuK-Kriminalität im weiteren Sinn bezeichnet), abzubilden. Der besonderen Bedeutung des Internet als wichtigstes Datennetz im Zusammenhang mit der Cybercrime wurde durch eine explizite Nennung in der Definition Rechnung getragen.

Auf eine Unterscheidung zwischen Cybercrime im engeren Sinne und sonstiger Cybercrime wurde verzichtet, da die Definition das Phänomen Cybercrime als Ganzes beschreiben soll. Gleichwohl erlaubt die Definition eine solche Differenzierung, was u. a. die praktische Umsetzung erleichtern wird (fachlich richtige und bekannte phänomenologische Zuordnung[45]).

Eine einheitliche Definition des Begriffs Cybercrime war auch erforderlich, weil er sowohl im öffentlichen als auch im privaten Raum zunehmend Ver-

40 Arbeitskreises II „Innere Sicherheit“ der Ständigen Konferenz der Innenminister und -senatoren der Länder/IMK.

41 Cyber-Sicherheitsstrategie für Deutschland, Bundesministerium des Innern/BMI, 2011 – beinhaltet u. a. Ausführungen zur Gefährdungslage und zu strategischen Zielen und Maßnahmen.

42 Convention on Cybercrime des Europarates, vgl. oben.

43 Vereinte Nationen/UNO (United Nations Organization), Organisation der Vereinten Nationen.

44 Federal Bureau of Investigation, Ermittlungsbehörde des US-Justizministeriums.

45 Vgl. Kapitel 2.3 und 2.4.

wendung findet, im internationalen Kontext gebräuchlich ist und auch von der Polizei (z. B. bei Medienkontakten, in der Öffentlichkeitsarbeit) genutzt wird.

Der Begriff Cybercrime löst damit die bisher verwandte Bezeichnung „Informations- und Kommunikationskriminalität (IuK-Kriminalität)" ab.

2.3 Cybercrime im engeren Sinn

Es handelt sich um Straftaten, bei denen **Informations- und Kommunikationstechnik – Elemente der EDV – in den Tatbestandsmerkmalen der Strafnorm** enthalten ist (Computerkriminalität).

Zunächst beinhaltete Cybercrime im engeren Sinn im Wesentlichen Kriminalitätsformen wie die Manipulation von Telefonkarten, die missbräuchliche Verwendung von Telefonanlagen sowie den betrügerischen Einsatz von „Dialern" und Mehrwertdiensten. Zwischenzeitlich wird dieser Phänomenbereich zu mehr als 90 % durch das widerrechtliche Abgreifen von Daten, das sogenannte „Phishing", dominiert. Ursprünglich zielten „Phishing-Angriffe" nur auf wenige Geschäftsbereiche der Netz-Welt, vornehmlich Banken und Auktionsplattformen. Das Zielspektrum der Täter hat sich mittlerweile wesentlich erweitert. Es werden nicht mehr nur die Zugangsdaten eines Opfers ausgespäht, sondern seine gesamte „Digitale Identität" (DI).

Die erlangten Daten werden auf einem globalen Marktplatz, der sogenannten „underground economy", vermarktet. Gehandelt werden hier auch kriminelle Geschäftsmodelle, Schadprogramme und Infrastrukturen. Der illegale Markt orientiert sich wie „normale" Märkte an den Kundenbedürfnissen und damit vor allem an der Nachfrage.

Ein besonders starker Anstieg der registrierten Cybercrime im engeren Sinn ist in den Bereichen „Ausspähen von Daten, Datenveränderung/-fälschung und Rechnersabotage" zu verzeichnen.

Weitere Erscheinungsformen der Cybercrime im engeren Sinne sind:

- Einsatz von Schadprogrammen, z. B. „Malware" und Trojaner, als Tatmittel zum Angriff auf Rechner und auf Mobiltelefone
- Nutzung sogenannter „Botnetze" zur Verschleierung oder Anonymisierung von Täteraktivitäten[46]

46 Vgl. Kapitel 17, Botnetz.

- Überlastung von Servern mit massenhaften Anfragen, um zu verhindern, dass dessen Inhalte verfügbar sind („DDoS-Angriffe")
- unberechtigtes Eindringen in Rechnersysteme („Hacking").[47]

Tatbestände der Cybercrime im engeren Sinn sind nachfolgend aufgeführt.

2.3.1 Straftaten nach dem Strafgesetzbuch (StGB)

Die Bestimmungen wurden durch das **41. Strafrechtsänderungsgesetz** zur Bekämpfung der Computerkriminalität – in Kraft getreten am 11.08.2007 – aktualisiert. Die Änderungen beruhten auf dem EU-Rahmenbeschluss über Angriffe auf Informationssysteme und dem Übereinkommen des Europarats über Computerkriminalität. Zu berücksichtigen sind insbesondere (vgl. Kapitel 20.1):

- § 149 StGB – Vorbereitung der Fälschung von Geld und Wertzeichen
- § 202a StGB – Ausspähen von Daten (sog. „elektronischer Hausfriedensbruch")
- § 202b StGB – Abfangen von Daten
- § 202c StGB – Vorbereiten des Ausspähens und Abfangens von Daten
- § 263a StGB – Computerbetrug
- § 269 StGB – Fälschung beweiserheblicher Daten
- § 270 StGB – Täuschung im Rechtsverkehr bei Datenverarbeitung
- § 271 StGB – Mittelbare Falschbeurkundung
- § 274 StGB – Urkundenunterdrückung
- § 303a StGB – Datenveränderung
- § 303b StGB – Computersabotage

Die Delikte sind auch Bestandteil des **Sondermeldedienstes Cybercrime** (SMD Cybercrime) in den Ländern und dem Bund.[48]

Qualifizierte Tatbestände für schwerwiegende und breitflächige Angriffe auf Informationssysteme und beim Ausspähen von Daten können in den Tatbeständen §§ 202a, 202b und 303a StGB berücksichtigt werden. Die §§ 202a, 202b und 303a StGB sollten auch eine Möglichkeit der Sanktionierung eines Versuchs (§ 22 StGB) vorsehen.[49]

---

47 Vgl. FN 35.

48 Vgl. Cyberkriminalität/Digitale Spuren, Jahresbericht, LKA Baden-Württemberg, 2013.

49 *Bär*, Rechtliche Herausforderungen bei der Bekämpfung von Cybercrime, BKA-Herbsttagung „Cybercrime – Bedrohung, Intervention, Abwehr", 2013; vgl. www.bka.de.

Mit Einführung des § 202d StGB ist auch das „Sichverschaffen" nicht allgemein zugänglicher Daten, die ein anderer rechtswidrig erlangt hat, als „Datenhehlerei" strafbar.[50]

2.3.2 Urheberrechtsverletzungen, Softwarepiraterie – Gesetz über Urheberrecht und verwandte Schutzrechte (UrhG)

Das Kopieren von geschützten Werken ist generell verboten. Nach § 95a UrhG dürfen wirksame technische Maßnahmen ohne Zustimmung des Rechtsinhabers nicht umgangen werden. Schutzgut der Straftatbestände des Urheberrechts sind insbesondere die Verwertungsrechte des Berechtigten. Zu beachten sind (vgl. Kapitel 20.2):

- § 95a UrhG – Schutz technischer Maßnahmen
- § 106 UrhG – Unerlaubte Verwertung urheberrechtlich geschützter Werke
- § 107 UrhG – Unzulässiges Anbringen der Urheberbezeichnung
- § 108 UrhG – Unerlaubte Eingriffe in verwandte Schutzrechte
- § 108a UrhG – Gewerbsmäßige unerlaubte Verwertung
- § 108b UrhG – Unerlaubte Eingriffe in technische Schutzmaßnahmen und zur Rechtewahrnehmung erforderliche Informationen
- § 109 UrhG – Strafantrag
- § 110 UrhG – Einziehung
- § 111a UrhG – Bußgeldvorschriften

2.3.3 Verstöße gegen das Telekommunikationsgesetz (TKG)

Zweck des Gesetzes ist es, durch technologieneutrale Regulierung den Wettbewerb im Bereich der Telekommunikation und leistungsfähige Telekommunikationsinfrastrukturen zu fördern und flächendeckend angemessene und ausreichende Dienstleistungen zu gewährleisten.

Ziele sind unter anderem die Wahrung der Nutzer-, insbesondere der Verbraucherinteressen auf dem Gebiet der Telekommunikation, die Wahrung des Fernmeldegeheimnisses und die Wahrung der Interessen der öffentlichen Sicherheit. Grundsätzliche Regelungen zum Datenschutz beinhaltet in Teil 7 des Gesetzes der Abschnitt 2. Im Abschnitt 3 des gleichen Teils

50 Eingefügt mit dem Gesetz zur Einführung einer Speicherpflicht und einer Höchstspeicherfrist für Verkehrsdaten vom 10.12.2015 (BGBl. I S. 2218), in Kraft getreten am 18.12.2015.

finden sich Vorgaben für die Anbieter von Telekommunikationsdiensten und Regelungen für Auskunftsersuchen von Sicherheitsbehörden.

Die **§§ 148, 149 TKG** beinhalten die **Straf- und Bußgeldvorschriften**.

2.4 Cybercrime im weiteren Sinn

Dies sind Straftaten, bei denen **Informations- und Kommunikationsmedien zur**

- **Planung und/oder**
- **Vorbereitung und/oder**
- **Ausführung**

eingesetzt werden.

Es handelt sich um Straftaten, die mit dem **Tatmittel Internet** begangen werden.

Nahezu jede strafbare Handlung kann durch den Einsatz solcher Technik „effektiviert" werden. Die Deliktsbreite reicht von der Verbreitung kinderpornografischer Inhalte über das betrügerische Anbieten von Waren und Dienstleistungen, das verbotene Glücksspiel, unlautere Werbung, Urheberrechtsverletzungen bis zum illegalen Verkauf von Waffen, Betäubungsmitteln und Medikamenten und zu Beleidigungen/Bedrohungen im Chat oder per E-Mail. Darüber hinaus nutzen terroristische Netzwerke, extremistische Gruppierungen sowie Organisierte Kriminalität und Wirtschaftskriminalität die IuK-Technik als Plattform für

- Information und Kommunikation
- Propaganda durch Hetz- und Schmähschriften mit dem Ziel der Radikalisierung und/oder der Bedrohung von „Gegnern"
- Verbreitung von Handlungsanleitungen, auch zum Bau und Einsatz von Sprengvorrichtungen/-fallen
- Rekrutierungen und Anmietungen
- Tatmittelbeschaffung.

2.5 Täterstruktur

Die **Tätertypen** sind höchst unterschiedlich, ihre Motivlagen und ihr technisches Können sind äußerst different. Vom Einsteiger bis zum Profi sind alle vertreten: Jugendliche Hacker, die ihr Potenzial testen wollen, Extremisten, Erpresser, Terroristen, lose kriminelle Strukturen und Banden, international organisierte Kriminelle, Nachrichtendienste anderer Staaten.

Als Einsteiger sehen wir[51] **Cyberkriminelle mit IT-Grundkenntnissen** oder auch sogenannte Script Kiddies. Mit vorprogrammierten Software-Toolkits beschäftigen sie sich überwiegend mit Phishing, im Bereich Social Engineering und im Defacement, also dem Verändern von Webseiten. Dieser Gruppe geht es vor allem darum, Erfahrungen zu sammeln und die breiten Möglichkeiten des Internet zu erproben.

Deutlich gefährlicher sind **fortgeschrittene Hacker** mit einer **hohen Affinität zur Technik**. Von ihnen gehen strukturierte Attacken, wie DDoS, Drive-by-exploit oder SQL-Injections aus. Die Akteure sind Hobby-Hacker, ideologische Hacker oder organisierte Gruppen. Diese Gruppe verfügt über gute IT-Kenntnisse, die es ihr ermöglichen, an persönliche Daten, betriebsinterne Informationen oder vertrauliche Regierungsdokumente zu gelangen.

Die dritte Gruppe sind die „**Profis**". Hier finden sich sowohl **staatlich gelenkte Hacker** als auch **terroristische Gruppen** und **Hacktivisten**. Hacktivisten verstehen sich als Kämpfer gegen Ungerechtigkeit, verstehen ihr Handeln als zivilen Ungehorsam gegen bestimmte politische Richtungen – ein virtueller Gang auf die Straße, um Unternehmen, Regierungsbehörden, Parteien, andere Gruppen oder Initiativen von ihrem – in den Augen von Gruppen wie Anonymous oder Lulz-Security falschen – Weg abzubringen. Mittels DDos-Attacken werden Internet-Portale lahmgelegt oder es werden Datenbanken gehackt, um im Anschluss „sensible" Informationen zu veröffentlichen. Es handelt sich um eine andere Qualität von Internetangriffen. Es geht darum, einen möglichst großen Schaden anzurichten, der Profit ist eher ideeller Natur.

Der überwiegende Teil der Cyberkriminellen handelt aus finanzieller Motivation. Dabei reicht das Spektrum vom klassischen Einzeltäter bis hin zu international organisierten Tätergruppierungen. Täter arbeiten im Bereich Cybercrime oftmals nicht mehr in den klassischen hierarchischen Strukturen, sie kennen sich teilweise nicht persönlich, sondern nutzen auch bei arbeitsteiliger Kooperation die Anonymität des Internets.

Services, die nicht selbst erbracht werden können, werden von anderen hinzugekauft. Das Angebot in der Underground Economy ist breit und

51 *Ziercke*, Kriminalistik 2.0 – effektive Strafverfolgung im Zeitalter des Internet aus Sicht des BKA, BKA-Herbsttagung, 2013, www.bka.de, 22.05.2020.

reicht von für die Begehung von Straftaten erforderlicher Schadsoftware bis hin zu kompletten technischen Infrastrukturen.[52]

2.6 Kriminologische Einordnung

In der Kriminologie[53] wird der Begriff „Cybercrime" kritisch gesehen.

Übernommen aus dem anglo-amerikanischen Sprachgebrauch wird er wohl deshalb gerne verwendet, weil er auf den „Cyberspace" verweist, jenen in der 1990er Jahren von vielen Internetnutzern imaginierten virtuellen Raum, in dem man sich ähnlich wie in einem dreidimensionalen Raum aufhalten und im Austausch mit anderen Nutzern neue Erfahrungen sammeln kann. Die Aussage „immer mehr Straftaten finden nicht mehr auf der Straße, sondern im Internet statt" erweckt dabei den Eindruck, das „Internet" sei ein Raum eigener Art, der als Tatort in der gleichen Weise in Betracht kommt wie „die Straße". Dass das Internet keinen eigenen Erlebnisraum eröffnet, sondern lediglich das Medium für neue, erweiterte Informations- und Kommunikationsformen darstellt, dürfte indes heute – ungeachtet eines nach wie vor abweichenden Sprachgebrauchs – weitgehend Allgemeingut sein. Für die kriminologische Analyse sollte der die Zusammenhänge verklärende Kunstbegriff des „Cybercrime" deshalb eher vermieden werden.[54]

Die Erklärung der Internetkriminalität scheint ohne Anleihen bei den herkömmlichen Kriminalitätstheorien nicht auszukommen. Vertiefende Analysen der Zusammenhänge mit Risiko- und Schutzfaktoren oder den Auswirkungen der im Internet begangenen Straftaten sind noch Mangelware.[55]

Der Gesichtspunkt der Kontrolle spielt sicherlich eine herausgehobene Rolle, so die fehlenden Selbstschutzmaßnahmen der Geschädigten (z. B. Phishing), die nicht ausreichenden Überwachungsmaßnahmen der Strafverfolgungsbehörden bei den abstrakten Gefährdungsdelikten (z. B. Kinderpornografie) oder die eingeschränkte Selbstkontrolle der Täter. Auch Kosten-Nutzen-Erwägungen auf der Täter- wie der Opferseite, z. B. der Aufwand bei der legalen Beschaffung von immateriellen Gütern wie Filmen und Musik oder der Aufwand bei der Installation von Sicherheitssoftware,

---

52 Vgl. BKA, Cybercrime Bundeslagebild 2015, www.bka.de, 22.05.2020.

53 Kriminologie als Lehre von den Ursachen und Erscheinungsformen von Kriminalität, vgl. Handbuch für die Ausbildung der Polizei Baden-Württemberg, Fachteil K, Richard Boorberg Verlag.

54 *Meier*, vgl. FN 39.

55 *Meier*, vgl. FN 39.

ebenso Lerneffekte, Neutralisierungsmechanismen und Routineaktivitäten, sind von Bedeutung.[56]

In einem Erklärungsmodell müssen auch die Besonderheiten integriert werden, die sich aus der Nutzung der IuK-Technik als Tatmittel ergeben. Warum ist gerade das Internet für die Begehung von Straftaten ein so geeignet erscheinendes Medium?

Welche Umstände erleichtern die Tatbegehung gegenüber Taten in der „realen" Welt? Im Zusammenhang mit Cybersex[57] wird das Internet als „Triple-A-Engine" bezeichnet – gekennzeichnet durch Verfügbarkeit (accessability), Erschwinglichkeit (affordability) und Anonymität (anonymity). Die durch das Netz geschaffene Distanz zwischen Täter und Opfer mit ihren Folgen sowohl beim Täter als auch beim Opfer (Herabsetzung von Hemmschwellen, Verdrängung der Gefahr) bedürfen der Thematisierung. Täter- und Opferrollen werden durch Zwischenschaltung des Mediums Internet undeutlicher – wer ist bei dem Umgang mit Kinderpornografie der Täter – derjenige, der das Material über das Internet verbreitet, der es herunterlädt, oder beide? Wer ist bei DDos-Angriffen das Opfer? Derjenige, auf dessen PC ein Botnetz installiert wird, derjenige, dessen Server lahmgelegt wird, oder beide?

Welche Auswirkungen hat die im Internet erfahrene Viktimisierung auf die Opfer? Ist „Cyberbullying" oder die nicht rückgängig zu machende Verbreitung identifizierenden pornografischen Bildmaterials wegen der weltweit unbegrenzten Wahrnehmbarkeit durch Dritte für die Betroffenen ein stärkerer Eingriff, als es vergleichbare Taten in der „realen" Welt sind? Welche Konsequenzen ergeben sich aus der Untrennbarkeit der erfahrenen Demütigung für die Opferbehandlung und die Prävention?

Die Fragen zeigen, dass die kriminologische Auseinandersetzung noch ganz am Anfang steht.[58]

„Gamecrime und Metacrime"[59] bezeichnen Kriminalität im Zusammenhang mit virtuellen Spielwelten. Es handelt sich um Straftaten im Zusammenhang mit Online-Rollenspielen (Games), wie z. B. „World of Warcraft",

56 *Meier*, vgl. FN 39.

57 Vgl. auch *Beutel*, Sexualität online: riskantes Verhalten, Cybermobbing, Onlinesexsucht, Die Kriminalpolizei, 3/2013.

58 *Meier*, vgl. FN 39.

59 *Krebs/Rüdiger*, Gamecrime und Metacrime – Strafrechtlich relevante Handlungen im Zusammenhang mit virtuellen Welten, 2010. Die Verfasser behandeln in ihrer an der Universität Hamburg im Studienfach Kriminologie vorgelegten Abschlussarbeit kriminelle Erscheinungsformen, das Aufkommen im Hell- und Dunkelfeld und deren Vergleichbarkeit zu denen der realen Welt, rechtliche Erörterungen und kriminologische Erklärungsansätze.

„Herr der Ringe Online“ und „Second Life“. Je nach Modus Operandi werden Meinungsäußerungsdelikte, Vermögensdelikte und Handlungen gegen die sexuelle Selbstbestimmung begangen.

3 Polizeiorganisation und Strategie

Die massenhafte Nutzung neuartiger Technologien verändert die Verhaltensweisen der Menschen sowie die Arbeits- und Geschäftsprozesse – auch in den Sicherheitsbehörden.

Moderne Informations- und Kommunikationstechnik und insbesondere **das Internet** sind für die Sicherheitsbehörden nicht nur ein neuer, unabgrenzbarer Tatort. Die technischen Entwicklungen bieten auch neue Möglichkeiten, **Gefahren abzuwehren** und das **Verbrechen** zu **bekämpfen**, wie z. B. die europaweite Vernetzung von Polizeiinformationen (SIS, SIRENE[60]) oder die Verfolgung von Datenspuren – digitalen Spuren –, die Straftaten im Internet hinterlassen.

Seitens des BKA wird mehr denn je die bundesweite Zusammenarbeit gefordert. Dadurch sollen die föderale Vielfalt genutzt, Informationen geteilt, Ressourcen für Spezialisierungen freigesetzt und Kompetenzen gebündelt werden. Mit dem System der plattformbasierten Zusammenarbeit soll dieser neuen Kultur entsprochen werden. Die technische Basis hierfür bietet die **IT-Plattform „Polizei 2020"**[61], eine Plattform zur digitalen Zusammenarbeit. Europaweite Ansätze gibt es mit SIRIUS, einer Plattform für den fachlichen Austausch, für Best-practices, Know-how, technische Informationen und Erfahrungen im Bereich der Internetermittlungen.[62]

Für die Polizei bedarf es der fortdauernden Auseinandersetzung mit den neuen Technologien, um erfolgreich gegen entsprechende Kriminalitätsformen vorzugehen. Neue Gesetze und Handlungsmöglichkeiten bedürfen auch deren Umsetzung. Das Internet darf kein strafverfolgungsfreier Raum sein. Strategien und Konzepte müssen in „Know-how" und in konkrete

60 Die SIRENE-Büros liefern Zusatzinformationen zu Ausschreibungen und koordinieren Maßnahmen in Zusammenhang mit Ausschreibungen im Schengener Informationssystem (SIS). Sie tragen dafür Sorge, dass die erforderlichen Maßnahmen ergriffen werden, wenn eine gesuchte Person festgenommen oder eine vermisste Person gefunden wird, wenn eine an der Grenze zurückgewiesene Person erneut in den Schengen-Raum einzureisen versucht, wenn ein gestohlenes Fahrzeug oder Identitätsdokument beschlagnahmt wird usw. Als Schengen-Raum wird das Gebiet bezeichnet, an dessen Binnengrenzen keine Kontrollen durchgeführt werden. Die SIRENE-Büros tauschen ferner wichtige Daten für die polizeiliche und justitielle Zusammenarbeit aus, führen Datenbankrecherchen durch, koordinieren grenzüberschreitende Einsätze usw.

61 Weitere Informationen zum Programm „Polizei2020" finden sich auf den Seiten des BMI unter www.bmi.bund.de und des BKA unter www.bka.de, 07.06.2020.

62 *Münch*, Präsident des BKA, BKA Herbsttagung 2018, „Kriminalitätsbekämpfung weiterdenken – Phänomene – Herausforderungen – Handlungsoptionen im Zeitalter von Big Data, Algorithmen und autonomen Systemen", www.bka.de, 06.06.2020.

Maßnahmen münden. Wenn „Gelegenheit Diebe macht“, so muss das „Haltet den Dieb!“ auch im Internet realisierbar sein.

Dabei kommt sowohl dem **Erkennen von strafrechtlichem Handeln** im Umgang mit Informations- und Kommunikationsmedien als auch der **Beweissicherung im Rahmen des Ersten Angriffs** besondere Bedeutung zu.

Die Bürgerinnen und Bürger müssen darauf vertrauen können, dass der Staat und die staatlichen Institutionen für ihre Sicherheit sorgen. Sie müssen darauf vertrauen können, dass der Rechtsstaat funktioniert, Straftaten verfolgt und die Regeln des Zusammenlebens in unserer offenen Gesellschaft eingehalten werden. Und sie müssen darauf vertrauen können, dass die Polizei angemessen ausgestattet und in der Lage ist, ihre Aufgaben in einer sich dynamisch verändernden Umwelt zukunftsfähig zu erledigen. Cyberangriffe bergen ein erhebliches Schadenspotenzial. Sie können die Wirtschaft, Leib und Leben von Menschen und auch den Staat selbst gefährden. Die Gefahrenabwehr im Cyberraum ist Aufgabe für Polizei in Bund und Land. Wichtig ist aber, dass wir das eine tun ohne das andere zu lassen. Neben Investitionen in die „digitale Polizei“ darf die „analoge“ polizeiliche Präsenz und Erreichbarkeit nicht vernachlässigt werden.[63]

3.1 Internetwache

Bei sogenannten **Internetwachen** können Nutzer auf der Internetseite der Polizei elektronisch Anzeige erstatten oder Hinweise geben (siehe Bild unten – Internetwache der Polizei Berlin). Ziel ist es, dem Anzeigeerstatter Zeit zu ersparen, mögliche Hemmschwellen abzubauen und zu zeigen, dass auch die **Polizei im Internet vertreten** ist.

Der Eingang von Hinweisen verzeichnet eine Zunahme und betrifft das gesamte Kriminalitätsspektrum, so Betrugshandlungen, Eigentumsdelikte, Sexualdelikte, aber auch Straßenverkehrsdelikte, Fahndungsmitteilungen und natürlich die Computerkriminalität. Eingegangene Anzeigen werden durch das LKA bewertet und an die zuständigen Dienststellen zur Bearbeitung weitergeleitet.

Spezielle Hinweisgebersysteme, so das „Business Keeper Monitoring System (BKMS®)“ der Polizei Baden-Württemberg, ermöglichen die anonyme Anzeigeerstattung und Hinweise zu speziellen schweren Kriminalitätsbereichen.

---

63 *Münch*, vgl. FN 62.

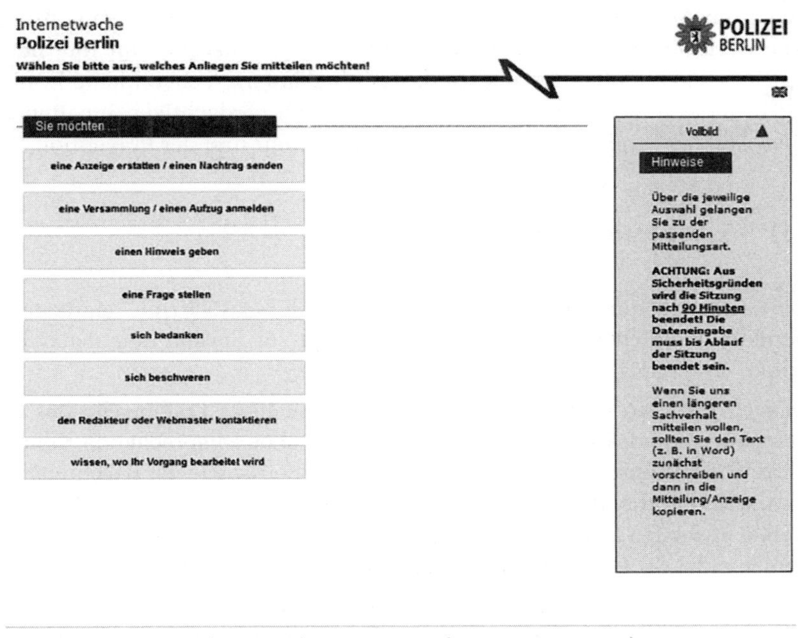

Abb. 3 Startseite der Internetwache der Berliner Polizei[64]

3.2 Internetrecherche/Streife im Netz

Zur aktiven Kriminalitätsbekämpfung muss polizeiliche Präsenz auch im Internet stattfinden. **Virtuelle Streife** im Internet ist genauso notwendig wie die Fußstreife in der Innenstadt. Durch **anlassunabhängige Internetrecherchen** der Polizei sollen das Verfolgungsrisiko für Straftäter erhöht und verdächtige Inhalte zeitnah aufgespürt werden.

Hierzu hat das BKA die **Zentralstelle für anlassunabhängige Recherche in Datennetzen** – ZaRD – eingerichtet. Die ZaRD ist ein Bestandteil des beim BKA eingerichteten „Technischen Entwicklungs- und Servicezentrums für Innovative Technologien“ – TESIT.[65] Internetrecherchen erfolgen **mit** einem **länderübergreifenden Ansatz** und **in arbeitsteiligem Vorgehen**. Dies erfordert einen ständigen Informationsaustausch und eine gezielte Koordination

64 https://www.internetwache-polizei-berlin.de/index_start.html, 12.07.2020.

65 „Zentralstelle für anlassunabhängige Recherchen in Datennetzen (ZaRD) – Auftrag, Rechtsgrundlagen, Methoden, Beweiserhebung, Ergebnisse, Perspektiven“, www.bka.de.

zwischen den beteiligten Stellen. Bund und Länder haben eine gemeinsame **Koordinierungsgruppe für anlassunabhängige Recherchen im Internet** – KaRIn – eingerichtet. Bei den Landeskriminalämtern recherchieren Ermittler in nahezu allen Diensten des Internet nach verdächtigen Inhalten zu Zwecken der Strafverfolgung, der Gefahrenabwehr und der Prävention.[66]

3.3 Sachbearbeitung

Die Sachbearbeitung orientiert sich an dem durch die **AG Kripo**[67] erarbeiteten **bundeseinheitlichen Aus-/Fortbildungskonzept** zur Bekämpfung der Cybercrime[68] und erfolgt in drei Ebenen.

Danach verfügen fachkundige Beamte als sogenannte **Ersteinschreiter Cybercrime, grundsätzlich jeder Polizeibeamte**, über entsprechende Kompetenzen – Grundlagenwissen bezüglich des Internets sowie der Begehung von Straftaten unter Nutzung der EDV-Technik (Ebene 1). Diese Polizeibeamten treffen die ersten **Feststellungen und Maßnahmen** nach Bekanntwerden entsprechender Sachverhalte **im Rahmen des Ersten Angriffs**.

Die Bearbeitung von Straftaten der Cybercrime erfolgt grundsätzlich bei den für das Grunddelikt zuständigen Organisationseinheiten. Die Ermittlungen müssen sich allerdings an den spezifischen Besonderheiten der Cybercrime orientieren. In den Ermittlungsdiensten der Polizeireviere und der Kriminalpolizei stehen nach weiterführender Qualifizierung dafür spezielle **Sachbearbeiter Cybercrime** zur Verfügung (Ebenen 2 und 3).

Bei Cybercrime im engeren Sinne, wie beispielsweise

– Eindringen in informationstechnische Systeme (Hacking),

---

66 So in Baden-Württemberg der Arbeitsbereich Internetrecherche (AIR), in Rheinland-Pfalz die Zentralstelle für Internetkriminalität (ZFI), in Nordrhein-Westfalen die Zentrale Internetrecherche (ZIR), in Hessen die Task Force Internet (TFI), vgl. *Biemann*, Streifenfahrten im Internet, Richard Boorberg Verlag, www.boorberg.de – Der Autor untersucht die möglichen Grundrechtseingriffe und die in Betracht kommenden Ermächtigungsgrundlagen von polizeilichen Maßnahmen bei verdachtsunabhängigen Ermittlungen der Polizei im virtuellen Raum.

67 Arbeitsgemeinschaft der Leiter der LKÄ mit dem Präsidenten des BKA (Vorsitz) – Entsprechend der „Vereinbarung zwischen den Innenministerien und Senatsbehörden der Länder und dem Bundesministerium des Innern zur Zusammenarbeit der AG Kripo mit den Gremien der IMK“ (148. Sitzung der IMK am 22.11.1996 in Hamburg) stimmt sich die AG Kripo in Angelegenheiten der Zusammenarbeit des Bundes und der Länder in der Kriminalitätsbekämpfung ab. Inhaltliche Schwerpunkte sind Fragen der operativen Bekämpfung konkreter Kriminalitätsphänomene, die einer nationalen und internationalen Koordination bedürfen.

68 Hier wurde durch die AG Kripo der ursprünglich gängige Begriff „IuK-Kriminalität“ verwendet – zur Begriffsbestimmung vgl. Kapitel 2.

– (Distributed)-Denial of Service Angriffe,
– Verbreiten von Schadsoftware

handelt es sich um schwere Kriminalität im Zuständigkeitsbereich der Kriminalpolizei, insbesondere, wenn dabei eine banden- oder gewerbsmäßige Begehungsweise festgestellt wird.

Bei Cybercrime im weiteren und engeren Sinne,

– zu deren Bearbeitung besonderes informationstechnisches Fachwissen und/oder besondere technische Beweisführungsmethoden erforderlich sind,
– die ein hohes Maß an informationstechnischem Fachwissen auf Seiten der Täter erkennen lässt oder
– zu deren Tatbegehung die Täter spezielle technische Maßnahmen einsetzen,

ist ebenfalls die Zuständigkeit der Kriminalpolizei gegeben.

Bei Handlungen, mit denen zugleich Tatbestände der Allgemeinkriminalität und der Cybercrime im engeren Sinne verwirklicht werden, ist die Zuständigkeit der Kriminalpolizei nur dann gegeben, wenn die überwiegende Zielrichtung des Täters der Angriff auf das IT-System war.[69]

Sachbearbeiter IT-Beweissicherung – ITB (Ebene 3) bei den Landeskriminalämtern und der Kriminalpolizei bei den regionalen Polizeipräsidien/ Kreisdienststellen führen grundsätzlich die forensische Beweissicherung und Datenträgeruntersuchung durch.

Tätigkeiten des Sachbearbeiters ITB sind im Einzelnen:

– Beratung der eingesetzten Beamten im Vorfeld von Durchsuchungsmaßnahmen
– Unterstützung im Rahmen von Durchsuchungsmaßnahmen
– forensische Datensicherung und forensische Analyse/Auswertung
– gerichtsverwertbare Aufbereitung der gesicherten Inhalte/Erkenntnisse
– Unterstützung bei Folgemaßnahmen (Vernehmungen/Befragungen, Kontakt mit privaten Stellen/Firmen aus dem Bereich Informationstechnik)

Der Sachbereich ITB möchte die ermittelnden Polizeibeamten bei Problemen im Zusammenhang mit Computern und Netzwerken unterstützen. Seine **besonderen Möglichkeiten** bestehen hierzu bezüglich

– der Untersuchungsgegenstände

---

69 Polizei Baden-Württemberg, Verwaltungsvorschrift des Innenministeriums zur Aufgabenwahrnehmung bei der Kriminalitätsbekämpfung (VwV Aufgabenwahrnehmung) vom 30.10.2013.

- der Betriebssystemkenntnisse
- der Netzwerkkenntnisse
- der Datensicherung (fachgerechter Umgang mit Hard- und Software, auch Wiederherstellung gelöschter Daten)
- der Beurteilung von Hackingangriffen
- Internet/Sicherung von Daten im Internet
- der Auswertung (auch sachverständiger Zeuge vor Gericht)

Zur Ebene 3 gehören auch die zum **technischen Sachbearbeiter** qualifizierten Ermittlungsbeamten zur **Datenanalyse**.

3.4 Spezialdienststellen/Kompetenzzentren

Durch polizeiliche Zentralstellen von Bund und Ländern sollen verschiedene Aufgaben im Rahmen der **Zentralstellenfunktion** wahrgenommen werden. Sie leisten **Service- und Unterstützungsfunktion** für Bürger und Polizeidienststellen, Verwaltungs- und Justizbehörden.

Neben der Durchführung anlassunabhängiger Recherchen im Internet und der Übernahme und Bearbeitung komplexer Ermittlungsverfahren werden grundlegende strategische Bekämpfungskonzeptionen erarbeitet. Intensive und ständige Marktbeobachtung dient der Feststellung neuester Techniken und Entwicklungen z. B. im Bereich der Hard- und Software. Aufklärungs- und Ermittlungserkenntnisse dienen der Entwicklung effektiver Bekämpfungskonzeptionen und Präventionsansätze.

Zu den Kernaufgaben des **Technischen Entwicklungs- und Servicezentrums** gehören Entwicklung und Test von Methoden und Werkzeugen zur Sicherung, Untersuchung, Sichtbarmachung, Aufbereitung und Bereitstellung digitaler Daten mit dem Ziel der Auswertung durch die beauftragenden Ermittlungsbereiche (vgl. Bild unten).

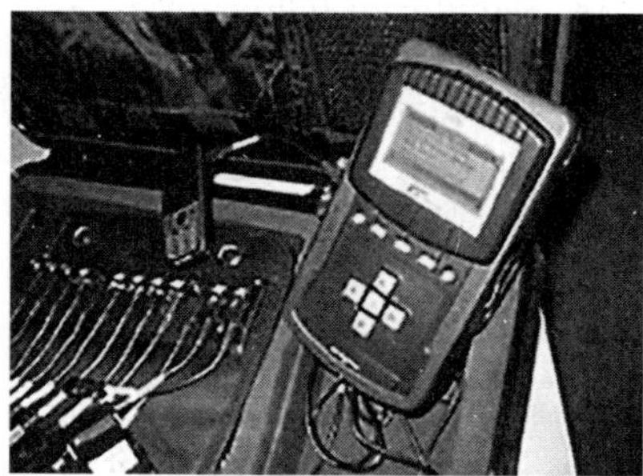

Abb. 4 Werkzeug zur Sicherung von Mobiltelefonen

Das permanente Studium neuer Entwicklungen im Bereich der Informationstechnik nimmt parallel zu den übrigen Aufgaben Raum ein. Neben modernster Hard- und Software werden auch ältere und teils exotisch anmutende Werkzeuge vorrätig gehalten, um veraltete und außergewöhnliche elektronische Beweismittel untersuchen zu können.

Einen Schwerpunkt von Forschung und Entwicklung bildet der Bereich der Datenträgeranalyse. In den weitaus meisten Ermittlungsfällen mit Bezug zur Informationstechnik besteht die Aufgabe darin, auf Datenträgern gespeicherte Informationen lesbar zu machen. Als Beweismittel fallen Datenträger unzähliger Formate, Magnetbänder, Magnetbandkassetten, Fest- und Wechselplatten, Speicherkarten aller Formate, E-Book-Reader, Spielekonsolen, Chipkarten, optische Medien sowie Mobiltelefone/Smartphones und SIM-Karten an. Auch veraltete elektronische Beweismittel wie beispielsweise PDAs und Magnetstreifenkarten oder elektronische Kalender finden sich unter den Sicherstellungen und bedürfen der Untersuchung und Aufbereitung. Darüber hinaus können auch physikalisch defekte Datenträger unter Umständen noch untersucht werden. Arbeitsteilig erzeugt die Abteilung Kriminaltechnik ein Abbild des Speichers, dessen Inhalt im Folgenden vom Kriminalistischen Institut weitergehend untersucht wird (vgl. Bild unten).

Abb. 5 BKA-eigene Speicher für digitale Beweismittel

Immer größere Relevanz bekommen Speicherkapazitäten im Internet, sogenannte Cloudspeicher. Hier bestehen besondere Herausforderungen bei der Sicherung.

Das Technische Entwicklungs- und Servicezentrum des BKA stellt sich diesen Herausforderungen. Es entwickelt Methoden und Werkzeuge für die Ermittlungsunterstützung und Beweissicherung in Kriminalfällen, bei denen modernste Technologien zur Tatbegehung genutzt werden.[70]

70 https://www.bka.de/DE/UnsereAufgaben/Ermittlungsunterstuetzung/Technologien/IT-Forensik/it_forensik.html, Spurensuche in Bits und Bytes, 31.05.2020.

Bereits Anfang 2012 wurde im LKA Baden-Württemberg die **Abteilung „Cyberkriminalität/Digitale Spuren“** eingerichtet. Hier ist die Fachkompetenz von über 80 Ermittlern, IT-Experten und Ingenieuren gebündelt, die mit Ermittlungen, Analysen, Internetrecherchen, Beweissicherung, der Auswertung von Massendaten sowie mit Hilfe von Telekommunikationsüberwachung gegen Cyberkriminelle vorgehen.[71]

Die **Zentrale Ansprechstelle Cybercrime (ZAC)** dient als Single Point of Contact für Wirtschaftsunternehmen, Behörden sowie Forschungseinrichtungen in allen Belangen des Themenfeldes Cybercrime. Die Mitarbeiterinnen und Mitarbeiter der ZAC nehmen in diesem Zusammenhang eine Vermittler- und Beraterrolle wahr.[72]

Unternehmensbefragungen zeigen deutlich, dass die deutsche Wirtschaft – kleine, mittlere und auch große Firmen – quer durch alle Unternehmensbereiche in einem hohen Maße von Internetkriminalität (Cybercrime) in den verschiedenartigsten Formen betroffen ist. Die Situation hat sich in den letzten Jahren noch weiter verschärft, weil die Art der Angriffe komplexer und vielfältiger geworden ist. Es wird spioniert, erpresst, betrogen und Unternehmens- und Kundendaten werden widerrechtlich abgegriffen, um damit eine Vielzahl weiterer Straftaten zu begehen. Wobei es eine Vielzahl von Cybercrime-Straftaten gibt, die sich in den verschiedensten Konstellationen darstellen können. Firmen können von Angriffen auf ihre IT-Systeme betroffen sein, ohne dass die erkennbaren Hinweise einen eindeutigen Rückschluss auf solche Taten zulassen. Die frühzeitige und sachgerechte Bewertung dieser Hinweise ist unabdingbar, um zielgerichtet Abwehrmaßnahmen einzuleiten.

Die Angriffe können sowohl durch interne Mitarbeiter als auch durch externe IT-Systemzugriffe erfolgen und erfordern häufig innerhalb kürzester Zeit eine Vielzahl von unterschiedlichsten Entscheidungen durch die Firmenverantwortlichen. Deshalb ist es wichtig, sich frühzeitig mit den möglichen Bedrohungsszenarien vertraut zu machen, die erforderlichen Schutzmöglichkeiten zu kennen und Maßnahmen zu ergreifen.

Eine zentrale Ansprechstelle (ZAC) findet sich auch bei anderen Spezialdienststellen, so dem Cybercrime-Kompetenzzentrum des LKA Nordrhein-Westfalen. Hier befindet sich außerdem das Zentrale Informations- und Servicezentrum Cybercrime (ZISC), das den Informationsaustausch mit den Polizeibehörden des Landes, polizeilichen Zentralstellen von Bund und Ländern sowie externen Behörden, Institutionen und Verbänden zur Be-

71 Medieninfo des LKA Baden-Württemberg vom 18.10.2013.

72 Cybercrime/Digitale Spuren, Jahresbericht, LKA BW, 2016.

Abb. 6 *Die Zentralen Ansprechstellen Cybercrime der Polizeien der Länder und des Bundes für die Wirtschaft stehen (…) als kompetenter und vertrauensvoller Partner zur Verfügung, sowohl für Informationen zur Vermeidung von Cybercrime-Angriffen als auch im Falle von Cybercrime-Straftaten gegen Ihre Firma!*[75]

kämpfung der Cybercrime gewährleistet. Hier werden auch die „Kriminalistische Lageunterstützung" und deren Koordination geleistet, die die Beratung bei der Ermittlungsführung und Einsatzbewältigung und die Konzeption spezifischer Strategien und Taktiken umfasst. Auf Grundlage der Auswertungen aus dem KPMD[73] werden für den Bereich Cybercrime u. a. Analysen, Stellungnahmen, Auswerteberichte, Lagebilder und Statistiken erstellt. In Kooperation mit anderen Partnern werden zahlreiche Präventionsprojekte realisiert. Ziele sind unter anderem, das Gefahrenbewusstsein[74] zu steigern und wirkungsvolle Verhaltensweisen zu vermitteln.

Die **zentrale Auswertungs- und Sammelstelle Kinderpornografie** (ZASt Kinderpornografie) erfasst und überwacht die Verbreitungswege einschlägiger Schriften. Ziel ist die Identifizierung ihrer Hersteller und Verbreiter. Außerdem werden im Zusammenhang mit der Verbreitung kinderpornografischer Schriften Tatbeteiligte und Opfer des sexuellen Missbrauchs identifiziert. Im Sinne der Automatisierung der Auswerteprozesse besteht die Möglichkeit der Erfassung und Auswertung des Bildmaterials in einer

73 Kriminalpolizeilicher Meldedienst – ein polizeiinternes Verfahren, das zur Erfassung, Übermittlung und Auswertung von Straftaten von herausragender Bedeutung, von bedeutsamen Nachrichten innerhalb der polizeilichen Meldewege und sonstigen Informationen sowie deren Steuerung dient.

74 Fachbezeichnung, engl.: Awareness, dt.: Bewusstseinsschaffung, Sensibilisierung.

75 Vgl. Informationen unter https://www.polizei.de/Polizei/DE/Einrichtungen/ZAC/zac_node.html, 06.06.2020. Hier finden sich auch die Erreichbarkeiten der zentralen Ansprechstellen der Bundesländer und des BKA.

sogenannten Hashwert-Datenbank. Darüber hinaus erfolgt ein Abgleich mit Bildinhaltsvergleichs-Datenbanken. **Ermittlungskommissionen** (EK) bearbeiten Verfahren von herausragender Bedeutung. Dies ist der Fall, wenn von Seiten der Täter mit hohem spezifischen Fachwissen agiert wird, ein außergewöhnlicher Modus Operandi[76] vorliegt oder aber die zu erwartende Schadenssumme sehr hoch ist. Aufgrund der weltweit handelnden und zumeist im Ausland aufhältigen Täter ist dabei in der Regel eine Zusammenarbeit mit dem BKA und ausländischen Ermittlungsbehörden erforderlich. Die Ermittlungskommissionen arbeiten eng mit den Kräften der ZAC und ZIR[77] zusammen, kurze Kommunikationswege leisten dabei eine effiziente Zusammenarbeit. Neben der anlassbezogenen Beratung von Polizei-, Verwaltungs- und Justizbehörden befasst sich ein weiteres Spezialgebiet mit den kriminalfachlichen Aufgaben der Telekommunikationsüberwachung.[78]

Im BKA soll eine Aufrufeinheit, eine sogenannte **„Quick Reaction Force Cybercrime“**, bestehend aus Experten der Sicherheitsbehörden von Bund und Ländern und mit Spezialisten aus der Wirtschaft und Wissenschaft, eingerichtet werden.[79]

Das BKA hat am 01.04.2020 die **Abteilung „Cybercrime“ (CC)** eingerichtet. Die neue Abteilung wird neben den klassischen Zentralstellenaufgaben wie der Koordinierung des internationalen Informationsaustausches zu diesem Phänomenbereich die Analysekompetenz des BKA, etwa bei neuen Cybercrime-Phänomenen und digitalen Angriffsmustern, erweitern. Aber auch Ermittlungen gegen kriminelle Akteure, Netzwerke und Strukturen sollen hier verstärkt geführt werden.[80]

3.5 Personelle Auswirkungen und technische Ausstattung

Die Polizei muss mit dem technischen Fortschritt auf Täterseite mithalten können. Für eine effektive Bekämpfung der Cybercrime ist umfassendes und aktuelles **Spezialwissen** notwendig. Speziell **aus- und fortgebildete**

---

76 Modus Operandi beschreibt die Art und Weise der Tatbegehung.

77 Zentrale Internetrecherche beim LKA Nordrhein-Westfalen.

78 *Balser/Kisters*, Mit Hightech und Expertise gegen Cybercrime, LKA NRW, pvt, 4/2013, und *Zeitner*, Internetkriminalität – eine polizeiliche Herausforderung, Polizei-Studium-Praxis, 1/2013.

79 *Ziercke*, Kriminalistik 2.0 – effektive Strafverfolgung im Zeitalter des Internet aus Sicht des BKA, BKA-Herbsttagung 2013, www.bka.de.

80 der kriminalist 5/2020.

Polizeibeamte verfügen über notwendige DV-technische Kenntnisse und über erforderliches „Ermittlungs-Know-how".

Weitergehende Kenntnisse können für die Ermittlungsbehörden gewonnene **IT-Experten**, z. B. Ingenieure und Informatiker (Bachelor/Master), einbringen. Entsprechend werden Absolventen geeigneter Hochschulstudiengänge in den Polizeivollzugsdienst integriert.[81] Vor dem Hintergrund der rasanten technologischen Entwicklung hat das IM Baden-Württemberg die Einführung einer besonderen Polizeilaufbahn für **Cyberkriminalisten** umgesetzt.[82]

An Partnerhochschulen erfolgt die Aus- und Fortbildung in einschlägigen Studiengängen zur digitalen Forensik. Die **IT-Forensik** lässt sich in die Post-mortem-Analyse (auch **Offline-Forensik**) und die **Live-Forensik** (auch **Online-Forensik**) einteilen. Das Unterscheidungskriterium liegt bei dieser Betrachtung auf dem Zeitpunkt der Untersuchung. Bei der Post-mortem-Analyse (lat. „nach dem Tod") werden Spuren im Anschluss an einen Vorfall untersucht (in der Regel anhand von Datenträgerabbildern, sog. Images), während bei der Live-Forensik die Untersuchung evtl. schon während des relevanten Vorfalls, zumindest aber noch am laufenden System erfolgt. Bei der Live-Forensik steht insbesondere die Sicherung flüchtiger Daten im Vordergrund, also Daten, die beim Ausschalten des Systems verloren gehen. Dies sind in erster Linie Daten im Arbeitsspeicher, Informationen zu laufenden Prozessen oder Dienste, verschlüsselte Daten, die während der Laufzeit entschlüsselt sind oder bestehende Verbindungen des Systems innerhalb eines Netzwerks.[83]

Im Rahmen der allgemeinen Aufbauorganisation werden landesweit, auf regionaler Ebene bei den Polizeipräsidien **qualifizierte Ermittlungseinheiten** zur Bekämpfung der Cybercrime gebildet.[84] Entsprechend bearbeiten diese Stellen komplexe Fälle der Cybercrime, wie z. B. das Eindringen in informationstechnische Systeme (Hacking), Denial of Service-Angriffe[85] und das

---

81 „Technischer PVD für Informatiker – Computerspezialisten im Kampf gegen Internetkriminalität", Bayerns Polizei 3/2010.

82 IM Baden-Württemberg, Pressemitteilung vom 11.01.2013, und „Aktuelle Stellenausschreibung der Polizei – Informationen zur Laufbahn des gehobenen Dienstes der Cyberkriminalisten", www.polizei-bw.de, 02.01.2014.

83 Vgl. Cyberkriminalität/Digitale Spuren, Jahresbericht, LKA Baden-Württemberg, 2013. Als **Anti-Forensik** werden Techniken bezeichnet, mit denen Täter IT-forensische Maßnahmen behindern. Vgl. *Wundram/Sigel*, „Der Wettlauf zwischen Tätern und der IT-Forensik – Einführung in das Thema, Bedeutung, Mittel und Wege von Tätern, Spuren zu verschleiern und Auswertungen zu stören, Erkennung solcher Aktionen und Gegenmaßnahmen für Ermittler", in: der kriminalist 9/2013.

84 IM Baden-Württemberg, Pressemitteilung vom 11.01.2013.

85 Distributed Denial of Service-Angriffe, sog. DDos-Angriffe.

Verbreiten von Schadsoftware, insbesondere wenn dabei banden- oder gewerbsmäßige Begehungsweisen festgestellt werden. Regelmäßig erfordert die Bearbeitung der Fälle besonderes informationstechnisches Fachwissen sowie besondere technische Beweisführungsmethoden. Zum Aufgabenfeld gehören neben der Sicherung digitaler Spuren und der forensischen Untersuchung von IT-Systemen auch die Aufbereitung und gegebenenfalls Dekryptierung von gesicherten Daten.

Das LKA Baden-Württemberg ist in diesen Bereichen für herausragende Fälle und Großverfahren zuständig, die sich hinsichtlich Komplexität, überregionalen und internationalen Verflechtungen sowie Ermittlungsaufwand deutlich von der Masse abheben.[86]

Die als solche bezeichnete **Kriminalistik 2.0** wird für die professionellen Strafverfolger ein permanenter Lernprozess in einer dynamischen Welt sein. Wir brauchen hierfür Mitarbeiterinnen und Mitarbeiter, die in der Lage sind, die digitalen Spuren der Kriminellen aufzunehmen, die Täter zu identifizieren und ihnen ihre Taten nachzuweisen. Spezialdienststellen sollen Erkenntnisse liefern, was im Netz, im Darkweb und in der Underground Economy vor sich geht und wie wir darauf reagieren können. Darauf wollen wir uns verstärkt konzentrieren. Hier benötigen wir Experten wie Informatiker und Cyberanalysten, so der Präsident des BKA.[87]

Die digitalen Spuren sind flüchtig und leicht zu verschleiern. Damit gewinnt die zeitnahe Sicherung und Auswertung solcher Spuren enorm an Bedeutung. Moderne Technologien werden die klassische Ermittlungsarbeit der Polizei in Zukunft wohl noch stärker beeinflussen, als wir uns das heute vorstellen können. Cybercrime stellt die Polizei dabei nicht nur vor qualitative, sondern vor allem auch vor quantitative Probleme. So ist das immer größer werdende Volumen der auszuwertenden Daten eine zunehmende Herausforderung.[88]

Allerdings sind Spezialdienststellen und Experten allein keine ausreichende Antwort auf Cybercrime. „Zukünftig werden wir die Bekämpfung von Cybercrime nicht allein den Spezialisten überlassen können. Unser gesamtes Personal muss bei der Bekämpfung entsprechender Straftaten mitarbeiten können. Cybercrime hat sich zu einer Querschnittskriminalität ent-

---

86 Vgl. „Aufgaben im Bereich Cybercrime/Kriminalinspektion 5“ Stellenausschreibung unter www.polizei-bw.de, 02.01.2014.

87 *Ziercke*, vgl. FN 51.

88 *Klotter*, Internationales Symposium Cybercrime, 17.10.2013.

wickelt, als eigenständige Deliktsform und als Tatmittel in vielen Phänomenbereichen."[89]

Verantwortliche fordern nicht nur eine Zusammenarbeit von Staat, Wirtschaft und Forschung, sondern grundlegende **Fachkenntnisse** bis **hinunter in jede Polizeidienststelle.**[90]

Es ist erforderlich, den jungen Polizeibeamtinnen und Polizeibeamten die Grundkenntnisse und Grundkompetenzen im Bereich der IuK-Kriminlität zu lehren, damit sie **beim Ersten Angriff professionelles Verhalten** zeigen können. Dies betrifft z. B. die einzelnen Phänomene, deren strafrechtliche Würdigung, aber auch die IuK-Forensik und die Prävention.[91] Grundkenntnisse sollten auch die polizeiliche Organisationsstruktur und Zuständigkeiten betreffen.

Zur professionellen Verfolgung entsprechender Kriminalitätsformen bedarf es der fortdauernden Aktualisierung der **logistischen Ausstattung der Dienststellen**. Selbstverständlich ist dabei das flächendeckende Vorhandensein **leistungsfähiger Hardware mit Internetzugang**. Neben der klassischen Sachbearbeitung sind spezielle **Recherche- und Auswertesoftware** für bestimmte Dienststellen erforderlich.

Die **Polizei** muss **im Internet ein kompetenter** wie **präsenter Ansprechpartner** sein. Sie sollte auch offen sichtbar soziale Medien als Ort der Präventionsarbeit und der Kommunikation mit dem Nutzer und nicht nur als Ort zur Straftatenverfolgung wahrnehmen. Perspektivisch könnten alle Polizeibeamten, ausgerüstet mit dem Smartphone oder besser mit dem Tablet-PC, ihren virtuellen Dienst antreten, auch aus dem wirklichen Streifenwagen heraus. Die Polizeibeamten würden so zu **virtuellen Kontaktbereichsbeamten**. Weiterhin könnten in relevanten Medien – gegenwärtig bei Facebook zu beobachten – virtuelle Online-Wachen eingerichtet werden.[92]

Zwischenzeitlich sind alle Länder- und Bundespolizeien im Netz vertreten. Facebook-Fanpages, Twitter-Seiten und Polizei-Accounts bei Instagram und Snapchat erlauben die Kontaktaufnahme mit der Polizei und bieten andererseits für die Polizei die Möglichkeit, Informationen einsatzbegleitend weiterzugeben. Dem wird auch durch die organisatorischen Rahmenbedingungen – Dienstanweisungen, zentrale Koordination durch Social-

---

89 *Ziercke*, vgl. FN 51.

90 „Hat im Internet der Rechtsstaat schon resigniert?", Badische Zeitung, 24.10.2012.

91 *Zeitner*, „Internetkriminalität – eine polizeiliche Herausforderung", Polizei-Studium-Praxis 1/2013.

92 „Irgendwann fängt dann einer an, Polizei zu spielen", Interview mit Thomas-Gabriel Rüdiger, Fachhochschule der Polizei Brandenburg, in: Deutsche Polizei 11/2013.

Media-Verantwortliche und -Sachbearbeiter, landes- und bundesweite Abstimmung – Rechnung getragen.

3.6 Rechtsgrundlagen

Für die Gefahrenabwehr und Strafverfolgung benötigen wir Gesetze, die sich an den Formen heutiger Kommunikation und Interaktion orientieren. In der virtuellen Welt kann nicht mit den Instrumenten der analogen Welt erfolgreich ermittelt werden. Nicht die Polizei speichert Verkehrsdaten, sondern dies erfolgt bei einer Vielzahl von Providern. Deshalb kann der Staat auch nicht willkürlich auf diese Daten zugreifen oder in Unmengen von Daten willkürlich recherchieren. Nur wenn ein Richter es anordnet, dass zur Bekämpfung schwerer Kriminalität der Zugriff erlaubt ist, werden bestimmte Daten zielgerichtet für die Strafverfolgung nutzbar gemacht.[93]

Wo die „Straftatenbegehung per Mausklick“ erfolgt, das Internet Katalysator der Straftatenbegehung ist und Daten jeglicher Art Ziel der Ermittlungen sind, ist die „Strafverfolgung durch Mausklick“ der effektive aber auch notwendige Anknüpfungspunkt.[94]

Ziel des seit Juli 2015 gültigen IT-Sicherheitsgesetzes ist, neben der Sicherheit der IT-Systeme speziell im Bereich der Kritischen Infrastrukturen (KRITIS), auch die Verbesserung der IT-Sicherheit bei Unternehmen und in der Bundesverwaltung, sowie ein besserer Schutz der Bürgerinnen und Bürger im Internet. Um diese Ziele zu erreichen, wurden u.a. die Aufgaben und Befugnisse des Bundesamtes für Sicherheit in der Informationstechnik (BSI) ausgeweitet.[95] Nach ergänzenden Rechtsverordnungen verfolgt die Fortschreibung des IT-Sicherheitsgesetzes eine weitere Stärkung des BSI mittels weitreichender Befugnisse (vgl. IT-Sicherheitsgesetz 2.0). Dazu greift das Gesetz auch in das Straf- und das Strafverfahrensrecht ein (z.B. Strafverschärfungen, Löschverpflichtungen). Dessen Inkrafttreten ist für das Jahr 2020 angekündigt.

Neben den organisatorischen Vorkehrungen gehören die Entwicklung rechtlicher Instrumente und die sachgerechte Anwendung entsprechender Ermächtigungsgrundlagen zu den maßgeblichen Voraussetzungen einer effizienten Bekämpfung der Cybercrime. Materiell strafrechtliche Neuerungen bedürfen der Umsetzung mittels des formellen Rechts.

---

93 *Ziercke*, vgl. FN 51.

94 *Dalby*, Grundlagen der Strafverfolgung im Internet und in der Cloud, Springer, 2016.

95 Vgl. IT-Sicherheitsgesetz, www.bsi.bund.de, 07.06.2020.

„Recht ohne Macht ist Ohnmacht und Macht ohne Recht ist Unrecht!" – Diese Aussage bringt die **Wechselbeziehung** zwischen einer **effizienten Bekämpfungsorganisation** und **dem rechtlichen Instrumentarium** auf den Punkt.

3.6.1 Ermittlungsrelevante Daten

Von primärem polizeilichen Erkenntnisinteresse sind die bei einer Telekommunikation anfallenden Daten. Sie geben Aufschluss über **relevante Informationen** oder stellen diese selbst dar. Gemäß § 3 Nr. 22 TKG ist **Telekommunikation** der technische Vorgang des Aussendens, Übermittelns und Empfangens von Signalen mittels Telekommunikationsanlagen. Telekommunikationsanlagen sind technische Einrichtungen oder Systeme, die als Nachrichten identifizierbare elektromagnetische oder optische Signale senden, übertragen, vermitteln, empfangen, steuern oder kontrollieren können (vgl. § 3 Nr. 23 TKG). Zu unterscheiden sind grundsätzlich **Verkehrs-, Bestands- und Inhaltsdaten**.

Bestandsdaten sind Daten eines Teilnehmers, die für die Begründung, inhaltliche Ausgestaltung, Änderung oder Beendigung eines Vertragsverhältnisses über Telekommunikationsdienste erhoben werden (vgl. § 3 Nr. 3 TKG). Es handelt es sich somit um Daten, die der Anwender bei Vertragsabschluss beim Provider[96] hinterlegt – Vertragsdaten (Benutzerdaten) z. B. Personalausweis(Kopie/Daten), Adressen, Kontoverbindungen, Rufnummer, Anschlusskennung, örtliche Lage des Festnetzanschlusses, Gerätenummer (IMEI) des Mobiltelefons, soweit dem Kunden bei Vertragsschluss ein solches überlassen wurde, statische IP-Adresse.

Nach **§ 95 TKG** (Vertragsverhältnisse) darf der Diensteanbieter Bestandsdaten erheben und verwenden, soweit dieses zur **Erreichung des in § 3 Nr. 3**[97] **genannten Zweckes erforderlich ist**.

Verkehrsdaten sind Daten, die bei der Erbringung eines Telekommunikationsdienstes erhoben, verarbeitet oder genutzt werden (vgl. § 3 Nr. 30 TKG), z. B. Datum, Uhrzeit, Kennung – IMSI, IMEI, (dynamische) IP-Adresse, (mobile) Standortdaten, genutzter Telekommunikationsdienst. Welche Verkehrsdaten durch den **Diensteanbieter** gespeichert werden dürfen, ergibt sich aus **§ 96 TKG.**

96 Internet-Dienstleister.

97 O. g. Definition Bestandsdaten.

Inhaltsdaten sind alle tatsächlich übertragenen Daten, die nicht lediglich reine Verbindungs- und Steuerfunktion haben. Als Inhaltsdaten gelten solche, „die menschlich wahrnehmbar sind und zwischen Nutzern ausgetauscht werden" im Rahmen zwischenmenschlicher Kommunikation, z. B. Inhalte einer E-Mail, Instant-Messenger-Chats, Inhalte von sozialen Netzwerken – Sprache, Text, Zeichen, Bilder, Töne.

Standortdaten sind Daten, die in einem Telekommunikationsnetz oder von einem Telekommunikationsdienst erhoben oder verwendet werden und die den Standort des Endgeräts eines Endnutzers eines öffentlich zugänglichen Telekommunikationsdienstes angeben (vgl. § 3 Nr. 19, § 98 TKG).

3.6.2 Bedeutung der Grundrechte

Zwischen Bestands-, Verkehrs- und Inhaltsdaten besteht eine **Abstufung** hinsichtlich der **Eingriffsintensität** in Grundrechte des von der Maßnahme Betroffenen. Die **Grundrechte** als **klassische Abwehrrechte** spielen immer dort eine Rolle, wo der Einzelne auf Schutz gegenüber staatlichem Handeln angewiesen ist.

Die Überwachung und Aufzeichnung der Telekommunikation und die Erhebung von Verkehrsdaten greifen in den Schutzbereich des **Art. 10 Abs. 1 GG** ein. Das Brief-, Post- und Fernmeldegeheimnis – in neuer Terminologie das **Telekommunikationsgeheimnis** – schützt die Vertraulichkeit der Kommunikation – deren Inhalt und die Verkehrsdaten. Es dient der freien Entfaltung der Persönlichkeit durch die individuelle Fernkommunikation, schützt die Privatsphäre und verbürgt dem Einzelnen mit Blick auf die Menschenwürde und im Interesse seiner Persönlichkeit einen elementaren „digitalen Lebensraum".[98] Im Mittelpunkt steht der Begriff des Kommunikationsvorgangs, der Schutz des Art. 10 GG beginnt und endet mit diesem.

Laut **§ 88 Abs. 1 TKG** unterliegen dem Fernmeldegeheimnis der Inhalt der Telekommunikation und ihre näheren Umstände, insbesondere die Tatsache, ob jemand an einem Telekommunikationsvorgang beteiligt ist oder war. Das Fernmeldegeheimnis erstreckt sich auch auf die näheren Umstände erfolgloser Verbindungsversuche.

Die Erhebung von Bestandsdaten greift in den Schutzbereich des **Rechts auf informationelle Selbstbestimmung – Art. 2 Abs. 1 i. V. m. Art. 1 Abs. 1 GG**

98 *Dalby*, Grundlagen der Strafverfolgung im Internet und in der Cloud, Springer, 2016.

ein.[99] Bestandsdaten unterliegen nicht dem Schutz des Art. 10 GG. Sie stehen nicht in Verbindung mit einem konkreten Telekommunikationsvorgang. Sie sind durch das aus dem allgemeinen Persönlichkeitsrecht abzuleitende Recht auf informationelle Selbstbestimmung geschützt, soweit sie nicht in öffentliche Verzeichnisse eingetragen sind.[100]

Das **Recht auf Schutz der Vertraulichkeit und Integrität informationstechnischer Systeme** (umgangssprachlich auch Computergrundrecht oder IT-Grundrecht genannt) wurde in der BVerfGE zur Online-Durchsuchung vom 27.02.2008 benannt. Ein Eingriff liegt bei Erhebung, Sammlung, Speicherung, Verwendung und Weitergabe von Daten vor, die durch einen Zugriff auf das informationstechnische System, z. B. PC (festinstalliert und tragbar), Smartphone, erlangt wurden, insbesondere wenn dieser heimlich erfolgt.[101]

Weiterer Grundrechtsschutz ist aus Art. 13 Abs. 1 GG – Unverletzlichkeit der Wohnung, Art. 6 MRK – Recht auf ein faires Verfahren und den Verfahrensgrundrechten, gesetzlicher Richter – Art. 101 Abs. 1 GG, rechtliches Gehör – Art. 103 Abs. 1 GG u. a. gegeben.[102]

3.6.3 Urteil des Bundesverfassungsgerichts zur Online-Durchsuchung

§§ 161, 163 StPO – Ermittlungsgeneralklauseln – dienen Staatsanwaltschaft und Polizei als Rechtsgrundlagen für die Datenerhebung öffentlich frei zugänglicher Kommunikationsinhalte des Internets. Dies resultiert aus der Rechtsprechung des BVerfG zur sogenannten Online-Durchsuchung.[103] Aus den Leitsätzen lässt sich dazu feststellen:

- Das **allgemeine Persönlichkeitsrecht** – Art. 2 Abs. 1 i. V. m. Art. 1 Abs. 1 GG – umfasst das Grundrecht der Gewährleistung der Vertraulichkeit und Integrität informationstechnischer Systeme.
- Die **heimliche Infiltration eines informationstechnischen Systems (Online-Durchsuchung)**, mittels derer die Nutzung des Systems überwacht und seine Speichermedien ausgelesen werden können, ist verfassungsrechtlich nur zulässig, wenn tatsächliche Anhaltspunkte einer konkreten

99 *König/Trurnit*, Eingriffsrecht – Maßnahmen der Polizei nach der Strafprozessordnung und dem Polizeigesetz Baden-Württemberg, 2017.

100 So auch *Bär*, vgl. FN 49.

101 *Dalby*, Grundlagen der Strafverfolgung im Internet und in der Cloud, 2016.

102 *Kochheim*, Cybercrime und Strafrecht in der Informations- und Kommunikationstechnik, 2018.

103 BVerfG, Urteil vom 27.02.2008–1 BvR 370/07; 1 BvR 595/07.

Gefahr für ein überragend wichtiges Rechtsgut bestehen. Überragend wichtig sind Leib, Leben und Freiheit der Person oder solche Güter der Allgemeinheit, deren Bedrohung die Grundlagen oder den Bestand des Staates oder die Grundlagen der Existenz der Menschen berührt.

- Die **heimliche Infiltration eines informationstechnischen Systems** ist grundsätzlich unter den **Vorbehalt richterlicher Anordnung** zu stellen. Das **Gesetz**, das zu einem **solchen Eingriff** ermächtigt, muss **Vorkehrungen** enthalten, um den **Kernbereich privater Lebensgestaltung** zu **schützen**.
- Soweit eine Ermächtigung sich auf eine staatliche Maßnahme beschränkt, durch die die Inhalte und **Umstände der laufenden Telekommunikation im Rechnernetz** erhoben oder darauf bezogene Daten ausgewertet werden, ist der Eingriff an **Art. 10 Abs. 1 GG** (Fernmeldegeheimnis) zu messen.
- Verschafft sich der Staat Kenntnis von Inhalten der Internetkommunikation auf dem dafür technisch vorgesehenen Weg, so liegt darin nur dann ein Eingriff in Art. 10 Abs. 1 GG, wenn die staatliche Stelle nicht durch Kommunikationsbeteiligte zur Kenntnisnahme autorisiert ist. **Nimmt der Staat im Internet öffentlich zugängliche Kommunikationsinhalte wahr oder beteiligt er sich an öffentlich zugänglichen Kommunikationsvorgängen, greift er grundsätzlich nicht in Grundrechte ein.**

Weder das Telekommunikationsgeheimnis[104] (Art. 10 GG) noch das Recht auf informationelle Selbstbestimmung (Art. 2 Abs. 1 i. V. m. Art. 1 Abs. 1 GG) schützen das personengebundene Vertrauen der Kommunikationsbeteiligten hinsichtlich der Identität und Wahrhaftigkeit derselben. Ein derartiges Interesse ist von Verfassung wegen nicht schutzwürdig, soweit im Internet keinerlei Mechanismen bestehen, um die Identität und die Wahrhaftigkeit zu überprüfen. Den Teilnehmern auch an einer länger bestehenden virtuellen Gemeinschaft (z. B. im Rahmen eines Diskussionsforums) ist jederzeit bewusst, dass sie die (wahre) Identität des Gegenübers nicht kennen oder dessen Angaben über sich jedenfalls nicht überprüfen können.[105]

Nur in den Fällen einer hinreichend sicheren Identifikation bei der Kommunikation im Internet kommt es auf die Kriterien an, die für eine **Abgrenzung des Einsatzes einer Ermittlungsperson als nicht offen ermittelnder Polizeibeamter (noeP) oder verdeckter Ermittler (VE)** von Bedeutung sind. Dazu gehören etwa die Häufigkeit des verdeckten Auftretens, die Anzahl der Ermittlungshandlungen, der Umfang der Identitätstäuschung, die Erforderlichkeit der Geheimhaltung der (wahren) Identität des Ermittlers oder

104 In neuer Terminologie anstelle des in Art. 10 GG verwendeten Begriffs des Fernmeldegeheimnisses.

105 BVerfG, NJW 2008, 822.

die Erforderlichkeit des Betretens der Wohnung des Täters. Bei der hier erforderlichen Bewertung der Gesamtsituation wird neben dem Aufwand der Legendierung (wie etwaiger erforderlicher Maßnahmen gemäß § 110a Abs. 3 StPO) insbesondere auf die Zeitdauer der Teilnahme an geschlossenen Benutzergruppen und der damit verbundenen Vielzahl der Ermittlungshandlungen gegenüber den Teilnehmern der Gruppe abzustellen sein.[106]

Die Generalstaatsanwaltschaft Stuttgart differenziert auf Grundlage der Entscheidung des BVerfG zur Online-Durchsuchung nach Fallgruppen.[107] Die **Erhebung allgemein zugänglicher Informationen ohne Herstellung einer Kommunikationsbeziehung** (z. B. Surfen im Web, Beobachten offener Chats, Abonnieren einer Mailingliste, gezielte Sammlung und Zusammenführung von Informationen aus frei in Datennetzen zugänglichen Inhalten ggfls. im Rahmen von Ermittlungen) erfolgt nach den §§ 161, 163 StPO, bezüglich der Identifizierung von Personen ist § 163b StPO zu prüfen.

Handelt es sich um die **Erhebung von Informationen unter Eingehung einer Kommunikationsbeziehung**, z. B. durch die (auch längerfristige) legendierte[108] Teilnahme an Chats, stützen sich die Maßnahmen ebenfalls auf §§ 161, 163 StPO. Die legendierte Teilnahme an Chats bei Ausnutzung von schutzwürdigem Vertrauen in die Identität des Gegenübers entspricht dem Einsatz eines sogenannten noeP auf Grundlage der §§ 161, 163 StPO.[109] Gegebenenfalls ist der Einsatz eines Verdeckten Ermittlers (VE) nach § 110a StPO zu prüfen.

Die Chat-Teilnahme innerhalb einer geschlossenen Gruppe, zu der der Zugang von einem Nutzer freiwillig zur Verfügung gestellt wurde und der Beitritt eines Polizeibeamten unter Verheimlichung oder Verschleierung seiner Identität erfolgt, entspricht ebenfalls dem Einsatz eines noeP nach §§ 161, 163 StPO (ggfls. VE nach § 110a StPO prüfen). Erfolgt die verdeckte Aufklärung zugangsgesicherter Kommunikationsinhalte unter Nutzung eines Passworts, das ohne oder gegen den Willen der Kommunikationsbeteiligten erhoben wurde, ist zusätzlich § 100a StPO zu prüfen.

Ausgehend von den grundlegenden Ausführungen des BVerfG in der Entscheidung zur Online-Durchsuchung muss anhand der jeweiligen konkre-

---

106 So auch *Rosengarten/Römer*, NJW 2012, 1764, 1767; *Henrichs*, Kriminalistik 2012, 632.

107 Fallgruppen der BVerfG-Entscheidung zur Online-Durchsuchung.

108 Zur verdeckten Teilnahme an einer Internetkommunikation ist nicht zwingend eine Legende im Sinne von § 110a StPO erforderlich. Oftmals reicht ein Pseudonym oder ein sogenannter „Fake-Account“ aus.

109 Nach h. M. kann der Einsatz eines noeP auf §§ 161, 163 StPO gestützt werden (*Nack* in KK, StPO, § 110a Rn. 6). Der Einsatz eines noeP ist auf Grundlage deren Sachleitungsbefugnis mit der Staatsanwaltschaft abzustimmen

ten Maßnahme im Einzelfall die Grundrechtrelevanz von Ermittlungen im Internet beurteilt und darauf aufbauend eine Prüfung hinsichtlich der in Betracht kommenden Eingriffsermächtigung vorgenommen werden (vgl. Kapitel 3.6.2). Eine gesetzliche Fixierung aller als Ermittlungshandlungen denkbaren Fallgestaltungen wäre gar nicht möglich. Vielmehr sind die Gerichte dazu aufgerufen, eine Abgrenzung zwischen nicht offen ermittelnden Polizeibeamten (§§ 161, 163 StPO) und verdeckten Ermittlern (§§ 110a bis 110c StPO) und eine Konkretisierung hinsichtlich der im jeweiligen Einzelfall zu beachtenden Grenzen vorzunehmen.[110]

3.6.4 Rechtsgrundlagen zur Datenermittlung

Welche **Informationen** der Provider für die **Auskunftsersuchen der Sicherheitsbehörden** bereitstellen muss, ist in **§ 111 TKG** (Daten für Auskunftsersuchen der Sicherheitsbehörden, vgl. Kapitel 20.3) geregelt.

Für die **Bestandsdaten** gibt es **zwei Auskunftsverfahren** (Übermittlungsregelungen): das **automatisiert**e nach **§ 112 TKG – sogenannte SARS-Abfrage**[111] – und das **manuell**e nach **§ 113 TKG** – hier muss der Provider die erforderlichen Daten der Polizei im Einzelfall auf Anforderung (z. B. IP-Adresse, PIN, PUK) aktiv mitteilen.

Erhebungsnorm für die Polizei zur **Erhebung von Bestandsdaten** im automatisierten Verfahren ist die **Ermittlungsgeneralklausel – § 163 StPO**.

SARS bildet die Schnittstelle für das Auskunftsersuchen zwischen der Regulierungsbehörde (Bundesnetzagentur/BNetzA) und den Sicherheitsbehörden. Die Abfragedaten werden in einer Web-Oberfläche dargestellt – der Dienst kann einer großen Zahl von Nutzern zur Verfügung gestellt werden, eine offene Import-Schnittstelle kann auch Massenanfragen aus externen Datenquellen verarbeiten. Konkrete Regelungen zu Abfragemöglichkeiten, Übermittlungsverfahren, Einstufung von Dringlichkeitsklassen, Einrichtung von Abfrage-Servern, Vergabe von Abfrageberechtigungen, Datenverarbeitung/-schutz und Koordinierungsstelle ergeben sich aus einer **Dienstanweisung**.

Zu beachten ist, dass **Bestandsdatenabfragen** nicht zwingend zum Urheber der Kommunikation führen müssen, sondern regelmäßig nur zum **Vertragsinhaber** führen.

110 *Bär*, Rechtliche Herausforderungen bei der Bekämpfung von Cybercrime, BKA-Herbsttagung 2013, www.bka.de.

111 SARS – Syborg Auskunfts- und Recherche-System.

Für den **Zugriff auf Bestandsdaten der Telekommunikation** und für die **Personenauskunft zu einer dynamischen IP-Adresse**[112] hat der Gesetzgeber entsprechend den Vorgaben des BVerfG[113] mit dem am 01.07.2013 neu geschaffenen **§ 100j StPO** eine **neue bereichsspezifische Eingriffsermächtigung** ergänzend zur Berechtigung der Datenübermittlung in § 113 TKG durch den Provider geschaffen. Danach kann über § 100j Abs. 1 S. 1 StPO zunächst Auskunft über die hinter einer Telefonnummer, E-Mail-Adresse stehenden Bestandsdaten des Kunden verlangt werden (§ 113 Abs. 1 S. 1 TKG).

In § 100j Abs. 1 S. 1 i. V. m. Abs. 2 StPO findet sich erstmals eine ausreichende gesetzliche Befugnis für die Personenauskunft zu einer dynamischen IP-Adresse. Diese führt nach Auffassung des BVerfG zu einem **Eingriff in Art. 10 GG**, da die Brücke zwischen der bekannten IP-Adresse und den als Auskunft zu übermittelnden Bestandsdaten nur durch eine Auswertung von Verkehrsdaten beim Provider hergestellt werden kann. Eines Richtervorbehalts und eines begrenzenden Rechtsgüter- oder Straftatenkatalogs bedarf es aber nicht. Durch das Erfordernis eines konkreten Zeitstempels der verwendeten IP-Adresse wird jedoch klargestellt, dass eine generelle Abfrage zur Verwendung einer IP-Adresse ausgeschlossen ist, da sonst die Grenze zur Verkehrsdatenabfrage nach § 100g StPO überschritten wäre. Mit dem Wortlaut der Regelung vereinbar ist auch eine umgekehrte Abfrage, welche dynamischen IP-Adressen zu einem bestimmten Zeitpunkt einer bestimmten Person zugeordnet waren, da es hier zu keiner Änderung der Eingriffstiefe kommt und die Qualität der Information gleich bleibt.

Über § 100j Abs. 1 Satz 2 StPO ergibt sich die Befugnis für den **Zugriff auf Zugangssicherungscodes der Telekommunikation**. Zulässig ist danach ein Auskunftsverlangen beim TK-Provider bzgl. aller Daten, mittels deren der Zugriff auf Endgeräte oder auf Speichereinrichtungen möglich ist, die in diesen Endgeräten oder räumlich getrennt davon eingesetzt werden. Solche Zugangsdaten (z. B. PIN, PUK) als „Schlüssel" zu weiteren Informationen sind aber nur dann herauszugeben, wenn die strafprozessualen Voraussetzungen für die Nutzung der Daten erfüllt sind. Davon ist auszugehen, wenn als gesetzliche Befugnis für die Voraussetzungen einer Beschlagnahme oder formlosen Sicherstellung des entsprechenden Endgeräts gem. §§ 94, 98 StPO oder bei externen Speichermedien ein Abruf von Daten eines E-Mail-Accounts oder beim Cloud-Provider die Voraussetzungen der §§ 99 bzw. 102, 103 und 110 Abs. 3 StPO vorliegen.

112 Im Sinne der Identifizierung des Internetnutzers über seine IP-Adresse.

113 BVerfG, Urteil vom 24.01.2012.

Nur für diese **Auskunft (Zugangssicherungscodes)** gilt gem. § 100j Abs. 3 StPO **grundsätzlich** ein **Richtervorbehalt**, der jedoch dann entfällt, wenn der Betroffene vom Auskunftsverlangen bereits Kenntnis hat oder haben muss oder die Nutzung des Zugangssicherungscodes bereits durch eine gerichtliche Entscheidung gestattet wurde. Die ermittlungsrichterliche Anordnung für die Folgemaßnahme deckt damit quasi auch die vorrangige Abfrage der Zugangsdaten ab.

Sowohl für die Auskunft über Zugangssicherungscodes als auch für die Personenauskunft sind die Pflichten zur **nachträglichen Benachrichtigung des Betroffenen** nach § 100j Abs. 4 zu beachten.[114]

Verkehrsdaten sind Daten, die bei der Erbringung eines Telekommunikationsdienstes erhoben, verarbeitet oder genutzt werden (vgl. Kapitel 3.6.1).

§ 100g StPO ermächtigt zur **Erhebung von Verkehrsdaten**, nach Absatz 1 der nach §§ 96 ff. TKG und nach Absatz 2 der nach § 113b TKG von den Verpflichteten gespeicherten Verkehrsdaten. Es müssen bestimmte Tatsachen den Verdacht begründen, dass eine Straftat von auch im Einzelfall erheblicher Bedeutung (insbesondere Katalogtat nach § 100a Abs. 2 StPO) oder eine Straftat mittels Telekommunikation – § 100g Abs. 1 StPO – oder eine Katalogtat gemäß § 100g Abs. 2 StPO begangen wurde.

Die §§ 101a, 101b StPO treffen Regelungen zur **Anordnungskompetenz** und dem **Verfahren**.

Eine **Zuordnung von IP-Adressen** über § 100j Abs. 1 S. 1 i. V. m. Abs. 2 StPO und eine **Auskunft über Verkehrsdaten** nach § 100g StPO sind nur dann möglich, wenn bei den jeweiligen **Providern** entsprechende Informationen erhoben und für einen bestimmten Zeitraum gespeichert werden. Dazu **bedarf es einer gesetzlichen Verpflichtung zur anlasslosen Speicherung von Verkehrsdaten**, die seit der Entscheidung des BVerfG vom 02.03.2010 mit der Folge einer Verfassungswidrigkeit der Regelungen in §§ 113a, 113b TKG nicht mehr bestand. Das Urteil bezieht sich auf die **Ausgestaltung der Vorratsdatenspeicherung von Verkehrsdaten**.

Die **Vorratsdatenspeicherung** ist eine zeitlich begrenzte Speicherung von Verkehrsdaten. Der vom BVerfG aufgehobene § 113a TKG sah eine Speicherdauer von sechs Monaten vor und die aktuelle Rechtsprechung lässt jetzt zu Zwecken der Abrechnung – § 97 TKG – der Missbrauchskontrolle

114 *Bär*, vgl. FN 49.

und Störungsbeseitigung – § 100 Abs. 1 TKG – eine Speicherdauer von mindestens einer Woche zu.[115]

Das neue **Gesetz** zur Vorratsdatenspeicherung trat am 18.12.2015 in Kraft. Zugangsanbieter müssen nach einer Übergangsfrist von 18 Monaten, also seit 01.07.2017, Verbindungsinformationen (Verkehrsdaten) ihrer Kunden zehn Wochen und Standortdaten einen Monat lang speichern. Neben **Änderungen** der **Strafprozessordnung** – §§ 100g, 101a, 101b StPO – sind die Verpflichtungen zur Speicherung von Verkehrsdaten, zur Verwendung der Daten und zur Datensicherheit nach den §§ 113b bis 113g **TKG** neu gefasst.[116]

Gegner sehen die „anlasslose Datenspeicherung" fortdauernd kritisch. Im Urteil des EuGH über die Rechtmäßigkeit der Vorratsdatenspeicherung am Beispiel Schwedens und Großbritanniens werden auch Auswirkungen auf die Regelungen in Deutschland gesehen.[117]

Mit Beschluss vom 22.06.2017 hat das Oberverwaltungsgericht für das Land Nordrhein-Westfalen in einem Verfahren des einstweiligen Rechtsschutzes festgestellt, dass der klagende Internetzugangsdiensteanbieter (der sogenannte Provider) bis zum rechtskräftigen Abschluss des Hauptsacheverfahrens nicht verpflichtet ist, die in § 113b Abs. 3 TKG genannten Telekommunikationsverkehrsdaten zu speichern (Az. 13 B 238/17). Aufgrund dieser Entscheidung und ihrer über den Einzelfall hinausgehenden Begründung sieht die Bundesnetzagentur bis zum rechtskräftigen Abschluss eines Hauptsacheverfahrens von Anordnungen und sonstigen Maßnahmen zur Durchsetzung der in § 113b TKG geregelten Speicherverpflichtungen gegenüber allen verpflichteten Unternehmen ab. Bis dahin werden auch keine Bußgeldverfahren wegen einer nicht erfolgten Umsetzung gegen die verpflichteten Unternehmen eingeleitet.

Im Hauptsacheverfahren hat das Bundesverwaltungsgericht die Sache mittlerweile dem EuGH zur Prüfung vorgelegt. Neben den verwaltungsgerichtlichen Verfahren sind gegen die deutschen Regelungen zur Vorratsdatenspeicherung diverse Verfassungsbeschwerden anhängig. Die Entscheidungen stehen noch aus.[118]

Zentrale Dienststellen unterhalten aktualisiert abrufbare Informationen zu Erreichbarkeit und Speichermodalitäten der einzelnen Diensteanbieter.

115 *Kochheim*, Cybercrime und Strafrecht in der Informations- und Kommunikationstechnik, 2018.

116 Vgl. Bundesgesetzblatt, Teil I, Nr. 51 vom 17.12.2015.

117 Vgl. https://www.tagesschau.de/ausland/vorratsdatenspeicherung-157.html, 27.12.2016.

118 Vgl. www.bundesnetzagentur.de, 09.06.2020.

Mit Beschluss vom 27.05.2020 hat der Erste Senat des BVerfG § 113 TKG und mehrere Fachgesetze des Bundes, die die manuelle Bestandsdatenauskunft regeln, für verfassungswidrig erklärt. (…) Die Erteilung einer Auskunft über Bestandsdaten ist grundsätzlich verfassungsrechtlich zulässig. Der Gesetzgeber muss aber nach dem Bild einer Doppeltür sowohl für die Übermittlung der Bestandsdaten durch die Telekommunikationsanbieter als auch für den Abruf dieser Daten durch die Behörden jeweils verhältnismäßige Rechtsgrundlagen schaffen. Übermittlungs- und Abrufregelungen müssen die Verwendungszwecke der Daten hinreichend begrenzen, indem sie insbesondere tatbestandliche Eingriffsschwellen und einen hinreichend gewichtigen Rechtsgüterschutz vorsehen. Der Senat hat klargestellt, dass die allgemeinen Befugnisse zur Übermittlung und zum Abruf von Bestandsdaten trotz ihres gemäßigten Eingriffsgewichts für die Gefahrenabwehr und die Tätigkeit der Nachrichtendienste grundsätzlich einer im Einzelfall vorliegenden konkreten Gefahr und für die Strafverfolgung eines Anfangsverdachts bedürfen. Findet eine Zuordnung dynamischer IP-Adressen statt, muss diese im Hinblick auf ihr erhöhtes Eingriffsgewicht darüber hinaus auch dem Schutz oder der Bewehrung von Rechtsgütern von zumindest hervorgehobenem Gewicht dienen. Bleiben die Eingriffsschwellen im Bereich der Gefahrenabwehr oder der nachrichtendienstlichen Tätigkeit hinter dem Erfordernis einer konkreten Gefahr zurück, müssen im Gegenzug erhöhte Anforderungen an das Gewicht der zu schützenden Rechtsgüter vorgesehen werden. Die genannten Voraussetzungen wurden von den angegriffenen Vorschriften weitgehend nicht erfüllt. Im Übrigen hat der Senat wiederholend festgestellt, dass eine Auskunft über Zugangsdaten nur dann erteilt werden darf, wenn die gesetzlichen Voraussetzungen für ihre Nutzung gegeben sind.[119]

Zur **Verfolgung schwerer Straftaten** regelt **§ 100a StPO** die Überwachung der Telekommunikation (TKÜ) – **Inhalt der Kommunikation**. Verfahrens- und Durchführungsvorschriften zur TKÜ finden sich in den §§ 100e, 101 StPO.

Das TMG, in Kraft seit 01.03.2007, behandelt in **§ 14 TMG Bestandsdaten** und in **§ 15 TMG Nutzungsdaten** (Verkehrsdaten, Inhaltsdaten) – vgl. Kapitel 20.4. Das Gesetz regelt die rechtlichen Rahmenbedingungen für sogenannte Telemedien in Deutschland. Telemedien ist ein Rechtsbegriff für elektronische Informations- und Kommunikationsdienste – nahezu alle Angebote im Internet, z. B. Podcasts, Chatrooms, Dating-Communities u. a.

119 Vgl. BVerfG, Beschluss vom 27.05.2020 – 1 BvR 1873/13, 1 BvR 2618/13 (Bestandsdatenauskunft II), Pressemitteilung, Nr. 61/2020 vom 17.07.2020, www.bundesverfassungsgericht.de

Das Gesetz wird daher umgangssprachlich auch als **Internetgesetz** bezeichnet.

Die Rechtsgrundlage für die Übermittlung von **Bestandsdaten** seitens der Telemediendienste an Polizei und Staatsanwaltschaft ergibt sich aus **§ 14 TMG, §§ 161, 161a, 163 StPO**. Werden von Sozialen Netzwerken schwerpunktmäßig Telekommunikationsdienste erbracht, ist eine Auskunft zu Bestandsdaten auf **§ 100j StPO** zu stützen. Die Rechtsgrundlage für die Übermittlung von **Nutzungsdaten** (IP-Adresse) seitens der Telemediendienste an Polizei und Staatsanwaltschaft ergibt sich aus **§§ 14, 15 TMG, §§ 161, 161a, 163 StPO**. Werden von Sozialen Netzwerken schwerpunktmäßig Telekommunikationsdienste erbracht, ist eine Auskunft zu Nutzungsdaten auf **§ 100g StPO** zu stützen.[120]

3.6.5 Rechtsgrundlagen im Überblick

Die Kategorisierung von Daten ermöglicht vor dem Hintergrund der Eingriffsintensität (vgl. Kapitel 3.6.2) auch die Feststellung der einschlägigen Rechtsgrundlagen.[121]

Maßnahme	Rechtsgrundlage	Hinweise
Erhebung allgemeiner Informationen aus dem Internet – Newsletter, Foren, Informationssammlungen, Beteiligungen an Diskussionen, einfache Legendierung (Fake Account)	§ 161 Abs. 1, § 163 Abs. 1 StPO	StA, Polizei Bzgl. Identifizierung von Personen § 163b StPO prüfen
Nicht offen ermittelnder Polizeibeamter	Rechtsprechung	Vgl. Kapitel 3.6.3 – Urteil des BVerfG zur Online-Durchsuchung StA, GiV: EP
Dauerhaft legendierte Beobachtung	§ 110a Abs. 1, § 110b Abs. 1 StPO	Verdeckter Ermittler StA, GiV: EP

120 Umfassende Informationen zur Datenerhebung finden sich im Leitfaden der Generalstaatsanwaltschaft Stuttgart, Zentralstelle für die Bekämpfung der Informations- und Kommunikationskriminalität und des LKA Baden-Württemberg, Kompetenzzentrum TKÜ.

121 Neben der Berücksichtigung aktueller rechtlicher Entwicklungen dienten hier zur Erstellung als Quellen *Kochheim*, Cybercrime und Strafrecht in der Informations- und Kommunikationstechnik, 2018, und *König/Trurnit*, Eingriffsrecht – Maßnahmen der Polizei nach der Strafprozessordnung und dem Polizeigesetz Baden-Württemberg, 2017.

Maßnahme	Rechtsgrundlage	Hinweise
Kurzfristige Beobachtung von Verdächtigen und Beschuldigten[122]	*§ 161 Abs. 1, § 163 Abs. 1 StPO*	*Observation kurzfristig, einmalig, unterhalb der Schwelle von § 163f StPO* *Technische Observationshilfe – § 100h StPO*
Beobachtung von Beschuldigten ohne Kommunikation	*§ 163f Abs. 1 und 3 StPO*	*Observation längerfristig* *Gericht, GiV: StA und EP*
Beobachtung von Beschuldigten mit Kommunikation	*§§ 110a, 110b Abs. 1 und 2 StPO*	*Verdeckter Ermittler* *Gericht, GiV: StA, bei Nichterreichbarkeit EP*
Herausgabeersuchen Beweismittel	§ 95 Abs. 1 StPO	StA, Polizei Zwangsmittel können nur vom Gericht angeordnet werden – § 95 Abs. 2 StPO
Sicherstellung von E-Mails	§§ 94, 98 StPO	E-Mail ist zwischen- bzw. endgespeichert Gericht, GiV: StA und EP Verdeckte Maßnahme – §§ 95, 99, 100 StPO prüfen Gericht, GiV: StA Überwachen und Aufzeichnen beim Versenden und Empfangen – §§ 100a, 100h StPO, vgl. unten
Offene Ferndurchsuchung[123]	§ 110 Abs. 3 StPO	Annex zur Durchsuchung
Erhebung von Telekommunikationsbestandsdaten (TKBDE)	§ 100j StPO	

Maßnahme	Rechtsgrundlage	Hinweise
dto.	§ 161 Abs. 1, § 163 Abs. 1 StPO, §§ 112, 95, 111 TKG	„Einfache" Bestandsdatenabfrage im automatisierten Auskunftsverfahren StA, Polizei
dto.	§ 100j Abs. 1 StPO, §§ 113, 95, 111 TKG	Bestandsdaten vom Provider StA, Polizei

122 Die Maßnahmen in Kursivschrift betreffen nicht ausschließlich Ermittlungen im Internet.

123 „Onlinedurchsuchung light" vgl. *Kochheim*, Cybercrime und Strafrecht in der Informations- und Kommunikationstechnik, 2018.
Rechtsgrundlagen für den verdeckten Eingriff in informationstechnische Systeme bilden § 100b StPO (Online-Durchsuchung) und § 49 BKAG (zum Zweck der Gefahrenabwehr).

Maßnahme	Rechtsgrundlage	Hinweise
dto.	§ 100j, Abs. 1 und 2 StPO, §§ 113, 95, 111 TKG	Bestandsdaten vom Provider bei dynamischer IP-Adresse StA, Polizei Maßnahme löst Mitteilungspflichten aus – § 100j Abs. 4 StPO
dto.	§ 161 Abs. 1, § 163 Abs. 1 StPO, § 14 Abs. 2 TMG	Bestandsdaten vom Telemedien-provider, auch Zugangsdaten StA, Polizei
dto.	§ 161 Abs. 1, § 163 Abs. 1 StPO, § 15 Abs. 1 und 5, § 14 Abs. 2 TMG	Nutzungsdaten vom Telemedien-provider StA, Polizei Die Nutzungsdaten nach dem TMG haben eine gewisse Ähnlichkeit mit den Verkehrsdaten – im Einzelfall ist § 100g StPO zu prüfen.
dto.	§ 100j Abs. 1 und 3 StPO	Zugangskennungen zu einem Mobiltelefon – PIN, PUK[124] Gericht, GiV: StA und EP
Erhebung von Telekommunikationsverkehrsdaten und Standortdaten	§ 100g StPO	Materiell-rechtliche Anordnungsvoraussetzungen der Erhebung von Verkehrsdaten Zur Erhebung der Daten bei Notrufen sind § 108 TKG und § 4 NotrufV einschlägig.
	§§ 101a, 101b StPO	Durchführungs- und Verfahrensvorschriften zur Erhebung von Verkehrsdaten Gericht, GiV: StA

Maßnahme	Rechtsgrundlage	Hinweise
GSM-Ortung[125]	§ 100g StPO	Gericht, GiV: StA
IMSI-Catcher[126]	§ 100i StPO	Gericht, GiV: StA

124 Personal Identifikation Number – PIN – bzw. Personal Unblocking Key – PUK – zum Entsperren nach fehlgeschlagenen PIN-Eingaben.

125 Das Global System for Mobile Communications – GSM – beschreibt die Ortung eines mobilen Endgeräts bei der Kontaktaufnahme zum Knoten des Anschlussnetzbetreibers. Die dabei ausgetauschten Daten sind Verkehrsdaten.

126 Gerät zur Erkundung von Anschluss-, Gerätenummern (IMSI, IMEI) und Standortdaten in einer vom IMSI-Catcher vorübergehend fingierten Funkzelle, wobei das Gerät mit seinen stärkeren Signalen die regulären Funkzellen überlagert.

Maßnahme	Rechtsgrundlage	Hinweise
Erhebung der bei der Telekommunikation anfallenden Inhaltsdaten – Telekommunikationsüberwachung (TKÜ) –	§ 100a StPO	Materiell-rechtliche Anordnungsvoraussetzungen der TKÜ[127]
dto.	§ 100e StPO	Verfahrens- und Durchführungsvorschriften zur TKÜ Gericht, GiV: StA
dto.	§ 101 StPO	Verfahrensregelungen bei verdeckten Maßnahmen – so bzgl. TKÜ zu Kennzeichnung, Benachrichtigung, Löschung

Eine entsprechende **Rechtsgrundlage** für Maßnahmen zur **Gefahrenabwehr** mit Bezug zur Telekommunikation findet sich in **§ 23a PolGBW**.

3.6.6 Rechtsgrundlagen zur Fahndung, Durchsuchung und Beschlagnahme

Bei der Nutzung **soziale**r Netzwerke als **Fahndungshilfsmittel** handelt es sich um eine Form der **Öffentlichkeitsfahndung**. Als Rechtsgrundlagen kommen **§§ 131 bis 131c StPO** in Betracht. Außerdem sind die **RiStBV**[128], Ziffer 39 ff. i. V. m. Anlage B, zu beachten. Danach setzt eine solche Öffentlichkeitsfahndung zur Strafverfolgung immer eine Straftat von erheblicher Bedeutung voraus. Außerdem ist ein strenger Maßstab bezüglich der Erforderlichkeit der Maßnahme anzulegen. Bei der Umsetzung personenbezogener Daten (z. B. Lichtbilder, Videos) ist darauf zu achten, dass diese nicht Bestandteil des Angebots eines privaten Anbieters werden und nur auf Servern im Verantwortungsbereich der Strafverfolgungsbehörden gespeichert und gesichert werden, damit ungehindert Zugriff auf die Daten zur Fahndungsänderung oder -löschung genommen werden kann. Dies kann z. B. durch Link- oder I-Frame-Technologie gewährleistet werden.[129]

127 Eine auf § 100a StPO gestützte Quellen-TKÜ – dabei werden durch spezielle Computerprogramme Daten noch vor ihrer Verschlüsselung auf dem Zielgerät abgefangen – ist nur zulässig, wenn sie sich auf die Überwachung der laufenden Kommunikation beschränkt und ein heimliches Ausspähen weiterer Daten auf dem Computer unterbleibt. Vgl. *König/Trurnit*, Eingriffsrecht – Maßnahmen der Polizei nach der Strafprozessordnung und dem Polizeigesetz Baden-Württemberg, 2017.

128 Richtlinien für das Straf- und Bußgeldverfahren.

129 *Bär*, vgl. FN 49.

Mit der bestehenden Regelung des **§ 110 Abs. 3 StPO** zum Zugriff auf externe Datenspeicher im Rahmen einer Durchsuchung vor Ort nach §§ 102, 103 StPO lassen sich **beweisrelevante Daten in der Cloud** nur teilweise angemessen sichern. Befinden sich diese Daten im Ausland oder ist der Zugriff auf gespeicherte Daten außerhalb einer Durchsuchung nicht möglich, bestehen entsprechende Lücken bei der Beweissicherung.

Die bisherigen gesetzlichen Eingriffsbefugnisse zur Sicherstellung von Informationen gehen vom Konzept einer geografischen Verortung von Daten und der damit verbundenen Territorialität aus. Dieser Standpunkt lässt sich aber im Zeitalter von Cloud Computing nicht mehr aufrechterhalten, da hier Daten innerhalb kürzester Zeit ihren Speicherort verändern können und dem Anbieter vielfach der aktuelle Speicherort der Daten selbst nicht bekannt ist. Ebenso ist derzeit gesetzlich nicht geklärt, wie ein Abruf von Daten aus der Cloud – außerhalb einer Durchsuchungsmaßnahme – mit bekannten Zugangsdaten rechtlich zu qualifizieren ist. Die bestehenden Eingriffsbefugnisse zur Durchsuchung und zur Überwachung der Telekommunikation werden diesen Fallgestaltungen nicht gerecht. Dies hat zur Folge, dass es für den Zugriff auf beweisrelevante Daten in der Cloud dann keine sicheren rechtlichen Grundlagen gibt, wenn dieser zum einen außerhalb einer Durchsuchungsmaßnahme erfolgt und zum anderen die genaue geografische Lokalisierung der Daten nicht bekannt ist. Insoweit muss hier eine rechtliche Klarstellung zunächst im nationalen Recht geschaffen werden, die im Einzelnen die Voraussetzungen für einen Zugriff auf extern gespeicherte Daten mit Mitteln der Telekommunikation festlegt. (…) Da die in der Cloud gespeicherten Daten heute nicht mehr an Ländergrenzen gebunden und kaum zu lokalisieren sind, sollte eine adäquate Anpassung der rechtlichen Grundlagen in Art. 32 der Cybercrime-Konvention an die neuen technischen Entwicklungen beim Cloud Computing für einen transnationalen Zugriff auf Datenspeicher auf der Ebene der EU, des Europarats oder der vereinten Nationen erfolgen. Nur durch solche Anpassungen kann den Bedürfnissen der effektiven Strafverfolgung bei physikalisch nicht bestimmten Hoheitsgebieten zuzurechnenden Daten Rechnung getragen werden.[130, 131]

Die **§§ 102 ff. StPO** dienen als Ermächtigungsgrundlagen für **Durchsuchung**smaßnahmen. EDV-Anlagen sind eine Sache i. S. d. § 102 StPO. Strafbare Inhalte auf elektronischen Speichermedien sind Beweismittel, nach denen auf-

130 *Bär*, vgl. FN 49.

131 Mit den rechtlichen Möglichkeiten des Zugriffs der Strafverfolgungsbehörden auf Cloud-Speicher befasst sich *Dalby*, in: Grundlagen der Strafverfolgung im Internet und in der Cloud, 2016.

grund der §§ 102 ff. StPO gesucht werden kann, sofern die Nachrichten bereits angekommen sind.

Die Durchsicht von Papieren[132] – § 110 StPO – bedeutet, den Inhalt des Papiers zur Kenntnis zu nehmen, um seine Beweismitteleignung festzustellen. Wenn bereits der konkrete Verdacht gegeben ist, dass ein Schriftstück Beweisbedeutung hat, wird es nach §§ 94, 98 StPO beschlagnahmt. Dem Sachbearbeiter der Polizei ist es nicht verboten, beweisrelevante Schriftstücke zu lesen, es ist ihm nur verboten, solche zu suchen. Entsprechend gelten diese Überlegungen bei der Durchsicht von EDV-Anlagen.

Für die Beweismittelbeschlagnahme nach **§§ 94, 98 StPO** reicht die potenzielle Beweisbedeutung eines Gegenstandes – PC-Anlage, Datenträger, Software u. a. Es genügt die nicht fernliegende Möglichkeit, dass der Gegenstand für die Be- oder Entlastung des Beschuldigten Bedeutung gewinnen kann.

Die **vollstreckungssichernde Beschlagnahme** EDV-technischer Gegenstände und Taterzeugnisse erfolgt nach den **§§ 111b ff. StPO i. V. m. §§ 73, 74 ff. StGB** bzw. besonderer Einziehungsvorschrift, z. B. § 110 UrhG.

3.7 Prävention

„Internetkriminalität bewegt die Menschen. Man muss deshalb jeden präventiven Spielraum und die Medienkompetenz stärken, bei Jungen wie Älteren. Cyber-Erziehung muss so selbstverständlich sein, wie Radfahren lernen."[133] Eine erfolgreiche Bekämpfung der Cybercrime verlangt Prävention durch **Sensibilisierung und Information von Bürgern, Institutionen und Organisationen**.

Aufbauend auf einer konsequenten repressiven Bekämpfung der Cybercrime muss der präventive Ansatz durch eine **offensive Öffentlichkeitsarbeit** weiter forciert werden. Kernpunkt ist dabei die **Verhaltensprävention**. Die Nutzer müssen die bestehenden Gefahren erkennen und ihr Handeln stärker darauf ausrichten. Sie dürfen sich nicht nur auf technische Präventionsmaßnahmen wie Antiviren-Programme verlassen.

Das **Programm Polizeiliche Kriminalprävention der Länder und des Bundes** (ProPK) verfolgt seit mehr als 40 Jahren das Ziel, die Bevölkerung, Multiplikatoren, Medien und andere Präventionsträger über Erscheinungsformen

132 Papiere sind alles, was wegen seines Gedankeninhalts Bedeutung hat, unabhängig von der Art des Datenträgers, also auch CD, DVD, Datenbänder oder EDV-Anlagen.

133 *Gall*, Innenminister von Baden-Württemberg, Badische Zeitung, 24.10.2012.

der Kriminalität und Möglichkeiten zu deren Verhinderung aufzuklären. Dies geschieht unter anderem durch kriminalpräventive Presse- und Öffentlichkeitsarbeit und durch die Entwicklung und Herausgabe von Medien, Maßnahmen und Konzepten, die die örtlichen Polizeidienststellen in ihrer Präventionsarbeit unterstützen.[134] Im Internet kann sich Jedermann die aktuellen Hinweise und Tipps verschaffen. Diese behandeln unter anderem **„Gefahren im Internet"** und **„Medienkompetenz und Mediensicherheit"**. Hier erfolgt auch der Zugang zu umfangreichem Informationsmaterial.

Derzeit klärt die Internetseite die Bevölkerung über Straftaten auf, bei denen Kriminelle gezielt die Verunsicherung angesichts der neuen Bestimmungen während der **Corona-Pandemie** ausnutzen. Mit ihrem Informationsangebot bietet die Polizei einen schnellen Überblick über aktuelle Maschen der Kriminellen und vermittelt gleichzeitig hilfreiche Tipps, um sich vor diesen Straftaten, die großteils auch mittels des Internets begangen werden, zu schützen.[135]

Regeln für mehr Sicherheit im digitalen Alltag bietet der **Sicherheitskompass** der Polizeilichen Kriminalprävention der Länder und des Bundes (ProPK) und des Bundesamts für Sicherheit in der Informationstechnik (BSI), der anlässlich des sogenannten „Europäischen Monats für Cyber-Sicherheit" im Oktober 2013 herausgegeben wurde.

Abb. 7 Sicherheitskompass[136]

134 www.polizei-beratung.de.

135 www.polizei-beratung/corona-straftaten, Kriminalität im Zusammenhang mit dem Coronavirus, 18.05.2020.

136 Pressemitteilung des BSI und ProPK vom 26.09.2013, Informationen unter www.polizei-beratung.de/sicherheitskompass oder unter www.bsi-fuer-buerger.de.

Er wurde bereits vor zehn Jahren entwickelt und mittlerweile grundlegend überarbeitet, neu gestaltet und mit praktischen Video-Tipps angereichert.

Die zehn Regeln des „Sicherheitskompass" (orientiert an den zehn häufigsten Sicherheitsrisiken):

- Verwenden Sie sichere Passwörter!
- Schränken Sie Rechte von PC-Mitbenutzern ein!
- Halten Sie Ihre Software immer auf dem aktuellen Stand!
- Verwenden Sie eine Firewall!
- Gehen Sie mit E-Mails und deren Anhängen sowie mit Nachrichten in Sozialen Netzwerken sorgsam um!
- Erhöhen Sie die Sicherheit Ihres Internet-Browsers!
- Vorsicht beim Download von Software aus dem Internet!
- Sichern Sie Ihre drahtlose (Funk-)Netzwerkverbindung!
- Seien Sie zurückhaltend mit der Angabe persönlicher Daten im Internet!
- Schützen Sie Ihre Hardware gegen Diebstahl und unbefugten Zugriff!

Seit 2012 sensibilisiert der **ECSM („European Cyber Security Month")** europaweit Bürgerinnen und Bürger sowie Organisationen für den umsichtigen und verantwortungsbewussten Umgang im Cyber-Raum. Als Pilotprojekt gestartet, nahmen im ersten Jahr Tschechien, Luxemburg, Norwegen, Portugal, Rumänien, Slowenien, Spanien und Großbritannien teil, um mit Unterstützung der ENISA und der Europäischen Kommission über Cyber-Sicherheit aufzuklären.

Seit dem Jahr 2013 ist der Aktionsmonat ein regelmäßig stattfindendes europaweites Format. Die Aktionen reichen dabei von Veranstaltungen und organisationsinterner Sensibilisierung über die Etablierung von Webseiten bis zu Pressearbeit.

Unter Federführung der europäischen IT-Sicherheitsbehörde ENISA bieten die Mitgliedstaaten der Europäischen Union während des ECSM verschiedene Veranstaltungen und Informationen zum Thema Cyber-Sicherheit an. Im Jahr 2015 beispielsweise nahmen 32 Staaten mit mehr als 240 Aktivitäten am ECSM teil. Deutschland rückte Inhalte zum Thema „Ins Internet – mit Sicherheit" in den Fokus der Öffentlichkeit, um Internetnutzer in Europa für die möglichen Risiken des Internets zu sensibilisieren und ihnen Informationen, Hilfestellungen und Praxisbeispiele an die Hand zu geben, mit denen sie sich sicherer durch das Internet bewegen können.

Als Koordinierungsstelle für den ECSM in Deutschland informiert das BSI Organisationen und Unternehmen, die sich mit Fragen der IT-Sicherheit befassen, über den Aktionsmonat und wirbt dafür, sich entsprechend mit eigenen Aktionen einzubringen. Interessierte können ihre Projekte das ganze Jahr über beim BSI oder dem von ihm eingerichteten Projektbüro per E-Mail anmelden, um auf der Aktionswebseite der ENISA sowie in den Kommunikationskanälen des BSI genannt zu werden.

Darüber hinaus unterstützt das BSI den ECSM mit zahlreichen eigenen Aktionen und Maßnahmen. Neben der gezielten Ansprache der Medien haben im Jahr 2015 unter anderem ein IT-Sicherheitsquiz sowie eine Frage-Aktion zu IT-Sicherheit auf der Facebook-Seite des BSI Bürgerinnen und Bürger für das Thema Cyber-Sicherheit sensibilisiert.[137]

Das LKA Niedersachsen bietet im Internet den **„Ratgeber Internetkriminalität“**[138] an. Hier können sich Bürgerinnen und Bürger zu aktuellen Themen der Cyberkriminalität informieren und Fragen direkt an die Experten der Polizei stellen.

In **Präventionsfilmen** des LKA Nordrhein-Westfalen werden realitätsnahe Sachverhalte mit aktuellen Problemen der neuen Medien dargestellt und aufbereitet. Die Filme richten sich an unterschiedliche Altersgruppen und platzieren ihre Botschaften kurz und prägnant. Unter anderem behandeln die Filme die Themen „Phishing“ und „Online-Betrug“.[139]

Seit der Gründung im Jahre 1997 unterstützt **jugendschutz.net** die obersten Landesjugendbehörden (Jugendministerien der Länder) bei der Durchsetzung des Jugendschutzes im Internet. Mit dem Jugendmedienschutz-Staatsvertrag (JMStV) wurde die Internet-Aufsicht der „Kommission für Jugendmedienschutz der Landesmedienanstalten“ (KJM) übertragen und jugendschutz.net organisatorisch an die KJM angebunden. Seitdem unterstützt jugendschutz.net auch die KJM bei ihren Aufgaben, nimmt Aufgaben der Beratung und Schulung bei Telemedien wahr und informiert über jugendschutzrelevante Entwicklungen und Probleme in Internet-Diensten.

Jugendschutz.net hat den Auftrag, die Angebote der Telemedien zu überprüfen. Während jugendschutz.net ursprünglich nur für die Kontrolle von Mediendiensten zuständig war (Angebote, die sich an die Öffentlichkeit richten), wurde das Tätigkeitsfeld durch Inkrafttreten des JMStV am 01.04.2003 auch auf interaktive und kommunikative Angebote erweitert, die bisher den Telediensten (z. B. Chat, Instant Messaging, File-Sharing) zu-

137 Vgl. https://www.allianz-fuer-cybersicherheit.de/ACS/DE/Home/startseite.html Informationen und Aktivitäten des BSI im Rahmen des ECSM finden sich unter https://www.bsi.bund.de/DE/Service/Aktuell/Veranstaltungen/ECSM/ecsm_node.html, 10.06.2020.

138 Online-Plattform www.polizei-praevention.de.

139 *Balser/Kisters*, „Mit Hightech und Expertise gegen Cybercrime“, LKA NRW, pvt, 4/2013.

gerechnet wurden und die eine besondere Anziehungskraft auf Jugendliche ausüben.[140]

Das **BSI** ist der zentrale IT-Sicherheitsdienstleister der Bundesregierung. In dieser Funktion gestaltet das BSI die IT-Sicherheit in der Bundesverwaltung operativ mit. Als neutrale und unabhängige Stelle befasst sich das BSI mit allen Fragen zur IT-Sicherheit in der Informationsgesellschaft. Insbesondere die Sensibilisierung und Aufklärung von Bürgern, die Kooperation mit der Wirtschaft und Wissenschaft bilden hierbei Arbeitsschwerpunkte. Ziel der Arbeit ist der sichere Einsatz von Informations- und Kommunikationstechnik in unserer Gesellschaft.[141]

Staat, kritische Infrastrukturen, Wirtschaft und Bevölkerung in Deutschland sind (…) auf das verlässliche Funktionieren der Informations- und Kommunikationstechnik sowie des Internets angewiesen. Fehlerbehaftete IT-Produkte und Komponenten, der Ausfall von Informationsinfrastrukturen oder schwerwiegende Angriffe im Cyber-Raum können zu erheblichen Beeinträchtigungen der technischen, wirtschaftlichen und administrativen Leistungsfähigkeit und damit der gesellschaftlichen Lebensgrundlagen Deutschlands führen. Die Verfügbarkeit des Cyber-Raums und die Integrität, Authentizität und Vertraulichkeit der darin vorhandenen Daten sind zu einer existenziellen Frage des 21. Jahrhunderts geworden.

Die Gewährleistung von Cyber-Sicherheit wird damit zur zentralen gemeinsamen Herausforderung für Staat, Wirtschaft und Gesellschaft im nationalen und internationalen Kontext. Die **Cyber-Sicherheitsstrategie** 2016 bildet den ressortübergreifenden strategischen Rahmen für die Aktivitäten der Bundesregierung mit Bezügen zur Cyber-Sicherheit und schreibt die Cyber-Sicherheitsstrategie aus dem Jahr 2011 fort.[142]

Kernelemente dieser Strategie sind

- der Schutz der IT-Systeme in Deutschland, insbesondere im Bereich kritischer Infrastrukturen,
- die Sensibilisierung der Bürgerinnen und Bürger zum Thema IT-Sicherheit,
- der Aufbau eines Nationalen Cyber-Abwehrzentrums sowie
- die Einrichtung eines Nationalen Cyber-Sicherheitsrates.[143]

---

140 www.jugendschutz.net.

141 Pofil BSI, Pressemitteilung des BSI und ProPK vom 26.09.2013.

142 Vgl. www.bmi.bund.de. 06.01.2017.

143 „Computersicherheit: Der Staat rüstet auf“, Polizeispiegel, April 2011.

Ein wesentliches Element der Cyber-Sicherheitsstrategie wurde mit der Einrichtung eines Nationalen **Cyber-Abwehrzentrum**s realisiert.

„Neue Angriffsmechanismen, wie sie bei Stuxnet[144] zu beobachten waren, orientieren sich nicht an der klassischen Aufgabenteilung deutscher Behörden. Sie erfordern neue Formen der Zusammenarbeit und fest etablierte Kommunikationsstrukturen. Das Nationale Cyber-Abwehrzentrum ist in diesem Zusammenhang eine kontinuierliche Weiterentwicklung der bisherigen IT-Sicherheitsaktivitäten“, erläuterte BSI-Präsident Michael Hange.[145]

Die Federführung liegt beim BSI, bei dem das Abwehrzentrum angesiedelt ist. Neben der direkten Beteiligung des BfV und des BBK wirken das BKA, die BPOL, das ZKA, der BND, die Bundeswehr und die jeweils zuständigen Ministerien mit.[146]

Im **Nationalen Cyber-Sicherheitsrat** sind das Bundeskanzleramt, das Auswärtige Amt, das Bundesinnenministerium sowie die Ministerien für Verteidigung, Wirtschaft, Justiz und Finanzen und die Länder zusammengefasst. Seine Aufgabe ist es, auf einer politisch-strategischen Ebene zwischen Staat und Wirtschaft die präventiven Instrumente und die übergreifenden Politikansätze für Cyber-Sicherheit zu betrachten.[147]

Einlassungen von Nato-Generalsekretär Anders Fogh Rasmussen bestätigen, wie ernst die digitale Bedrohung in der westlichen Welt mittlerweile genommen wird. Wie die Frankfurter Allgemeine Zeitung bereits im März 2011 berichtete, sollten sich die Bündnispartner nicht nur gegen herkömmliche Angriffe zu Boden, zu Wasser und in der Luft, sondern auch gegen Angriffe aus dem Internet verteidigen. Auf dem Nato-Gipfel von Lissabon im November 2010 hat das Bündnis entschieden, dass auch Internetangriffe auf strategische Netze zu den neuen Bedrohungen gezählt werden.

Mit der Durchführung des virtuellen Manövers „Cyber Coalition 2010“, zu dem alle Bündnispartner eingeladen waren, übte die **Nato** den Verteidigungsfall anhand mehrerer gleichzeitig stattfindender Cyberangriffe auf das Internet der Nato-Mitgliedstaaten, um die Zusammenarbeit der Behörden

---

144 Der Computerwurm Stuxnet hatte 2010 sehr wahrscheinlich die Geschwindigkeit von Uranzentrifugen im iranischen Atomkraftwerk Bushehr manipuliert und diese beschädigt. Am 23.02.2011 informierte Teheran, dass alle 163 Brennelemente aus dem Reaktor entfernt werden müssten. Über die genauen Ziele, Autoren und Auftraggeber des Wurms ist bisher wenig bis nichts bekannt. Experten vermuten Geheimdienstaktivitäten dahinter und attestieren dem Schadprogramm eine neue Qualität. Stuxnet gilt aufgrund seiner Komplexität und des Ziels, Steuerungssysteme von Industrieanlagen zu sabotieren, als bisher einzigartig, vgl. „Computersicherheit: Der Staat rüstet auf“, Polizeispiegel, April 2011.

145 „Computersicherheit: Der Staat rüstet auf“, Polizeispiegel, April 2011.

146 Vgl. FN 143.

147 Vgl. FN 143 und „Cyber-Sicherheitsrat“, www.bmi.bund.de

Abb. 8 Weltumspannende Datennetze zu schützen, erfordert internationale Zusammenarbeit[148]

und Sondereinheiten zu testen und strategische Entscheidungsprozesse durchzuspielen.[149]

Zahlreiche **Informationsangebote** von Behörden, Unternehmen und Verbänden bieten eine Fülle von Informationen über das Internet und die damit verbundenen Risiken. Sie erhalten Hinweise zur Absicherung von Computern und zum Schutz von Minderjährigen vor ungeeigneten Inhalten.[150] Entsprechende **Quellen** im **Internet** sind im Anhang (vgl. Kapitel 20.6) angeführt.

3.8 Grenzüberschreitende Bekämpfung/Kooperationen

Internationale Dimensionen der Kriminalität im Internet erfordern neben den notwendigen nationalen Bekämpfungsmaßnahmen **grenzüberschreitendes Agieren** und bedürfen **internationaler Standards** z. B. im Bereich der Kinderpornografie.

Im **Programm Innere Sicherheit**, Fortschreibung 2008/2009, werden zur Bekämpfung der IuK-Kriminalität[151] folgende Forderungen formuliert:

148 „Computersicherheit: Der Staat rüstet auf", Polizeispiegel, April 2011.

149 Eine Übersicht über die weltweiten Sicherheitsarchitekturen im Cyberspace und die größten Cyberattacken seit 1998 gibt *Saalbach* von der Universität Osnabrück in seiner Arbeit „Cyberwar Grundlagen-Methoden-Beispiele". Das PDF-Dokument steht unter http://www.dirk-koentopp.com/downloads/saalbach-cyberwar-grundlagen-geschichte-methoden.pdf. in aktualisierter Version zur Verfügung, 03.01.2017.

150 IuK-Kriminalität Jahresbericht, LKA BW, 2010.

151 Vgl. FN 35. Hier wird der bis dahin gebräuchliche Begriff „IuK-Kriminalität" verwendet.

Die **Kriminalitätsbekämpfung im Internet ist eine internationale Herausforderung**, zumal das Medium selbst „grenzenlos" ist. Deshalb sind für eine effektive Gefahrenabwehr und Strafverfolgung vor allem folgende Schwerpunkte zu setzen:

- intensive Beurteilung der zu erwartenden technologischen Entwicklung und vorausschauende Analyse der Handlungserfordernisse
- Überprüfung und Ausbau der Strukturen zur Bekämpfung der IuK-Kriminalität
- zukunftsorientierte Erweiterung des technischen Sachverstandes bei den Sicherheitsbehörden und weitere kontinuierliche Aus- und Fortbildung der Mitarbeiter
- Anpassung der rechtlichen Instrumentarien und Ausbau der Kooperationsmöglichkeiten im Rahmen der internationalen Rechtshilfe
- Entwicklung neuer, bedarfsgerechter Ermittlungs- und Beweissicherungsmethoden, unter anderem spezielle Möglichkeiten zur Auswertung von Massendaten
- Intensivierung der nationalen und internationalen Zusammenarbeit der Sicherheitsbehörden sowie der Zusammenarbeit mit Spezialisten aus Wirtschaft, Forschung, Wissenschaft und mit Telekommunikationsunternehmen
- umfassende Absicherung der IT-Strukturen der Sicherheitsbehörden und Schutz sensibler Daten
- Gewährleistung einer sicheren „Digitalen Identität"
- Reduzierung von Tatgelegenheiten durch technische Sicherung der Übertragungswege
- Prävention durch Sensibilisierung, Information und Warnung von Bürgern, Institutionen und Organisationen.

Cybercrime ist international. Die enge Zusammenarbeit auf internationaler Ebene ist damit ein zentraler Punkt. **Europol** und **Interpol** kommen hier Schlüsselpositionen zu. Beide Institutionen verfolgen zur Bekämpfung der Cybercrime einen globalen, koordinierten und kooperativen Ansatz unter Beteiligung öffentlicher und privater Partner. Hierzu wurde bei Europol in Den Haag das European Cybercrime Center (EC3) sowie das Interpol Digital Crime Centre (IDCC) gegründet.

Der „Interpol Global Complex for Innovation (IGCI)" ist eine Forschungs- und Entwicklungseinrichtung für die Identifizierung von Verbrechen und Kriminellen, innovative Schulungen, operative Unterstützung und Partnerschaften. Der in Singapur angesiedelte IGCI ergänzt das Generalsekretariat von Interpol in Lyon und stärkt die Präsenz der Organisation in Asien.

Eine der drei Hauptkomponenten des Global Complex bildet die „Digitale Sicherheit“

- zur Stärkung der Internetsicherheit und Bekämpfung der Internetkriminalität,
- mittels eines forensischen Labors für die Unterstützung digitaler Auswertungen,
- zur Forschung, um Protokolle, Werkzeuge und Dienstleistungen zu testen und Trends von Cyberattacken zu analysieren,
- zur Entwicklung praktischer Lösungen in Zusammenarbeit mit Polizei, Forschungslaboratorien, Hochschulen und dem öffentlichen und privaten Sektor,
- zu Fragen wie Internet Security Governance.[152]

Die Europäische Kommission hatte beschlossen, Europol den Aufbau des EUROPEAN CYBERCRIME CENTRE – EC3 (Europäisches Zentrum zur Bekämpfung der Cyberkriminalität)[153] in Den Haag zu übertragen. Diese Zentralstelle steht seit Januar 2013 allen Mitgliedstaaten zur Verfügung. Ziel ist deren Unterstützung bei der Bekämpfung von Cyberkriminalität, wie z. B. Hacking, Onlinebetrug, sexueller Missbrauch von Kindern oder Kreditkartenbetrug. EC3 wurde beauftragt, sich schwerpunktmäßig auf die Bereiche der organisierten Internetkriminalität zu konzentrieren bzw. auf Straftaten, die bei ihren Opfern schwere Schäden verursachen oder wesentliche Infrastrukturen und Informationssysteme in der EU beeinflussen können.

Um erfolgreich zu sein, müssen bereits vorhandene und **neue Partner** erreicht werden. Man muss neben den Strafverfolgungsbehörden der EU-Mitgliedstaaten mit allen wichtigen internationalen Organisationen und privaten sowie öffentlichen Partnern zusammenarbeiten. Ein Einsatzteam von Europol arbeitet mit privaten Organisationen und internationalen Netzwerken wie Facebook, Google, Microsoft, Twitter, Symantec, Trend Micro, McAfee und der gemeinnützigen Organisation International Cyber Security Protection Alliance (ICSPA) zusammen. EC3 ist auch zur Bekämpfung des sexuellen Missbrauchs von Kindern in der Virtual Global Taskforce aktiv und leitet die European Financial Coalition gegen sexuelle Ausbeutung.[154]

---

152 https://www.interpol.int, 12.02.2017

153 Pressemitteilung des IM BW, Pressestelle, 11.01.2013

154 *Oerting*, Internetkriminalität und die Zukunft, Bayerns Polizei 4/2012.

So meldet Microsoft – der Konzern verfügt über eine eigene „Digital Crimes Unit“[155] zur Bekämpfung von Computerkriminalität – einen Erfolg. In Zusammenarbeit mit dem FBI, dem European Cybercrime Centre (EC3) von Europol und einigen Industriepartnern sei es gelungen, das sogenannte ZeroAccess-Botnet zu stören. Zu dem Netzwerk infizierter Computer gehören fast zwei Millionen PC, die meisten davon stehen in Europa und an der Ostküste der Vereinigten Staaten. ZeroAcess wird von Microsoft als Schadsoftware beschrieben, die auf Klickbetrug spezialisiert ist. Damit seien jeden Monat Millionen verdient worden.[156]

Die **Kooperation** von Europol **mit privaten Organisationen und internationalen Netzwerken** entspricht den allgemeinen Forderungen, wonach die Bekämpfung der Cybercrime Partner erfordert und die in Unternehmen, Forschungsinstituten, Wirtschaft und Wissenschaft vorhandene Fachkompetenz noch viel umfassender in die Bekämpfung einbezogen werden muss – **Public Private Partnership** (PPP).

Das LKA Baden-Württemberg ist seit März 2013 Mitglied in der „Sicherheitskooperation Cybercrime“, eine Zusammenarbeit, die zwischen BITKOM und dem LKA Nordrhein-Westfalen initiiert wurde.

Ferner gehört das LKA Baden-Württemberg seit September 2013 der „Allianz für Cybersicherheit Deutschland“ an. Hierbei handelt es sich um eine Kooperation des BSI und der BITKOM. Das LKA nimmt in dieser Allianz die Rolle eines Multiplikators ein. Unter Nutzung der zahlreichen Netzwerke des LKA werden nützliche Informationen zu entdeckten Schwachstellen, Sicherheitsvorfällen und erkannten Gefahren gesammelt, bewertet und zur Gefahrenabwehr und Vorbeugung an Wirtschaftsunternehmen und Sicherheitsbehörden weitergeleitet. Das LKA dient damit auch Organisationen und Einrichtungen außerhalb der Polizei als Dienstleister für Prävention.[157]

Nur wenn alle gemeinsam einen Schwerpunkt in der Bekämpfung von Cybercrime und dem Schutz ihrer IT-Systeme setzten, könnte diesen Phänomenen nachhaltig begegnet werden. „Mit Netzwerken und Allianzen von Polizei, Wirtschaft, Forschung und Gesellschaft wollen wir mehr Sicherheit in die digitale Welt bringen (...)“, so der Innenminister des Landes Baden-Württemberg.

155 http://www.microsoft.com/government/ww/safety-defense/initiatives/pages/digital-crimes-unit.aspx, 10.01.2014

156 Spiegel Online, 10.01.2014.

157 LKA Baden-Württemberg, Medieninfo vom 18.10.2013.

Neben technischem Know-how kommt es ganz entscheidend auf einen schnellen, direkten und unbürokratischen grenzüberschreitenden Informationsaustausch an, um die Täter ermitteln und festnehmen zu können.

Neben der Strafverfolgung ist es aber ebenso wichtig, in den Schutz der IT-Systeme vor Cyberangriffen und Spionage zu investieren. Die Strafverfolgung und der Schutz von IT-Systemen dürfen nicht an nationalen Grenzen aufhören.

Grenzüberschreitende Strategien und ein enges Zusammenwirken der verschiedenen Akteure aus **Wirtschaft, Wissenschaft und den Sicherheitsbehörden** sind erforderlich. Wesentlich ist dabei eine schrittweise Angleichung der unterschiedlichen Rechtsnormen innerhalb Europas.[158]

Im LKA Baden-Württemberg ist zwischenzeitlich auch ein Zentrum für Sicherheitsforschung realisiert.[159] Hier sollen Partner aus Wissenschaft, Lehre, Wirtschaft und Forschung Softwarewerkzeuge entwickeln, neue Ansätze bei der Vorhersage von Kriminalität finden und auch die Ausrüstung optimieren. „Moderne Polizeiarbeit bedeutet, dass wir uns schon heute auf morgen vorbereiten“, so der Innenminister des Landes im Juni 2013.

Die Auswertung großer Datenmengen in Ermittlungsverfahren gewinnt zunehmend an Bedeutung und stellt die Strafverfolgungsbehörden vor große Herausforderungen. Der Begriff **„Big Data“**[160] ist in aller Munde. Die Zusammenarbeit zwischen Ermittlungsbehörden und der Wirtschaft zeigt hier deutliche Nutzeffekte für beide Seiten.

Dabei erwies sich die semantische Analyse[161] unstrukturierter Massendaten als die technische Methode, die das Problem der Bewältigung großer Datenmengen lösen könnte. Im Rahmen der Zusammenarbeit der Firma IBM mit dem Cybercrime-Kompetenzzentrum des LKA Nordrhein-Westfalen wurde der Einsatz der Software IBM Content Analytics (ICA) erprobt. Mittels sogenannter Analysebausteine (Annotatoren) werden die fachlichen Anforderungen definiert und damit für die Textanalyse vorbereitet. Jede denkbare Form von Daten, z. B. Bankleitzahlen, Städtenamen, E-Mail-Adressen, Kreditkartennummern, Geldbeträge oder der Sprachgebrauch der Hackerszene lässt sich für die Software verständlich machen und kann im Verfahren eingesetzt werden.

158 Pressemitteilung des IM Baden-Württemberg, 17.10.2013.

159 Vgl. https://www.polizei-bw.de/Dienststellen/LKA/Seiten/UeberUns.aspx, 03.01.2017.

160 Vgl. Kapitel 4.1, Hardware, Speicherkapazitäten.

161 Semantik: Teilgebiet der Linguistik, befasst sich mit den Bedeutungen sprachlicher Zeichen und Zeichenfolgen.

Dadurch wird die heuristische Vorgehensweise eines Ermittlers unterstützt, um aus einer Vielzahl unstrukturierter Daten zielgerichtet wertvolle Informationen zu gewinnen, Täter zu lokalisieren, zu identifizieren und die kriminelle Netzstruktur darzulegen.[162]

3.9 Staatsanwaltschaft

Zur Stärkung der **Kompetenz der Staatsanwaltschaften** zur Verfolgung von Straftaten der Cybercrime bedarf es auch hier der Einrichtung von **Zentralstellen**. Deren Aufgaben betreffen

- das Wissensmanagement,
- Aus- und Fortbildungsangebote,
- die Gewährleistung der Zusammenarbeit mit anderen Stellen,
- grundsätzliche Rechtsprüfungen und
- die Gewährleistung der Zusammenarbeit mit den Staatsanwaltschaften des Landes und eine Berichtspflicht an das Justizministerium.

Für eine sachgerechte staatsanwaltschaftliche Bearbeitung von Ermittlungsverfahren wegen Delikten der Cybercrime sind Kenntnisse der aktuellen technischen, rechtlichen und praktischen Entwicklungen im Bereich der modernen Informations- und Kommunikationstechnologien von wesentlicher Bedeutung. Aufgabe der Zentralstelle ist es, entsprechende Informationsangebote zu sichten, auszuwerten und die Staatsanwaltschaften regelmäßig in geeigneter Form über die Entwicklungen, die für eine effektive Strafverfolgung in diesem Bereich von Bedeutung sind, zu unterrichten.

Um eine gleichförmige und effiziente staatsanwaltschaftliche Verfahrensbearbeitung in diesem Kriminalitätsbereich zu ermöglichen, erstellt die Zentralstelle bei Bedarf Arbeitshilfen – z. B. Handreichungen, Formulare für häufig auftretende Fallgestaltungen – und stellt diese den Staatsanwaltschaften zur Verfügung.

Die Zentralstelle hat die Aufgabe, den Kontakt zu den mit der Bekämpfung der Computerkriminalität sowie den mit Fragen der modernen Informations- und Kommunikationstechnologien befassten Dienststellen auf Bundes- und Landesebene, insbesondere zum BKA und zum LKA, zu halten.

162 „Big Data: Die Bändigung der Datenflut" – die Zusammenarbeit wurde anhand von Daten aus dem bereits abgeschlossenen Ermittlungsverfahren der Ermittlungskommission „Katusha" gegen eine internationale Phishing-Bande erprobt, in: Polizeispiegel 10/2013.

Die stetige Fortentwicklung der modernen Informations- und Kommunikationstechnologien eröffnet den Strafverfolgungsbehörden regelmäßig weitere Möglichkeiten der Sachverhaltsaufklärung (Ermittlungsinstrument), die bei Vorliegen der rechtlichen Voraussetzungen auch im Rahmen der Strafverfolgung zur Anwendung gelangen können. Besteht die Notwendigkeit einer Bewertung der grundsätzlichen rechtlichen Zulässigkeit eines Ermittlungsinstruments außerhalb eines konkreten Ermittlungsverfahrens, soll die Zentralstelle eine entsprechende Prüfung in strafrechtlicher und strafverfahrensrechtlicher Hinsicht vornehmen. Das Ergebnis der Prüfung ist den Staatsanwaltschaften zur Kenntnis zu geben. Entsprechend wurde in **Baden-Württemberg** mit Wirkung vom 01.07.2011 eine **Zentralstelle bei der Generalstaatsanwaltschaft Stuttgart** eingerichtet.[163]

In **Bayern** wurden **bei allen 22 Staatsanwaltschaften** und **bei den 3 Generalstaatsanwaltschaften Sonderdezernate bzw. IT-Ansprechpartner** eingerichtet, die Verfahren in diesem Deliktsbereich grundsätzlich vor Ort bearbeiten. In den letzten Jahren wurde eine zielgruppenorientierte Aus- und Fortbildung von Staatsanwälten und Richtern umgesetzt und weiter fortgeführt. Im Rahmen des Wissensmanagements erfolgt derzeit die Überarbeitung und Verbesserung der zentralen Informationsplattform im Intranet der Justiz.[164]

Mit der **„Zentralstelle zur Bekämpfung der Internetkriminalität" (ZIT)** verfügt das Land **Hessen** seit Januar 2010 über die bundesweit erste Organisationseinheit einer Generalstaatsanwaltschaft, die ausschließlich zur Verfolgung von Straftaten, die im oder mittels Internet begangen werden, eingesetzt wird.

Zusammen mit den Internet-Fachkommissariaten der hessischen Polizei gehen Mitarbeiter der Generalstaatsanwaltschaft Frankfurt am Main gegen Kriminelle im Netz vor. Zugleich stehen die Netzexperten den hessischen Staatsanwaltschaften und Polizeidienststellen als kompetente Ansprechpartner zur Verfügung und vermitteln das notwendige „Know-how" für eine effektive Verbrechensbekämpfung im Web 2.0. (...) Darüber hinaus ist die **ZIT**, die als **Außenstelle der Generalstaatsanwaltschaft Frankfurt** am Main ihren Sitz in Gießen hat, **die Eilstaatsanwaltschaft für Internetverfahren des BKA** bei noch ungeklärter örtlicher Zuständigkeit oder bei Massenverfahren gegen eine Vielzahl von Tatverdächtigen bundesweit. Als

163 Anordnung des Justizministeriums über die Einrichtung einer Zentralstelle für die Bekämpfung der Informations- und Kommunikationskriminalität vom 21.06.2011 – Az.: 4100/0252.

164 *Bär*, vgl. FN 49.

operative Zentralstelle bearbeitet die ZIT besonders aufwendige und umfangreiche Ermittlungsverfahren aus den Deliktsbereichen:

- Kinderpornographie und sexueller Missbrauch von Kindern mit Bezug zum Internet,
- Darknet-Kriminalität (Bekämpfung krimineller Darknet-Plattformen sowie des Handels mit Waffen, Drogen und Fälschungsgütern im Darknet),
- Cyberkriminalität im engeren Sinne (Hackerangriffe, Datendiebstahl und Computerbetrug).

(…) Die ZIT ist zudem Gründungsmitglied in dem **Judicial Cybercrime Network**, einem europäischen Netzwerk der Justizbehörden zur Bekämpfung der Internetkriminalität.[165]

165 Vgl. https://gsta-frankfurt-justiz.hessen.de, 03.01.2017, https://staatsanwaltschaften.hessen.de/ staatsanwaltschaften/gsta-frankfurt-am-main, 23.06.2020.

4 IT-Technik

4.1 Hardware

Hardware bildet einen wesentlichen Bestandteil der polizeilichen Ermittlungsarbeit bei der Beweissicherung.

Es handelt sich bei Hardware um einen Sammelbegriff für **alle fassbaren Komponenten eines Computersystems**, so z. B.:

- PC – Personal Computer, Rechner
- Tastatur
- Maus
- Bildschirm/Monitor
- Datenträger – CD, DVD, Blu-ray Disc, Festplatte, USB-Speicherstick, usw.
- Scanner
- Drucker
- Lautsprecher
- Webcam
- Smart Home-Geräte
- …

Im Innern des Computers befinden sich Festplatten, ggfls. Disketten- und CD/DVD-Laufwerk, Motherboard/Hauptplatine, Zusatzkarten (z. B. Grafik-/Audiokarte) und das Netzteil.

An der Rückseite/Außenseite des PC befinden sich grundsätzlich Stromanschluss, Anschlüsse für Maus und Tastatur (PS/2), Drucker, USB-Geräte, Lautsprecher, Bildschirm und Netzwerk.

Speichermedien dienen der Speicherung von Daten (Informationen). Grundsätzlich werden **flüchtige und feste** Speichermedien unterschieden.

Flüchtige Speichermedien speichern Daten nur sehr kurze Zeit, um einen Arbeitsprozess durchführen zu können, z. B. Chip, Soundkarte, Grafikkarte. Die Daten gehen nach dem Abschalten der Energieversorgung verloren. Allerdings können im Arbeitsspeicher während des Betriebes wichtige Informationen, wie z. B. Passwörter, aufgerufene Dokumente, E-Mails, aktuelle Chatprotokolle, Hinweise auf aktive Malware, enthalten sein.

Daten auf festen Speichermedien bleiben im Gegensatz zum flüchtigen Speicher auch nach Unterbrechung der Stromzufuhr erhalten. **Wichtige feste Speichermedien** sind z. B.

- CD/DVD
- Speicherkarten
- Festplatten (intern/extern)
- Datenbänder
- USB-Sticks
- Diskette (ZIP-)
- Magnetkarten

Speicherkapazitäten sind einer sprunghaften und fortdauernden Entwicklung unterworfen. Byte dient als Mengenbegriff der Digitaltechnik für Informations- und Speichervolumen. Nachfolgende Größenvergleiche verdeutlichen den Speicherumfang:

- 80 MB = 40.000 DIN A4 Seiten oder ein Turm übereinander gestapelter voller DIN A4 Ordner von 6 Metern Höhe
- 10 GB = 5 Mio. DIN A4 Seiten oder ein Turm von Ordnern mit einer Höhe von 750 Meter
- 1 TB = 500 Mio. DIN A4 Seiten oder eine Strecke nebeneinandergestellter Ordner von 75 Km

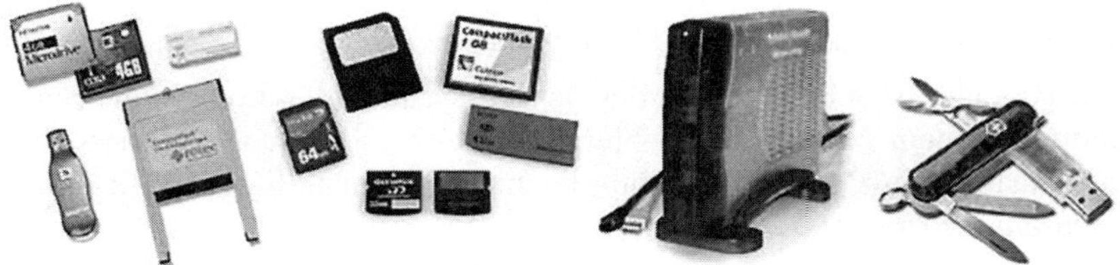

Abb. 9 Speicherkarten Externe Festplatte USB-Stick/Taschenmesser

Die wissenschaftliche Entwicklung erbringt immer größere Datenmengen, sodass Speichermengen in Petabyte (tausend Terabyte), Exabyte (Millionen Terabyte), Zettabyte (Milliarden Terabyte), ... anfallen. Dazu sind nicht nur der benötigte Speicherplatz (Speicherkapazität) der Daten, sondern auch die Geschwindigkeit ihrer Entstehung und ihre Struktur zur Bewältigung von Bedeutung (vgl. den Begriff „Big Data“).[166]

Für die polizeilichen Ermittlungen sind in der Regel alle festen Speichermedien relevant. Auf ihnen werden Daten dauerhaft gespeichert und stehen damit für die Auswertung zur Verfügung. Aus dem Bereich der flüchtigen Speichermedien kann je nach Straftat der Arbeitsspeicher (Hauptspeicher) von erheblicher Bedeutung sein. Bei diesen Fällen ist für die Sicherung der Sachbearbeiter Cybercrime bzw. der Sachbearbeiter ITB zuständig (vgl. Kapitel 3.3).

4.2 Software

Software ist der **Überbegriff für Computerprogramme**. Damit überhaupt eine **Kommunikation zwischen Computer und Anwender** möglich ist, benötigt man eine besondere Software – das **Betriebssystem**. Es **steuert** die **technischen Komponenten** des Computers – Motherboard, Grafikkarte, Prozessor, Arbeitsspeicher, Festplattenspeicher und die angeschlossenen **Peripheriegeräte** – Tastatur, Maus, Monitor, Drucker etc. und dient damit als Bindeglied zwischen Mensch und Maschine.

Das weltweit häufigste Betriebssystem ist unter dem Namen **Windows** bekannt. Versionen sind das noch laufende Windows 7, Windows 8/8.1 und Windows 10. Windows ist das Betriebssystem des US-Konzerns Microsoft. Vorgängerversionen sind DOS/Windows 3.1, Windows 95/98, Windows NT, Windows 2000, Windows XP und Windows Vista.

Das charakteristische Merkmal des Betriebssystems Windows ist der Startbutton mit dem Windowssymbol (engl. window für Fenster). Die sogenannte Fenstertechnik ermöglicht die gleichzeitige Darstellung und Ausgabe mehrerer Programme.

Als **Alternative** zu Windows firmiert das freie und plattformunabhängige Betriebssystem **Linux** mit hohen Sicherheitsmaßnahmen. Es wurde erstmals 1991 eingesetzt und seither von Softwareentwicklern aus der ganzen

166 Experten sehen mit „Big Data“ eine wissenschaftliche Revolution anbrechen, die neben Theorie, Experiment und Computersimulation der Naturwissenschaft eine vierte Säule gibt. „Bevor Antoni van Leeuwenhoek, der Entdecker des Mikroskops, 1675 sein Instrument ausreichend entwickelt hatte, habe er auch keine Hypothese über das gehabt, was er da sehen würde: einzellige Tiere. Heute müssen wir Mikroskope und Teleskope für Daten bauen. Damit werden wir neue Korrelationen entdecken und neue Tatsachen.“ *Szalay*, Johns Hopkins, Eröffnungsvortrag beim Big-Data-Symposium am Karlsruher Institut für Technologie, Frankfurter Allgemeine Sonntagszeitung, 07.10.2012.

Welt weiterentwickelt. Es wird vor allem im Serverbetrieb immer öfter auch von großen Firmen oder Städten und Kommunen verwendet. Der Pinguin Tux ist das Maskottchen dieses Betriebssystems.

OS/2 wurde ursprünglich als Nachfolger für DOS von IBM und Microsoft gemeinsam entwickelt. Microsoft überließ IBM die Weiterentwicklung. OS/2 konnte sich gegen Windows nie durchsetzen, im Jahr 2005 wurden der Vertrieb und die Basisentwicklung von IBM eingestellt. Das Betriebssystem ist unter der Markenbezeichnung **eComStation** weiterhin auf dem Markt.

Unix ist ein Betriebssystem, das Anfang der 70er Jahre entwickelt wurde. Zunächst frei erhältlich ist es mittlerweile rechtlich geschützt und wird kommerziell vertrieben.

Das Betriebssystem von **Apple** ist **OS X**. Abwandlungen hiervon kommen unter der Bezeichnung **IOS** bei weiteren Apple-Produkten zum Einsatz (z. B. iPhone, iPad, iPod, Apple TV). Nach den Lizenzbestimmungen darf das Betriebssystem nur in Verbindung mit Apple-Hardware genutzt werden.

Android ist sowohl ein Betriebssystem als auch eine Software-Plattform für mobile Geräte wie Smartphones, Netbooks und Tablet-PCs. Maßgeblich von Google entwickelt handelt es sich um freie Software mit dem weltweit größten Marktanteil als Betriebssystem von Smartphones.

Der **Browser** ist eine Software, die u. a. folgende grundlegende Funktionen erfüllt:

- er stellt Webseiten dar und die Verbindung zum Internet her
- er stellt die Internetsprache HTML[167] auf einem Computer in Schrift und Bild dar.

Es gibt eine begrenzte Anzahl von Browsern auf dem Markt. In der Bedienung unterscheiden sich die Browser nur im Detail. Um in das Internet zu gelangen, ist der jeweilige Browser mit einem doppelten Mausklick zu aktivieren.

Einer der geläufigsten Browser ist der **Internet Explorer** (IE) der Firma Microsoft. Er ist Bestandteil des Betriebssystems Windows und durch das markante Emblem „e“ erkennbar. Mit Windows 10 wurde er durch den Browser **Microsoft Edge** abgelöst.

Opera ist ein kostenlos erhältlicher Browser der norwegischen Firma Opera Software ASA und ist durch ein dreidimensionales, rotes, großes „O“ erkennbar.

167 **H**yper **T**ext **M**arkup **L**anguage.

Der Browser **Firefox** von Mozilla hat sich zwischenzeitlich zu einem ernsthaften Konkurrenten des IE von Microsoft entwickelt. Er ist an der blauen Weltkugel und den um sie geschlungenen Fuchs leicht auf dem Desktop eines Computers zu erkennen.

Dem Browser **Apple Safari** dient als Symbol ein Kompass.

Google Chrome (siehe Abb. 11) ist ein Webbrowser, der von Google Inc. entwickelt wurde und seit dem Jahr 2008 verfügbar ist.

Der **Netscape-Navigator** (siehe Abb. 12) ist der Browser der Firma Netscape Communications Corporations, die 1988 von AOL aufgekauft wurde.

Der Netscape-Browser ist an dem grün-schwarzen runden Logo mit einem großen „N" erkennbar. Inzwischen wurden Weiterentwicklung und Support für Netscape eingestellt.

Abb. 10

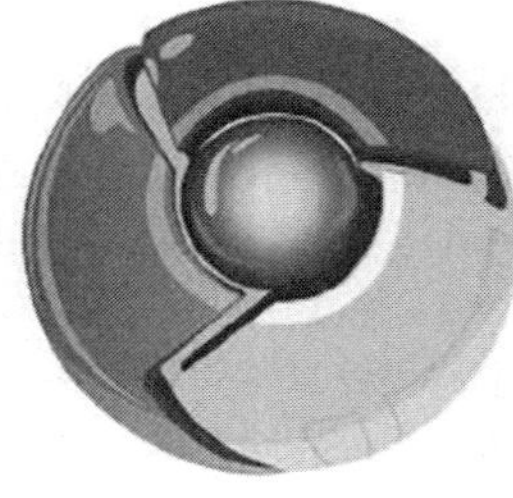

Abb. 11

Abb. 12

5 Internet

5.1 Entwicklung

In den sechziger Jahren, in der Zeit des sogenannten Kalten Krieges, machte man sich in militärischen Kreisen Gedanken darüber, wie man auch nach einem nuklearen Angriff die Kommunikation aufrechterhalten könnte. Forschungen mit dem Ziel der Schaffung eines Netzwerkes zur Gewährleistung der Kommunikationsmöglichkeit wurden aufgenommen und es entstand der erste Vorläufer des heutigen Internets, das sogenannte **APRAnet**, das nur für militärische Zwecke zugänglich war.

In den folgenden Jahren wurde das Netz auch für zivile Projekte ausgebaut. Im Jahre 1981 waren erst 200 Stellen an das Netz angeschlossen. Meistens handelte es sich dabei um Universitäten und Forschungsinstitute. Später kamen auch Unternehmen und Behörden dazu.

Ende der 80er Jahre wurde das „Transatlantik-Backbone" (backbone: engl. für Rückgrat, Hauptstrang, Basisnetz) von einigen großen Telekommunikationsunternehmen übernommen. Hier liegen die Anfänge des kommerziellen Interesses am Internet.

Die wichtigste Entwicklung seit Benutzung des **TCP/IP-Protokolls** war die Einführung des http-Protokolls.

1990 wurde im CERN in der Schweiz ein Prototyp entwickelt. Dieses Protokoll, das die Kombination von Text-, Bild- und Tonelementen in ein- und demselben Dokument ermöglichte, wurde sehr populär. Es schloss auch hypertext in einem Dokument mit ein, wobei der Anwender nur ein Zeichen anklicken muss, um auf eine andere Seite oder vielleicht zu einem anderen Server zu gelangen. Das heute am weitesten verbreitete **Hypertext-System** ist der **Internet-Dienst WorldWideWeb (WWW)**.

Die Popularität des WorldWideWeb und die benutzerfreundlichen Schnittstellen zu diesem Netz sind wahrscheinlich die Gründe dafür, dass die Anzahl der Menschen, die sich an das Internet anschließen ließen, sehr rasch zugenommen hat.

Mit der Entstehung des **WorldWideWeb** (WWW) in den neunziger Jahren des zurückliegenden Jahrhunderts und der Entwicklung einfach zu bedienender Browser (engl.: browse – schmökern, umsehen) war der Siegeszug des Internet als neue Kommunikationsbasis weltweit nicht mehr aufzuhalten.

5.2 Begriff und Funktionsweise

Das Internet ist ein **weltweites, elektronisches Netzwerk (Inter** connected **Net**works). Es wird für den Austausch von Informationen und zur Kommunikation, z. B. E-Mail, genutzt. Immer mehr Menschen verfügen über einen Internetzugang.

Das Internet transportiert Daten in Paketform. Jedes Datenpaket besteht aus mehreren Teilen. Das Gesamtpaket wird in einzelne Pakete zerlegt, mit dem Adressat versehen und über das Internet versandt. Einzelpakete werden beim Empfänger im PC wieder zusammengefasst.

Diese Form der Verpackung, Versendung und Entpackung wird auch als **TCP-/IP-Protokoll**[168] bezeichnet.

Wie bei Menschen muss auch bei Computern eine Einigung darüber bestehen, auf welche Weise miteinander kommuniziert werden soll. Wenn zwei Personen aus verschiedenen Teilen der Welt miteinander reden wollen, müssen sie eine Sprache sprechen, die sie beide verstehen.

Das Gleiche gilt auch für Computer, die an ein Netzwerk angeschlossen sind. Sie müssen darin übereinstimmen, wie Daten adressiert, transportiert und präsentiert werden.

Die Kommunikation zwischen Computern erfolgt mit Hilfe von Protokollen. Das oben genannte TCP/IP-Protokoll regelt die Kommunikation im Internet. Ein Protokoll ist eine Übereinkunft darüber, wie ein Teil der Kommunikation abläuft, welche Funktionen dabei gebraucht werden und mit welchen Ergebnissen gerechnet werden kann.

Datenkommunikationsprotokolle erfüllen somit alle den Zweck einer Sprache, mit Hilfe derer Computer miteinander kommunizieren können.

Die Datenpakete durchlaufen eine große Anzahl von Stationen, sogenannte **Router**. Ein Router ist eine Vermittlungsstelle. Er nimmt die Internet-Pakete entgegen und leitet sie je nach Bestimmungsort in verschiedene Richtungen weiter.

Vereinfacht betrachtet verläuft der Weg eines Datenpakets von einem PC zu einem anderen so (vgl. grafische Darstellung unten):

- Der „Sender-PC“ packt die Daten in ein Paket ein und versieht es mit einer **Identifizierungsnummer (IP-Nummer)**.

168 **T**ransmission **C**ontrol **P**rotocol/**I**nternet **P**rotocol.

- Das Paket wird zunächst zum Internet-Dienstleister des Sender-PCs, auch **Provider** genannt, transportiert. Solche sind z. B. T-Online, Freenet, 1&1, Vodafone.
- Über den Internet-Provider erreicht das Paket den ersten Router. Dieser liest das Paket und versendet es über Internetknotenpunkte weiter. Der Weg zum Zielcomputer (Empfänger) führt in der Regel über viele Router und Internetknotenpunkte. Das Prinzip ist immer gleich – ein Paket wird **von Router zu Router** weitergegeben, bis es sein Ziel erreicht hat.
- Wenn eine direkte Verbindung ausfällt, so finden die Router meistens einen **Umweg**, auf dem das Paket befördert werden kann, vielleicht langsamer, aber es kommt an.

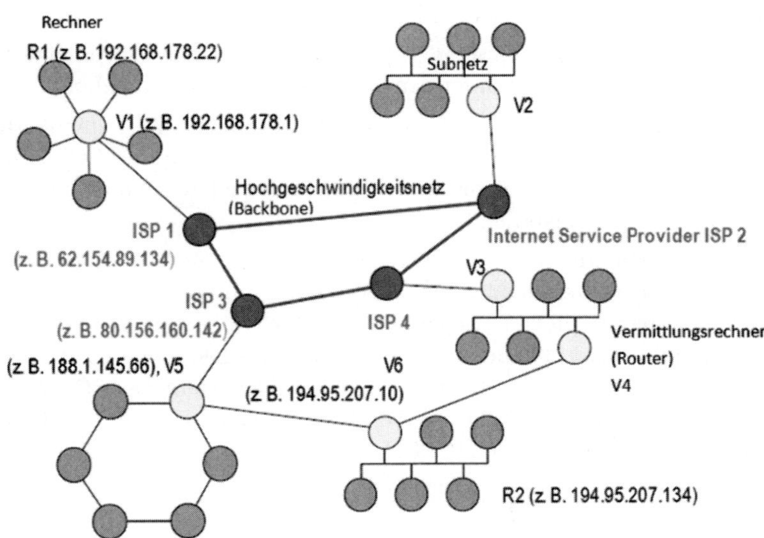

Abb. 13 Bildquelle[169]

5.3 Datentransfer

Der **Internetanschluss** eines PC ist **per Kabel** oder auch **kabellos** möglich. Dazu bedarf es grundsätzlich der nachfolgend beschriebenen Hardwarekomponenten.

169 Internet: www.schulen.regensburg.de, ein Filmbeitrag zur Funktionsweise des Internet findet sich unter dem Link warriors-700-de-VBR.mpg im Netz, 03.01.2017

Ein **Modem** (analog oder ISDN) ermöglicht die Einwahl des PC in das WorldWideWeb. Diese Zugangsmöglichkeit ermöglicht nur einen relativ langsamen Datentransfer. Sie wird deshalb meist nur noch in Regionen verwendet, in denen es keine digitale DSL-Anschlussmöglichkeit gibt.

Der **DSL-Anschluss** erfolgt über den sogenannten Splitter, der an die vorhandene Telefondose angeschlossen wird. Am Splitter selbst ist entweder ein sogenannter Router für einen kabellosen Anschluss bzw. ein DSL-Modem angeschlossen. In der Regel erlauben die Geräte (DSL-Modem als sogenannte HomeServer) den Anschluss mit dem DSL-Kabel unmittelbar an die Telefondose.

Der Datentransfer wird vom Telefonanschluss zum PC über Zusatzgeräte, DSL-Modem/Router, durchgeführt. Das Kabel führt daher an die Netzwerkbuchse an der Rückseite des PC oder an einen Laptop.

Bei einem **LAN**[170] sind mehrere PCs per Kabel untereinander vernetzt. Somit ist ein Datenaustausch unter den angeschlossenen PCs möglich.

PowerLAN bezeichnet ein LAN, das **Wechselstrom** für die Datenübertragung mitnutzt. Spezielle Adapter wandeln die Datenströme in hochfrequente Signale um, die über das Stromnetz durch weitere Adapter zu einem Netzwerk verbunden werden können.

Immer mehr Unternehmen und Privathaushalte gelangen über **drahtlose Funknetze** in das Internet oder wickeln die Kommunikation zwischen mehreren Computern darüber ab. Sogenannte **WLAN**[171] erlauben damit eine mobile Kommunikation. Im Bereich der Telefondose befindet sich dazu ein WLAN-Router/DSL-Modem (HomeServer) – ein kastenförmiges Gerät, von dem eine Antenne die drahtlose Verbindung zu einem oder mehreren WLAN-fähigen Endgeräten (z. B. PC, Laptop, Smartphone) herstellt.

Abb. 14 WLAN

170 **L**ocal **A**rea **N**etwork.

171 **W**ireless **L**ocal **A**rea **N**etwork.

Am PC ist für den Empfang eine Antenne angebracht, die die vom Router übertragenen Daten an den PC übermittelt. Es besteht auch die Möglichkeit, über einen WLAN-Stick an einem USB-Steckplatz eine Internetverbindung aufzubauen. Bei Laptops ist keine Antenne im herkömmlichen Sinne erkennbar. Ältere Laptops empfangen die Daten per PCI-Karte (eingesteckt). Moderne Laptops besitzen eine integrierte WLAN-Karte, die von außen nicht sichtbar ist. Befindet sich in betroffenen Räumen ein Router, ist davon auszugehen, dass auch eventuell vorhandene Laptops WLAN-tauglich sind.

Mit WLAN ist auch das mobile Surfen im Internet außerhalb der eigenen vier Wände kein Problem mehr. Öffentlich eingerichtete WLAN-Zugänge, sogenannter **Hotspots**, sind weit verbreitet – an Flughäfen und Bahnhöfen oder in Restaurants, Cafés – immer mehr Einrichtungen ermöglichen den kabellosen Zutritt in das Internet.

Nach Einschalten des mobilen Empfangsgerätes (z. B. Laptop, Tablet-PC, Smartphone) bedarf es nur noch des Einloggens in das vorhandene Netz.

Mittlerweile werden ganze Stadtteile in **Hotzones** umgewandelt, in denen die Datenübertragung drahtlos erfolgen kann.

5.4 Verschlüsselungstechnik

Das Darknet ist der Teil des Internets, den Nutzer nur über spezielle Software erreichen können. Eine Möglichkeit bietet das sogenannte **„Tor-Netzwerk“** (Netzwerk zur Anonymisierung von Verbindungsdaten im Internet). Es besteht aus mehreren tausend Knotenpunkten, über die es den verschlüsselten Datenverkehr umleitet. Will ein Nutzer einen Dienst aus dem Darknet aufrufen, z. B. ein Forum oder eine Handelsplattform, dann verbindet sich sein Computer nicht direkt mit dem Server des Dienstes, sondern über mehrere zufällig gewählte Tor-Knotenpunkte. Weil jeder Knoten dabei nur mit dem nächsten kommuniziert, werden zwar die Daten übertragen, geheim bleibt aber, wer mit wem verbunden ist. Weder der Ser-

Abb. 15

ver kennt den Computer des Nutzers noch umgekehrt. Auf diese Weise bleiben beide anonym.[172]

Die Daten werden quasi mehrfach „eingepackt“. Dies erinnert an mehrere Schichten einer Zwiebel, deren Kern die Nachricht und deren Häute die Adressaufkleber darstellen. Durch diese Betrachtung erklärt sich der Begriff „TOR – The Onion Routing“.

Polizeiliche Ermittlungen zielen im Falle illegal betriebener Foren und „Marktplätze“ darauf ab, die Anonymität aufzuheben und verantwortliche Serverbetreiber zu identifizieren.

172 Frankfurter Allgemeine Sonntagszeitung, „Wie Justitia die Zwiebel schälen will“, 25.02.2018.

6 Tatgelegenheit WLAN

Funknetze sind weit verbreitet – Laptops, Tablet-PCs oder Smartphones verfügen über eine WLAN-Schnittstelle. Auch bislang autarke, nicht der Informationstechnik zuzurechnende Alltagsgeräte (z. B. digitale Haustechnik im Smarthome, Haushaltsgeräte wie Waschmaschine, Kühlschrank, Kaffeemaschine und auch das Kraftfahrzeug) werden immer mehr mit WLAN-Technik ausgestattet.

Bei allen Vorteilen, die ein WLAN-Anschluss im Bedienungskomfort hat, die grenzenlose Mobilität birgt auch Sicherheitsrisiken. Wird die Datenübertragung nicht ausreichend verschlüsselt oder wird die fortdauernde Aktualisierung (regelmäßiges Update) der Routersoftware vernachlässigt, können **unberechtigte Dritte** diese **Daten** ebenfalls **nutzen** – empfangen, aufzeichnen oder gar manipulieren. Regelmäßige Hinweise des BSI zu Sicherheitslücken und Schwachstellen in der Daten- und Übertragungssicherheit bei WLAN-Routern verdeutlichen die Problematik.[173]

Funknetze verfügen nicht über den physikalischen Schutz einer Kabelverbindung. Dies eröffnet potenziellen Angreifern Möglichkeiten, in sicherer Entfernung zum Ausgangspunkt des WLANs auch verschlüsselte Funkübertragungen auszuspionieren. Bestimmte Angriffsarten sind mit entsprechenden Antennen auf sehr große Distanzen von mehreren hundert Metern bis sogar Kilometern möglich, sodass es nahezu unmöglich ist, den Angreifer zu lokalisieren.

6.1 Modus Operandi

Will ein Angreifer in ein WLAN einbrechen, ist der Modus Operandi vergleichbar zu dem klassischen Einbruch in ein Gebäude. Nachdem das Ziel ausgewählt wurde, wird es beobachtet – der Datenverkehr des als Ziel ausgewählten WLANs wird mitgelesen, sogenanntes „sniffing" –, bevor der eigentliche Einbruch erfolgt. Der größte Unterschied zwischen dem klassischen und dem digitalen Einbruch besteht in den verwendeten Werkzeugen. Anstatt Brecheisen und Bohrmaschine kommen bei Angriffen auf Funknetze, neben der Hardware (z. B. Grafikprozessor – GPU, Graphical Processing Unit einer Grafikkarte, „umgerüstete" Router), entsprechende Software-Werkzeuge (Tools) zum Einsatz.

173 Newsletter „SICHER INFORMIERT", vgl. www.bsi-fuer-buerger.de

Neben dem eigentlichen Auslesen des verwendeten Passwortes für die Verschlüsselung („Password Cracking“) sind auch Angriffe möglich, die das WLAN einfach nur stören oder blockieren.

Wurde ein mobiles Endgerät einmal mit einem WLAN verbunden, sucht dieses Gerät auch Tage später permanent nach dem entsprechenden WLAN. Schützt eine Firma ihr Funknetz mit einer Verschlüsselung, muss ein Angreifer also nicht in der Nähe des Netzwerkes sein, um die Verschlüsselung anzugreifen. Der Mitarbeiter trägt die notwendigen Informationen dafür durch die mobilen Endgeräte mit sich herum. Sei es zuhause, bei Freizeitaktivitäten, am Flughafen, in Hotels oder an anderen Orten, an denen sich der Mitarbeiter mit in der Firma genutzten Endgeräten aufhält.[174]

6.2 WarDriving

Der Begriff leitet sich von „WirelessAccessRevolution“ und „Drive“ (Fahren) ab. WarDriving bedeutet, mit entsprechender Ausrüstung in einem **Auto herumzufahren** und **nach drahtlosen Netzwerken (WLAN)** zu **suchen**. Der Ausdruck ist allerdings nur eine Form, es gibt auch WarBoating, WarFlying, WarWalking und vieles mehr. Die Namensgebung bezieht sich darauf, wie man drahtlose Netzwerke sucht, mit Auto, Boot, per Flugzeug oder zu Fuß. Natürlich ist auch der stationäre Angriff aus der Umgebung auf Funknetze möglich.

Ursprünglicher Hintergrund des Vorgehens war das Aufspüren von unsicheren WLAN-Netzen, um auf Sicherheitslücken aufmerksam zu machen und die Hersteller und den Gesetzgeber aufzufordern, hier Abhilfe zu schaffen. Mit krimineller Motivation verschaffen sich Personen unbemerkt Zugang, um ungeschützte Netzwerke für ihre Zwecke zu missbrauchen bzw. solche durch ein eigenes, vergebenes Passwort für den rechtmäßigen Inhaber zu blockieren.

Zubehör und Ausstattung für WarDriver:

- **Funknetzfähiges Endgerät** (z. B. Laptop, Tablet-PC, PDA[175], Smartphone)

  Sie ermöglichen es, mobil zu sein, verfügen über eingebaute Wireless LAN-Technik und haben mittlerweile eine ausreichende Akkulaufzeit, die auch längere Betriebszeiten ermöglicht.

174 *Blumenstein*, Die Tricks der Kriminellen – Modernes WLAN-Hacking, www.computerwoche.de, 21.01.2014, http://www.computerwoche.de/a/modernes-wlan-hacking, 2521564

175 Vgl. auch den Begriff Handheld.

- **WLAN Scanner-Software**

  Um nicht selbst die Netzwerkanzeige überwachen zu müssen, wurden diverse Scanner-Anwendungen entwickelt. Diese Programme führen eine Liste mit verfügbaren WLAN-Verbindungen und zeigen deren Zugangsschlüssel (SSID), Daten zu Geschwindigkeiten, Verschlüsselungen und Informationen wie Herstellerkennungen an.

- **Antenne**

  Um möglichst viele WLAN-Verbindungen orten zu können, setzen War-Driver oft eine externe Antenne ein, die einen möglichst großen Empfangsgewinn aufweist. Die Antenne kann als Klemmantenne am Fenster oder auf dem Dach eines Fahrzeugs montiert sein. Genutzt werden Stab- und Richtfunkantennen in allen Größen und unterschiedlichen Reichweiten.

- **GPS-Gerät**

  Es dient dem späteren Wiederfinden einer vorhandenen WLAN-Verbindung. Die Ortung ist zwar nur ungefähr möglich, die GPS-Koordinaten ermöglichen es dem WarDriver, zumindest den Messpunkt wiederzufinden. Die genaue Ortung kann dann über die Signalstärke des WLAN erfolgen.

- **WarDriving-Karten**

  Sie erfreuen sich zunehmender Beliebtheit, da auch Netze verzeichnet werden, über die man jederzeit Zugriff auf das Internet hat.

6.3 WarChalking

WarChalking bedeutet, mit Kreide **Symbole**, z. B. an Hauswände, Straßen, **anzubringen**, die **Details über WLAN-Verbindungen verraten**.

Die Symbole liefern Insidern Informationen, welches Netz sie an dieser Örtlichkeit empfangen können.

Der WarChalker möchte sich beispielsweise die Wartezeit an einer Haltestelle vertreiben und sucht nach einem WLAN. Entdeckt er ein offenes WLAN, kennzeichnet er die Örtlichkeit mit entsprechenden Zeichen. Jeder, der den Code versteht, erkennt, welches Netz hier empfangen werden kann. Insider können somit den zu empfangenden Internetzugang nutzen.

6.4 Rechtsverstöße und Maßnahmen

Mit dem **41. Strafrechtsänderungsgesetz** wurden nach dem bereits bekannten § 202a StGB (Ausspähen von Daten) die Tatbestände §§ 202b, 202c StGB (Abfangen von Daten, Vorbereiten des Ausspähens/Abfangens von Daten) eingefügt und sind als Vergehen seit dem 01.08.2007 rechtswirksam.[176] Mit Einführung des § 202d StGB ist auch das „Sichverschaffen" nicht allgemein zugänglicher Daten, die ein anderer rechtswidrig erlangt hat, als „Datenhehlerei" strafbar.[177]

Folgende möglichen **Rechtsverstöße** können sich ergeben:

- Der WarDriver verursacht durch rechtwidriges Eindringen in ein fremdes WLAN einem Dritten zusätzliche Kosten – **Computerbetrug** (entstehen keine zusätzlichen Kosten – Flatrate – entfällt der Betrug).
- Der WarDriver nutzt einen fremden, offenen Accesspoint – **Abfangen von Daten**.
- Der WarDriver sucht mittels eines Softwareprogramms (WLAN-Scanner) nach WLAN-Verbindungen, um einen Zugang zu erhalten – **Vorbereiten des Abfangens von Daten**.
- Der WarDriver verschafft sich Zugang zu einem fremden Netz, das gegen unberechtigten Zugang besonders gesichert ist – **Ausspähen von Daten**.
- Der WarDriver löscht, unterdrückt oder verändert Daten des Netzinhabers – **Datenveränderung**.
- Der WarDriver nutzt Daten eines Dritten zur Täuschung im Rechtsverkehr – **Fälschung beweiserheblicher Daten**.
- Im Übrigen kann ein Verstoß im Sinne des **Bundesdatenschutzgesetzes** vorliegen.

Laut Rechtsprechung ist die Nutzung eines offenen, d. h. nicht verschlüsselten WLAN-Anschlusses nicht unter Strafe gestellt. Der Inhaber eines Funknetzes, der es unterlässt, die im Kaufzeitpunkt des WLAN-Routers marktüblichen Sicherheitseinstellungen vorzunehmen, haftet als Störer durch Unterlassung, wenn Dritte diesen Anschluss missbräuchlich nutzen, um z. B. urheberrechtlich geschützte Musiktitel in Internettauschbörsen einzustellen.

Mögliche **polizeiliche Maßnahmen** im Zusammenhang mit Angriffen auf Funknetze:

---

176 Vgl. Kapitel 2.3.

177 Vgl. Kapitel 2.3.

- Anzeigenaufnahme
- Zeugenfeststellung und Vernehmung
- Rücksprache mit dem Sachbearbeiter Cybercrime bzw. dem Sachbearbeiter IT-Beweissicherung
- Fahndungsmaßnahmen
- Identitätsfeststellung beim Verdächtigen
- fotografische Dokumentation (auch Symbole, Zeichen)
- Sicherstellung der Hardware

Aufgrund der technischen Komplexität wird bei solchen Fällen grundsätzlich der Sachbearbeiter Cybercrime bzw. ein Sachbearbeiter IT-Beweissicherung zu verständigen sein, um das weitere Vorgehen abzusprechen. Der die Anzeige/Mitteilung entgegennehmende Beamte (Ersteinschreiter Cybercrime) sollte dennoch über die entsprechenden Grundinformationen verfügen.

7 Tatmittel E-Mail

Der Begriff **„Spam"** ist zum Synonym für **Massen-E-Mail**s geworden.

Als Spam, Spamming oder Junk Mail (Müllpost) bezeichnet man im Internet

- Massenversand nicht angeforderter Werbe-E-Mails,
- Werbebeiträge in Newsgroup, die nichts mit dem Thema der Newsgroup zu tun haben, und
- Kettenbriefe.

Müll und Wurfsendungen in elektronischer Form, die oft kommerzieller Art sind, werden auch **UCE** genannt.

Um E-Mails in millionenfacher Menge versenden zu können, benötigen die „Spammer" Adressen. Diese sind bei Adresshändlern zu bekommen. Oft führen kommerzielle Spammer aber auch Datenbanken mit Millionen von Adressen. Durch das gezielte – mit einem Programm automatisierte – Absuchen von Newsgroups, Homepages oder E-Mailverzeichnissen, aber auch durch Durchprobieren gängiger Adressen (info@... usw.) sind die Adressen schnell erhältlich. Aufgrund der großen Menge spielt es dann auch keine Rolle, wenn viele Adressen ungültig sind. Fast alle Kosten – oder Müllgebühren – müssen die Empfänger und die Provider bezahlen, so für die angefallene Downloadzeit und den benötigten Speicherplatz. Der Versand erfolgt meist vollautomatisch über spezielle Programme. Der Absender muss nur das Programm starten.

Beim sogenannten „Real-Time-Spam" wird auf tagesaktuelle Ereignisse Bezug genommen und damit das große Interesse vieler Empfänger ausgenutzt.

Weil Massen-E-Mails für den Spammer relativ kostengünstig sind, lohnt sich das Geschäft bereits, wenn nur wenige Adressaten ein Produkt kaufen. Teils sind beworbene Produkte illegal. Nach deutschem Recht ist es verboten, Personen unaufgefordert Werbung per E-Mail zuzusenden.[178]

Als Kettenbrief werden im Mailversand auch sogenannte **Hoaxes** verbreitet. Der Begriff steht als Bezeichnung für Falschmeldungen. Die meisten „Hoaxes" enthalten folgende Elemente:

- einen Aufhänger, der Seriosität vermitteln soll (etwa einen Bezug zu einem bedeutenden Unternehmen)
- eine angebliche Sachinformation über ein Ereignis von besonderer Bedeutung (etwa das Auftauchen eines Computerschädlings) oder sensatio-

178 Vgl. www.bsi-fuer-buerger.de

nelle Verdienstmöglichkeiten (etwa angebliche Provisionen durch große Softwarekonzerne für die Weiterleitung von Mails), Hinweise auf Katastrophen (z. B. Tsunami) oder Verschwörungstheorien
- keine Daten, dafür aber Aktualität signalisierende Bezüge wie „gestern“ oder „soeben“
- die dringende Bitte, die Information oder Warnung möglichst allen Bekannten zukommen zu lassen.

Eine derartige E-Mail kann per Schneeball-System an Tausende von Personen über Wochen, Monate oder gar Jahre weitergereicht werden. Auch über den Instant-Messaging-Dienst WhatsApp verbreitete Kettenbriefe verunsicherten schon mehrfach die Anwender.[179] Der wirtschaftliche Schaden durch Hoaxes ist enorm.

Spam-Mails werden auch genutzt, um **Malware** zu **verbreiten**. Die in den Mails enthaltenen Links führen dabei zu verschiedenen, zum Teil mit Schadsoftware infizierten Webseiten. Folgt der Empfänger den Links, lädt sich die Schadsoftware auf den PC. Teils tarnen sich Spam-Mails als Mitteilungen bekannter Unternehmen (Informationsschreiben, Rechnungen o. Ä.) und führen Trojaner im Anhang, die beim Öffnen die gleiche Wirkung erzielen.

Die Corona-Krise ist für Straftäter eine Gelegenheit, mit der Verunsicherung und den Hoffnungen vieler Menschen Geld zu verdienen. (...) Unter anderem ist es möglich, dass die Täter Computer der angeschriebenen Personen mit Viren und Trojanern infizieren. Auch dafür werden meist gefälschte E-Mails verwendet. Die E-Mails besitzen oft einen Anhang, meist in Form einer Textdatei. Der Text der Nachricht suggeriert, dass es wichtig sei, das beigefügte Dokument zu lesen. Öffnet oder lädt der Adressat die Datei, aktiviert sich unbemerkt ein sogenanntes Makro, das Schadsoftware nachlädt. Die genannten Methoden werden auch bei Smartphone-Messengern eingesetzt.[180]

Mittels **Phishing-E-Mails** sind Bankkunden immer wieder Angriffsziel von Ausspähversuchen. In einer aktuellen Phishing-Mail behaupten Kriminelle, dass durch das jüngst beschlossene Konjunkturpaket der Bundesregie-

179 Ein Kettenbrief teilte mit, dass WhatsApp eingestellt wird, weil der Dienst angeblich zu viele Nutzer hat. Konten von Nutzern, die diese Nachricht nicht an ihre Kontakte weiterleiten, würden gelöscht und könnten nur gegen eine „Gebühr von 25,00“ wieder aktiviert werden. Ein anderer Kettenbrief forderte dazu auf, die Datei innerhalb weniger Minuten an mindestens 20 Personen weiterzuleiten – „Wenn du es nicht weiterschickst, wirst du morgen nicht mehr leben“, so die Androhung.

180 Vgl. https://www.bsi-fuer-buerger.de. Hier findet sich auch ein 3-Sekunden-Sicherheits-Check für mehr E-Mail-Sicherheit, 27.06.2020.

rung die monatlichen Kontoführungsgebühren bei der Sparkasse abgeschafft würden. Um diesen Vorteil zu nutzen, sollen die Empfänger der Nachrichten auf einen Button klicken und „die entsprechenden Schritte“ durchführen. Die echt aussehende E-Mail stammt nicht von dem ausgewiesenen Absender. Wenn der Link angeklickt wird, öffnet sich eine gefälschte Internetseite, die keiner Sparkasse gehört. Die Daten, die abgefragt werden, gehen direkt an die Täter, die damit den Zugriff zum Konto der Geschädigten erlangen.[181]

In diesen Fällen bedarf es der Rücksprache mit dem **Sachbearbeiter Cybercrime** bzw. dem **Sachbearbeiter IT-Beweissicherung – Maßnahmen nur nach Rücksprache**, ein Datenverlust gefährdet das Strafverfahren (vgl. Kapitel 15).

Mittels E-Mail werden aber auch andere Straftaten, beispielsweise Beleidigungen, Bedrohungen oder Stalking (§ 238 StGB Nachstellung) begangen. E-Mails dienen damit der **Übermittlung strafrechtlich relevanter Sachverhalte.**[182]

E-Mail ist die Kurzform für „Electronic Mail“ (Elektronische Post). Mit diesem Internetdienst können vorwiegend **Texte**, aber auch sonstige **Dateien** (Anlagen) von einem Nutzer an einen anderen **übersandt** werden. Hierzu bedarf es der Kenntnis der E-Mail-Adresse des Empfängers.

Bei **Web-Mail** werden die E-Mails auf einem Server des Providers gespeichert und können direkt von diesem Server über die Internetanmeldung geschrieben, versendet und abgerufen werden. Ein spezielles Mailprogramm wie z. B. Outlook, Outlook Express ist nicht erforderlich.

Über spezielle **Software** (E-Mail-Programm) können E-Mails auch vom Server des Internetproviders (Web-Client) abgerufen und lokal auf dem Rechner des Empfängers (Lokaler Client) abgespeichert werden. E-Mails können so lokal erstellt und verwaltet werden.

Eine **E-Mail besteht aus mehreren Teilen**. Wenn man den Vergleich mit einem konventionellen Brief anstellt, gibt es einen

- **Umschlag** (sogenannter „SMTP-Envelope“)
- **Briefkopf** (sogenannter „Header“ oder die „Kopfzeilen“) und den
- **Brieftext oder -inhalt** (sog. „Body“)

181 Vgl. https://www.verbraucherzentrale.nrw/aktuelle-meldungen/digitale-welt, 27.06.2020.
182 Vgl. Cybercrime im weiteren Sinn, Kapitel 2.4.

Den „Umschlag“ bekommt der Nutzer im Normalfall nicht zu sehen, die Informationen gehen beim Einsortieren ins Postfach des Empfängers normalerweise verloren.

Die Adressdaten im „Briefkopf“ der E-Mail sind oft anonymisiert. Um dennoch den **Absender ermitteln** zu können, werden die **Daten des „Headers“** benötigt. Dieser muss erst **sichtbar gemacht** werden. Die hierzu erforderliche Verfahrensweise ist von der verwendeten **Software** bzw. **vom genutzten Internetprovider abhängig**.

Über den „Header“ lassen sich folgende **Feststellungen** treffen:

- **IP-Adresse** des Absenders
- **Datum/Uhrzeit** des Versendens (Zeitzonen beachten/bewerten)
- genutzter **Server** auf dem Weg durch das Netz

Beispielsweise finden sich im Abschnitt „Internetkopfzeilen“ bei dem unter Ansicht/Optionen zu öffnenden Fenster – bei der Software Outlook – unter „Received“ die Adressen der durchlaufenden Mailserver.

Der „Headerausdruck“ ist zur Auswertung immer **von unten nach oben** zu lesen. Der **erste „Received-Eintrag“** stellt **den absendenden Computer** dar.

Für die weiteren Ermittlungen ist es erforderlich, die **Daten des „Headers“ zu sichern**. Hierzu müssen die Daten des **„Headers“ mit der Maus markiert, kopiert und anschließend in ein Dokument (z. B. Word) eingefügt** werden.

Die **E-Mail** des **Anzeigeerstatter**s darf **in keinem Fall an die Polizei mit der Funktion „Weiterleiten“ gesendet** werden. Hierbei würden die ursprünglichen „Headerdaten“ unwiderruflich gelöscht. Daher entweder den „Header“ selbst beim Anzeigeerstatter oder ggfls. durch den Anzeigeerstatter sichern lassen.

E-Mail Header können gefälscht werden, indem vor dem Versand erfundene Received-Zeilen über den bestehenden Header eingefügt werden. Zur Beurteilung der Echtheit dienen erkennbare Fälschungsmerkmale.

Detaillierte Anleitungen zur Sichtbarmachung und zum Lesen des „Headers“ bieten die **Merkblätter der Spezialdienststellen**. Anschauliche Informationen zur Sicherung und Auswertung von E-Mails finden sich im **Handbuch Internetrecherche.**[183] Außerdem enthält das Internet Informationsangebote zum Lesen und Verstehen eines E-Mail-Headers.[184] Die Auswertung des E-Mail-Headers obliegt grundsätzlich dem Sachbearbeiter Cybercrime bzw. dem Sachbearbeiter IT-Beweissicherung.

183 *Kleile*, Handbuch Internetrecherche, Kapitel E-Mail, 2016.

184 Z. B. http://th-h.de/faq/headerfaq.php, 27.06.2020.

8 Ermittlungen zur IP-Adresse

Die IP-Adresse ist gewissermaßen die **Adresse des PC im Internet.**[185] Sie ist mehrstellig (nach IPv4-Standard ein Zahlencode von vier Zahlen, jeweils zwischen 0 bis 255, die durch Punkte getrennt werden, z. B. 85.151.52.87) und ist grundsätzlich nur einmal im weltweiten Netz vergeben. Damit man sich solche Ziffernblöcke nicht merken muss, ersetzt man sie durch alphanumerische Bezeichnungen, weil www.polizei-bw.de einprägsamer ist, als ein entsprechender **Zahlencode**. Beim „Surfen" im Internet werden diese „sprechenden" Adressen automatisch im Hintergrund mittels eines „Domain Name Systems (DNS)" umgesetzt.

Bei dem Aufbau der IP-Adresse nach IPv4-Standard ist die Anzahl der freien Adressen begrenzt und daher nicht ausreichend für die große Anzahl der Internetnutzer. Durch die weltweite Vergabestelle IANA (Internet Assigned Numbers Authority) wurden mittlerweile die letzten fünf Kennziffer-Blöcke an Vertreter der Vergabestellen in den Kontinenten vergeben. Das Kontingent ist damit ausgeschöpft.

Durch den Übergang zum IPv6-Standard[186] erhöht sich die Zahl möglicher IP-Adressen von derzeit rund 4,3 Milliarden auf die Zahl von 340 Sextillionen (numerisch: 340.000.000.000.000.000.000.000.000.000.000.000.000), also praktisch unendlich viele verfügbare Adressen. Mit dieser Umstellung kann das Internet weiter wachsen und die Entwicklung neuer, innovativer Dienste unterstützen, da mehr Geräte eine Internetverbindung herstellen können. IP-Adressen nach IPv6-Standard werden als Buchstaben- und Zahlenfolgen angezeigt – so z. B. 2001:db8::1234:ace:6006:1e. Die komplette Umstellung von IPv4 auf IPv6 wird einige Zeit dauern, da der Wechsel von jeder Website und jedem Internetanbieter vollzogen werden muss. Beide Systeme existieren so lange nebeneinander, bis IPv4 nicht mehr benötigt wird. Aktuell liegt der Stand der IPv6-Einführung in Deutschland bei 48,53 %.[187]

Weltweit gilt bisher die nachfolgend beschriebene Regelung. **Jeder Internetprovider** (Internetdienst) hat eine **bestimmte Anzahl von IP-Adressen** zu-

---

185 Öffentliche IP-Adresse – zu unterscheiden ist die interne IP-Adresse. Diese wird benötigt, um interne Netzwerke aufzubauen, z. B. ein Heimnetzwerk oder das Netzwerk einer Firma – während öffentliche IP-Adressen grundsätzlich nur einmal im Internet vergeben werden, können interne IP-Adressen weltweit mehrfach vergeben sein.

186 Der weltweite Start von IPv6 am 06.06.2012 markiert den Beginn einer koordinierten Einführung durch branchenführende Website-, Internet- und Geräteanbieter, vgl. http://www.google.de/ipv6/index.html

187 http://www.google.de/ipv6/index.html – Statistiken, 27.06.2020

gewiesen bekommen. Die Vertragspartner der Provider, z. B. der **Kunde** eines bestimmten Internetproviders, **erhält** keine fest zugewiesene IP-Adresse, sondern eine **sogenannte dynamische Adresse**. Das bedeutet, dass der Kunde **jedes Mal beim Einwählen in das Internet** eine andere, **freie IP-Adresse** zugewiesen bekommt.

Über die **IP-Adresse** lässt sich der **Provider**, für den diese IP-Adresse vergeben wurde, **ermitteln**. Die Provider speichern für Abrechnungszwecke die Daten, an welchen Anschluss – und damit an welchen Kunden – am Tattag zur Tatzeit diese IP-Adresse vergeben war. Die vorgeschriebenen Speicherfristen ändern sich mit den Änderungen im TKG.

Bis zum Urteil des BVerfG zur Vorratsdatenspeicherung vom 02.03.2010 waren die Betreiber verpflichtet, die Kommunikationsdaten mit einer Frist von 6 Monaten zu speichern und auf Antrag den Verfolgungsbehörden mitzuteilen. Das Urteil führt zu einer Löschung der gespeicherten Vorratsdaten. Im Ergebnis ist somit nur noch der Zugriff auf Verkehrsdaten, die von den Netzbetreibern und Serviceprovidern im eigenen Interesse gespeichert sind und noch nicht anonymisiert wurden, möglich. Das neue Gesetz zur Vorratsdatenspeicherung trat am 18.12.2015 in Kraft. Zugangsanbieter werden verpflichtet, nach einer Übergangsfrist von 18 Monaten, also ab 01.07.2017, Verbindungsinformationen (Verkehrsdaten) ihrer Kunden zehn Wochen und Standortdaten einen Monat lang zu speichern. Die Bundesnetzagentur sieht aktuell bis zum rechtskräftigen Abschluss eines Hauptsacheverfahrens von Anordnungen und sonstigen Maßnahmen zur Durchsetzung der in § 113b TKG geregelten Speicherverpflichtungen gegenüber allen verpflichteten Unternehmen ab.[188]

Bei herkömmlichen Verträgen kann **über** die **IP-Adresse** die **Spur bis zum Anschlussinhaber** zurückverfolgt werden. Wer schlussendlich am fraglichen PC saß, kann jedoch mit dieser Auskunft nicht ermittelt werden.

Die **IP-Adressen** werden weltweit aus den USA vergeben und kontinental **in Datenbanken verwaltet**. Die europäische Datenbank hat die Bezeichnung „RIPE“. Unter der Internetadresse: **http://www.ripe.net** lassen sich IP-Adressen abfragen.

188 Vgl. Kapitel 3.6.

Die IP-Adresse wird hierzu in das entsprechende Suchfeld rechts oben (RIPE Database Search, siehe Bild unten) eingetragen.

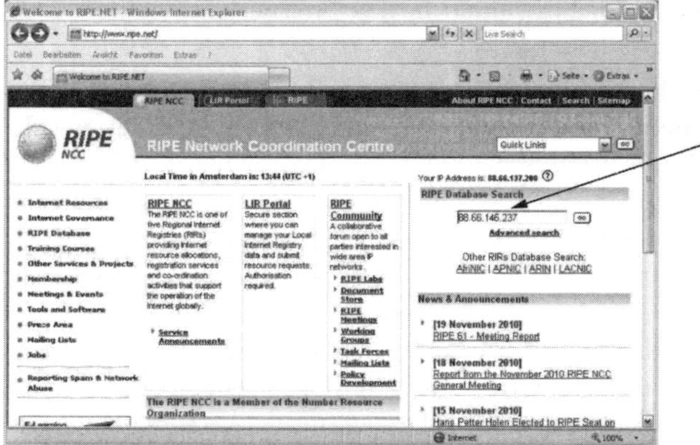

Abb. 16

Weltweite Abfragen von IP-Adressen sind u. a. über die Internetseiten von **http://www.geektools.com** möglich (siehe Bilder unten). Bei einer negativen RIPE-Auskunft ist die internationale Abfrage erforderlich.

Abb. 17

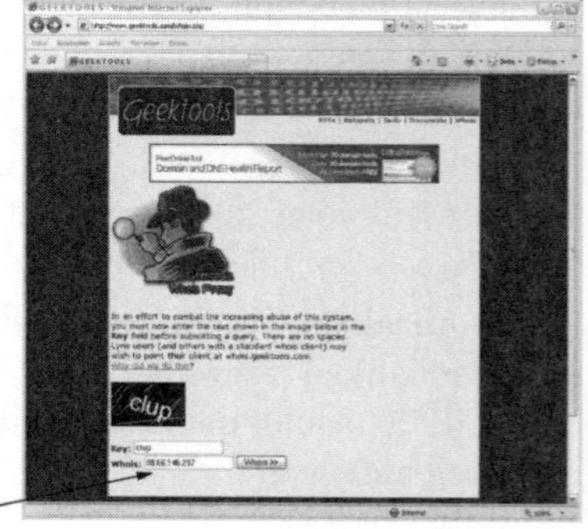

Abb. 18

Nach Bestätigung der Eingabe enthält das Ergebnis den **Namen des Providers** (siehe Bilder unten).

Anzeige des Providers über RIPE:

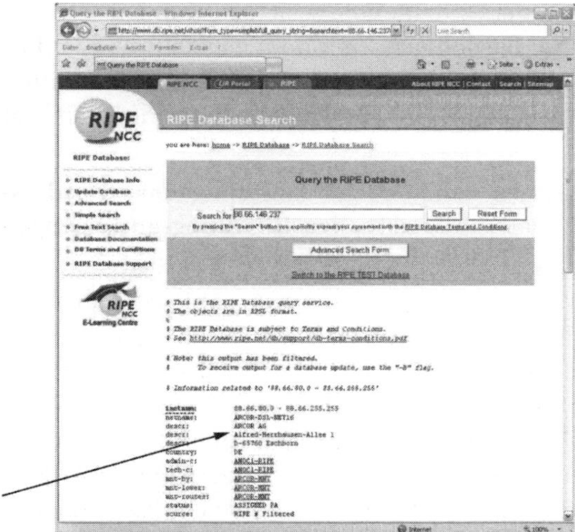

Abb. 19

Anzeige des Providers über Geektools:

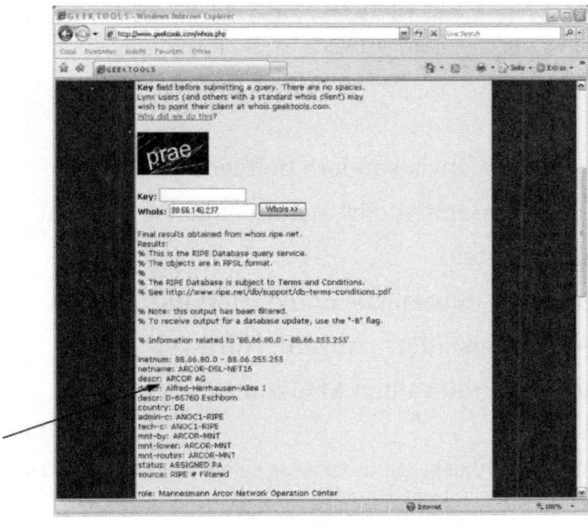

Abb. 20

Dieser ist nun, anhand der **auf dem Header ermittelten Uhrzeit** in der Lage, festzustellen, **für welchen Anschluss die IP-Adresse vergeben war**.

Hierzu muss eine **Anfrage nach § 113 TKG per Fax an den zuständigen Provider** gestellt werden – teilweise sind hierfür Vordrucke vorhanden. Dabei wird der Provider aufgefordert mitzuteilen, welchem Kunden – Name, Anschrift – die IP-Adresse zum jeweiligen Zeitpunkt zugeteilt wurde. Das Auskunftsersuchen **muss möglichst frühzeitig** an den Provider übermittelt werden, ansonsten besteht die Gefahr, dass die Verkehrsdaten dort gelöscht bzw. anonymisiert werden.

Weitere Informationen zum Rechtsstand und zur **Auflösung einer IP-Adresse** (Providerdatenbank u. a.) liefern die aktuellen **Handlungsanweisungen der Spezialdienststellen**.[189]

Über die öffentliche IP-Adresse ist zumindest der Anschlussinhaber des verwendeten Routers grundsätzlich „rückverfolgbar". Um dies zu erschweren, hat ein Nutzer verschiedene Möglichkeiten, die öffentliche IP-Adresse zu „verschleiern". Hierzu wird zwischen dem eigenen Internetprovider und dem Anfrageziel eine Zwischenstation eingefügt, über die die Datenpakete weitergeleitet werden. In der Zwischenstation wird die öffentliche IP-Adresse ausgetauscht gegen die öffentliche IP-Adresse der Zwischenstation, dem sogenannten **anonymen Proxy-Server**.[190]

Beispiel:

Im Rahmen des Anzeigedienstes erscheint Herr F. und teilt mit, dass er eine Anzeige wegen Bedrohung und Beleidigung erstatten möchte. Er übergibt eine ausgedruckte E-Mail, an ihn adressiert, die ihn als „letzten Dreck" bezeichnet, demnächst würde er „beseitigt". Als Verfasser ist als Pseudonym „Monsieur X" verzeichnet. Herr F. hat Angst und fühlt sich beleidigt; er stellt Strafantrag.

Maßnahmen:

- Anzeigenaufnahme/Vernehmung, insbesondere Befragung
  - zur genauen Uhrzeit (minuten-, möglichst sekundengenau) der Tat
  - zum verwendeten Betriebssystem
  - zu verwendeter Software mit Tatbezug (Produkt, Herkunft)
  - zu Mailadressen des Anzeigeerstatters (Anzahl, Adresse)
  - zum Zustandekommen des tatrelevanten Mailkontakts

---

189 Ermittlungsmöglichkeiten zu Verantwortlichkeiten im Internet finden sich auch bei *Kleile*, Handbuch Internetrecherche, Kapitel Technische Grundlagen, 2016.

190 *Kleile*, Handbuch Internetrecherche, Kapitel Technische Grundlagen, 2016 – Der Autor behandelt hier einige Varianten der Anonymisierung.

  - zu derzeitigem Zugang/Ablage der tatrelevanten E-Mail (Mailserver des Webmaildienstes oder PC des Anzeigeerstatters)
  - Sicherstellung eines ggfls. mitgebrachten Mailausdrucks
- Maßnahmen am PC des Anzeigeerstatters vor Ort
  - Feststellung der Übermittlungsuhrzeit der E-Mail
  - Sicherung des E-Mail-Headers (aus dem E-Mail-Header können Informationen zur IP-Adresse des Absenders, zu Datum und Uhrzeit des Versendens und zu genutzten Servern im Netz gewonnen werden)
- weitere Ermittlungen
  - Feststellung des Providers über IP-Adresse (Whois-Abfrage)
  - Auskunftsersuchen an Provider zu den Kundendaten

9 Ermittlungen zur DOMAIN

Domain ist die **englische Bezeichnung** für einen **Teil der Internetadresse** (URL)[191], die gewissen, speziell für das Internet angelegten Konventionen unterliegt. Bei der Internetadresse **www.polizei-bw.de** steht

- „www." für das World Wide Web,
- „.de" ist die Landeskennung für Deutschland und
- **„polizei-bw" stellt die domain dar**.

Beispielsweise lautet die Landeskennung für Frankreich „.fr", für Österreich „.at". „.com" steht für kommerziell „.org" für gemeinnützig, „.edu" für Bildungseinrichtung.

Die Internetverwaltung ICANN[192] beschloss 2011 die Ausweitung des Adressraums. Dabei sollen nahezu beliebige Wörter als sogenannte Top Level Domains (TLD) zugelassen werden. Neben Städte- und Firmennamen auch generische Begriffe wie „.auto" oder „.reise" (gTLD). Ab Anfang 2014 waren die ersten neuen Domain-Endungen verfügbar. Sogenannte „Neue Top-Level-Domains (New gTLD) sind z. B. „.shop", „.love", „.email", „.gmbh", „.berlin", „.bayern".

Die Domains **werden zentral** in der **„Whois-Datenbank"** erfasst. Jede **Internetseite** verfügt über ihre **eigene Domain**. Für jede Internetseite muss **ein Verantwortlicher (Domaininhaber)** registriert sein.

Deutsche Domains werden bei der DENICeG mit der Internetseite **http://denic.de** registriert. Mit Inkrafttreten der Datenschutz-Grundverordnung am 25. Mai 2018 hat die DENICeG die Möglichkeit der Abfrage begrenzt. Entsprechend muss ein Abfrageantrag, auch seitens von Behörden, fernschriftlich (per Telefax) übermittelt werden. Gegen den ermittelten Domaininhaber können sich im Bedarfsfall polizeiliche Ermittlungen richten.

Nachfolgende Bilder zeigen exemplarisch die Abfrage des Domaininhabers der Internetadresse www.boorberg.de.

191 URL: Uniform Resource Locator (deutsch: einheitlicher Quellenanzeiger oder Adresszeile).

192 Internet Corporation for Assigned Names and Numbers – Internet-Verwaltung, generisch bedeutet aus dem Lateinischen „Gattung, Art, Geschlecht" im Gegensatz zu „spezifisch".

Eingabe im Abfragefeld:

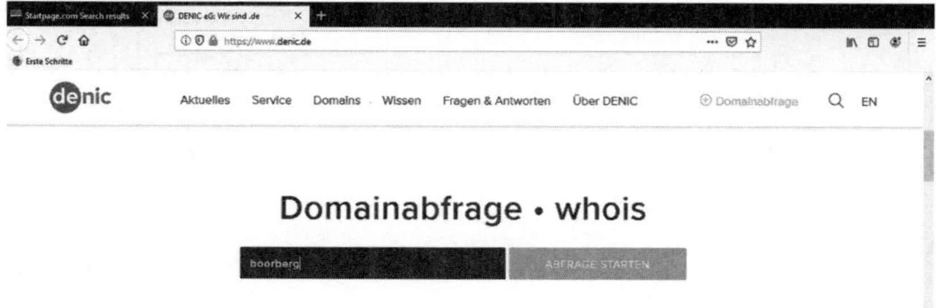

Abb. 21

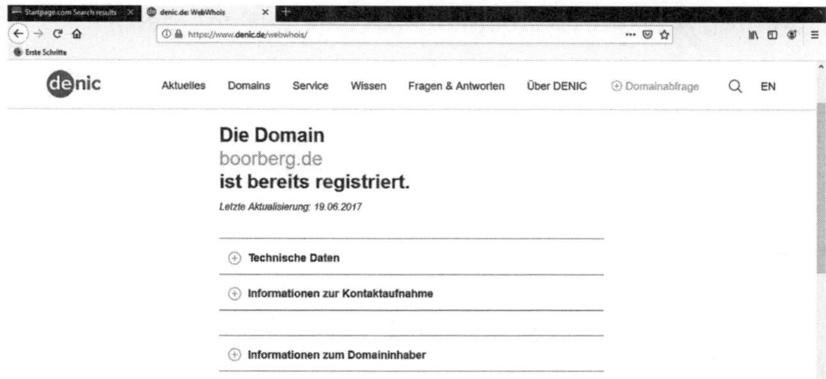

Abb. 22

Abfragehinweise (Auszüge):

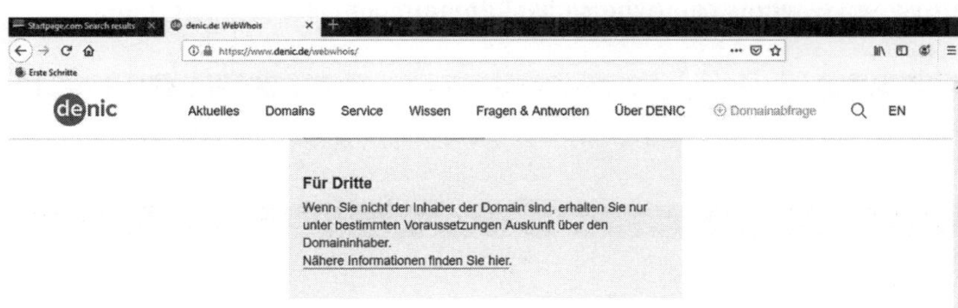

Abb. 23

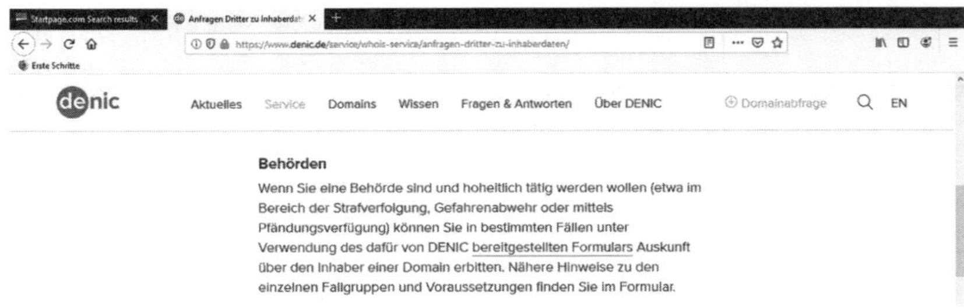

Abb. 24

Formular:

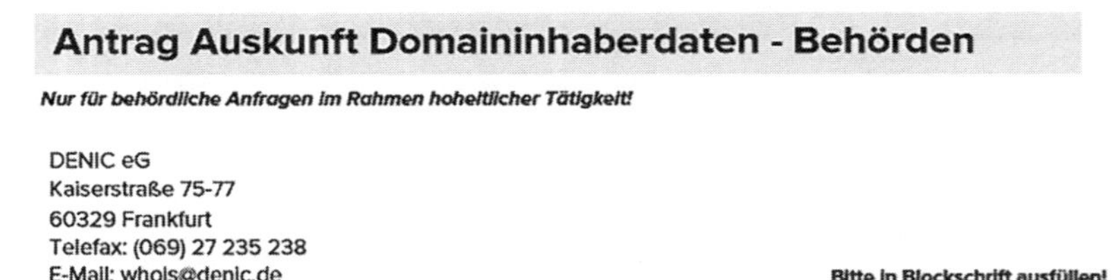

Antrag Auskunft Domaininhaberdaten - Behörden

Nur für behördliche Anfragen im Rahmen hoheitlicher Tätigkeit!

DENIC eG
Kaiserstraße 75-77
60329 Frankfurt
Telefax: (069) 27 235 238
E-Mail: whois@denic.de

Bitte in Blockschrift ausfüllen!

Abb. 25

Das bereitgestellte Auskunftsformular wird auch über polizeiinterne Portale zur Verfügung gestellt.

Die Adressdaten des Domaininhabers (Admin-C) können grundsätzlich falsch sein. In diesen Fällen wären weitere Ermittlungen beim zuständigen Registrar erforderlich.

Ausländische und **kommerzielle Domains** können über die Internetseite **https://www.whois.com/whois/checkdomain.com** abgefragt werden.[193]

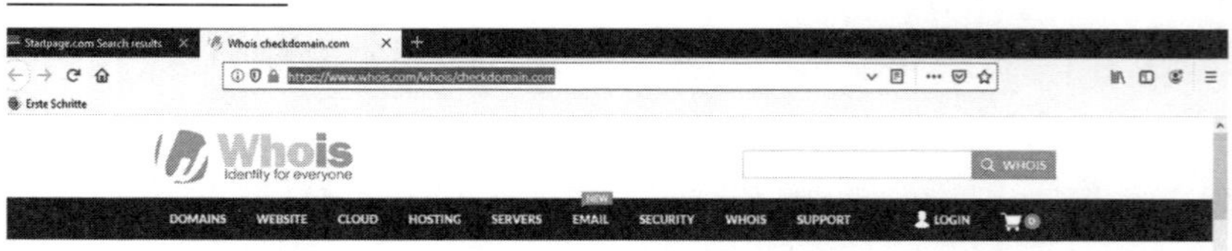

Abb. 26

193 Die Abfrage ist auch über die Internetseite von IKS-Jena, http://www.iks-jena.de/Tools/Whois, möglich.

Nach dem Aufruf der Webseite und dem Eintrag der Domain in das **Suchfeld** zeigt die Datenbank den verantwortlichen **Domaininhaber** an – vgl. das Ergebnis unten (Bilder) nach Eintrag des Begriffs „interpol" in das Suchfeld bei checkdomain.

Abb. 27

Ergebnis Abfrage:

interpol.com

Updated 9 minutes ago

Domain Information

Domain:	interpol.com
Registrar:	EuroDNS S.A.
Registered On:	2000-04-11
Expires On:	2021-04-10
Updated On:	2020-04-05
Status:	clientTransferProhibited
Name Servers:	ns1.eurodns.com ns2.eurodns.com ns3.eurodns.com ns4.eurodns.com

Abb. 28

Registrant Contact

Name:	INTERPOL I C P O
Organization:	I.C.P.O. INTERPOL
Street:	200 Quai Charles de Gaulle
City:	Lyon
Postal Code:	69006
Country:	FR
Phone:	+33.472447000
Fax:	+33.472447246
Email:	nsa@interpol.int

Abb. 29

Bei fast allen Abfragediensten werden nur die aktuellen whois-Daten angezeigt. Eine Abfrage zu einem **Vorbesitzer** oder eine **Auflistung** aller **Änderungen** seit Registrierung einer Internetseite kann unter www.who.is für einen nicht bekannten Zeitraum eingesehen werden. Die Webseite www.utrace.de zeigt nach Eingabe des Domainnamens, der URL oder der IP-Adresse auf einer Landkarte den ungefähren Standort des Webservers an.[194]

Beispiel:

Bei der Dienststelle erscheint Herr A. und teilt mit, dass er versehentlich eine Internetseite mit nationalsozialistischen Emblemen und Texten angeklickt hat.

Es ergibt sich der Anfangsverdacht von Straftaten zur Gefährdung des demokratischen Rechtsstaates (z. B. § 86 StGB – Verbreiten von Propagandamitteln verfassungswidriger Organisationen, § 86a StGB – Verwenden von Kennzeichen verfassungswidriger Organisationen).

Maßnahmen:

- Anzeigenaufnahme/Vernehmung, insbesondere Befragung
  - zur genauen Uhrzeit (minuten-, möglichst sekundengenau) der Feststellung
  - zu verwendetem Betriebssystem/Browser
  - zum Hintergrund – wie gelangte der Anzeigeerstatter auf diese Seite
  - zur Internetadresse (möglichst genaue Angabe)
  - zu den Seiteninhalten
- bei noch bestehender Internetverbindung (z. B. nach telefonischer Anzeigeerstattung)
  - möglichst vor Ort die Internetseite sichten
  - die Seitenadresse vollständig notieren
  - den Seiteninhalt mit Uhrzeit dokumentieren
  - den Sachbearbeiter IT-Beweissicherung möglichst umgehend telefonisch über die entsprechende Seite unterrichten
- Aufrufen der Internetseite am Dienstrechner, um den Sachverhalt festzustellen
- Ermittlung des Domaininhabers durch Abfrage in der Whois-Datenbank
- Auswertung des ausgegebenen Impressums der Internetseite

194 *Kleile*, Handbuch Internetrecherche, Kapitel Technische Grundlagen, 2016.

10 Sicherstellung elektronischer Beweismittel

Die „digitale Spur“ als Ermittlungshilfe und Beweismittel hat an Bedeutung gewonnen, denn es werden immer häufiger Träger digitaler Daten sichergestellt. Dabei fallen große Mengen von Daten an und die Zahl der theoretisch auswertbaren Spuren wächst rasant; die Auswertung einer einzelnen „digitalen Spur“ wird hingegen immer aufwändiger und komplexer.[195]

Digitale Spuren unterscheiden sich zwar von materiellen (physischen Spuren), benötigen allerdings ein **Speichermedium,** vor Ort oder aber ausgelagert, z. B. in der Cloud[196].

Die Verwertung digitaler Spuren als Beweismittel erfordert **im Rahmen der ersten Feststellungen und Maßnahmen** die Ermittlung relevanter **Eigenschaften von Datenträgern** und damit vorhandener **Daten.**

Von Bedeutung ist die **Existenz des Datenträgers am Feststellungsort** (Fundort) – Wohnung, Arbeitsplatz, Schule, Kfz, Räumlichkeit, Mobiliar, ... mit entsprechender Dokumentation.

Es bedarf der Klärung, wer der **Besitzer des Datenträgers** ist – erfragen, bestätigen lassen – und um welche **Art von Datenträger** (CD/DVD, Festplatte, USB-Stick, PC, Ausdrucke u. a.) es sich handelt.

Von Bedeutung ist der **Zustand des Datenträgers** – ein-/ausgeschaltet, beschädigt, unvollständig, mit/ohne Netzteil/Ladegerät, Ladezustand.

Wer hat **Zugriffsmöglichkeit auf den Datenträger** – einzelne Personen, Gruppe, z. B. Familie, Wohngemeinschaft u. a., und damit die Möglichkeit des **Zugriffs auf** die **Dateien**? Von Bedeutung ist, auf welche **Art und Weise der Zugriff auf die Dateien** erfolgen kann (z. B. über ein Netzwerk[197]). Die **Verbindung** zwischen der **Spur** und dem **Verursacher** – deren Assoziation – spielt auch bei digitalen Spuren eine maßgebliche Rolle.

Zur **Feststellung weiterer verfahrensrelevanter Eigenschaften der Dateien** (z. B. Zugriffsberechtigung, Datum/Uhrzeit, Eigenschaften, Ablage im Dateisystem, Kompression, Verschlüsselung, Inhalt, Autor) bedarf es der **forensischen Auswertung** durch den Sachbearbeiter IT-Beweissicherung.

---

195 Vgl. FN 35.

196 Vgl. Kapitel 1, Missbrauchspotenzial und die dortige Definition des BSI.

197 Vgl. auch den Begriff Netzwerktopologie – darunter versteht man die physikalische Anordnung von Netzwerk-Stationen, die über Kabel oder Funk miteinander verbunden sind. Sie bestimmen die einzusetzende Hardware sowie die Zugriffsmethoden. Dieses wiederum hat Einfluss auf das Medium (z. B. das Kabel), auf die Übertragungsgeschwindigkeit und den Durchsatz der Daten (Quelle: Internet, www.elektronik-kompendium.de).

Beweismittel entstehen gegenwärtig bereits zu großen Anteilen in digitaler Form. Sie werden im Zusammenhang mit einem Strafprozess als digitale Daten erhoben und asserviert.[198] Die Präsentation bzw. Verwertung der Daten in der strafprozessualen **Hauptverhandlung** erfolgt jedoch regelmäßig in nicht digitaler Form, so z. B. als Ausdruck, Foto, Verschriftung. Reichweite und Qualität sind grundsätzlich seit jeher bei allen Beweismitteln zu überprüfen. Fingerabdrücke, Schriftproben und DNA-Identifizierungsmuster setzen ebenso wie im Bereich der sog. „digitalen Forensik" spezifisches Sachverständigenwissen voraus. Nicht nur Beweiseignung und -wert sowie neue Formen der Manipulation von Beweisen sind zu berücksichtigen. Der für digitale Daten notwendige **Umwandlungsprozess** in ein **prozessual verwendbares Beweismittel** birgt das Risiko einer **Informationsselektion**. Selektion ist aber immer zugleich Interpretation und Reduktion. Erfolgt die Umwandlung zum Beweismittel durch automatisierte Prozesse, so steht das Reduktionsproblem im Vordergrund, der drohende Beweisverlust. Erfolgt die Umwandlung durch menschliche Interpretationsprozesse, so überwiegt das Risiko der Manipulation des Beweismittels.

Auch können zu Beweiszwecken gesicherte Daten ohne weiteres Ziel von Hacking-Attacken werden.

Aus der Perspektive der Verteidigung ist daher zu fragen, ob die in der Natur des Beweismittels liegende nur mittelbare Beweiseignung einen grundsätzlich geringeren Beweiswert zur Folge hat.

Es sind möglichst **einheitliche Standards** zu beachten, um die **Integrität einer Datei** zu validieren. Um die jeweilige Datei in ihrem ursprünglichen Zustand zu erhalten, sollte als erster Schritt die Erstellung einer Kopie erfolgen. Mit Hilfe des Hashwertes, der jedenfalls nur mit erheblichem Aufwand zu manipulieren ist, kann zu jeder Zeit nachgewiesen werden, dass im Laufe der weiteren Ermittlungen keinerlei Veränderung der Ausgangsdatei erfolgt ist.

Auf Seiten der Strafverfolgungsbehörden sollten daher, wie auch bei „herkömmlichen" Beweismitteln, möglichst wenige Personen **eine Datei be- oder verarbeiten** und **sämtliche Schritte lückenlos dokumentieren**. Die Auslagerung der Beweisauswertung an private Dienstleister kann auch aus dieser Perspektive problematisch werden.

Das **Risiko des unbefugten Zugriffs** ist abzusichern. Dieser kann durch Zufall, aber auch gezielt erfolgen. Dabei können Verfahrensbeteiligte wie auch

---

198 *Momsen*, Digitale Beweismittel aus der Sicht der Strafverteidigung, in Cybercrime und Cyberinvestigations, Robotik und Recht, Band 6, 2015.

Dritte ein Interesse daran haben, die zu Beweiszwecken gesicherten Daten zu manipulieren oder zu vernichten.

So sind bei dem Fall um den massenhaften Missbrauch von Kindern auf einem Campingplatz in Lügde in Nordrhein-Westfalen der Staatsanwaltschaft zufolge 155 CDs und DVDs verschwunden. Die Ermittler stellten sie auf dem Campingplatz und in der Wohnung des 56-jährigen Hauptverdächtigen sicher. Als die Datenträger in einen extra eingerichteten Asservatenraum bei der Polizei Lippe umgelagert werden sollten, fiel auf, dass das Beweismaterial fehlte. Zuletzt gesehen wurden die Datenträger in einem Auswertungsraum.[199]

Es besteht auch die grundsätzliche Gefahr des missbräuchlichen Online-Zugriffs. Ambitionierte Hacker dringen innerhalb weniger Minuten in die meisten Betriebssysteme ein.

Der Zugang zum asservierten Beweismittel muss so abgesichert sein, dass ein Zugriff durch Unbefugte – sowohl externe, als auch interne – nahezu ausgeschlossen werden kann. Das BSI hat in einem **Leitfaden** die Anforderungen an einen forensischen Ermittlungsprozess im IT-Bereich zusammengefasst.[200]

10.1 Spezielle Aspekte bei der Wohnungsdurchsuchung

Auch im Zusammenhang mit Cybercrime **gelten** die **allgemeinen taktischen Grundsätze** zur **Vorbereitung** und **Durchführung** einer Wohnungsdurchsuchung. Bezüglich der Vorbereitung kann nach einem Durchsuchungsplan bzw. bei der Durchsuchungsbesprechung festgelegt werden, bei welcher Beschlusslage – rechtliche Voraussetzungen!? – wann, wer, wo bzw. bei wem durchsucht, was anlassbezogen gesucht wird und welche weiteren Maßnahmen gegenüber den angetroffenen Personen durchgeführt werden. Im Rahmen der Personen-, Sach- und Objektaufklärung, u. a. über die polizeilichen Informationssysteme[201], werden Informationen zu den Adressaten/Bewohnern und den zu durchsuchenden Wohn- und Nebenräumen und Fahrzeugen gewonnen.

Gerade bei der Vorbereitung von Durchsuchungen im Zusammenhang mit Cybercrime kann neben dem allgemeinen Kräfteansatz und der Hinzu-

199 Zeit Online, 03.05.2020, „Wie der Missbrauchsfall Lügde zum Behördenskandal wurde“, Berichterstattung vom 27.02.2019.

200 BSI, Leitfaden IT-Forensik, www.bsi.bund.de, 03.05.2020.

201 INPOL, POLAS.

ziehung von Durchsuchungszeugen die **Rücksprache** mit dem **Sachbearbeiter Cybercrime** und dem **Sachbearbeiter IT-Beweissicherung** zur Klärung offener Fragen oder deren, gegebenenfalls auch telefonische, Unterstützung von Bedeutung sein. Führungs- und Einsatzmittel zur Dokumentation (z. B. Digitalkamera, Formulare, z. B. „Niederschrift Durchsuchung/Beschlagnahme", Farbetiketten, Nummernaufkleber) und Asservierung sicherzustellender Gegenstände (Einmalhandschuhe, Verpackungsmaterial, Asservatenanhänger/-aufkleber) müssen zur Verfügung stehen.

Die Festlegung der Durchsuchungszeit kann im Hinblick auf einen Überraschungseffekt erfolgen. Bei offener Vorgehensweise droht gegebenenfalls Datenverlust, damit gehen relevante Erkenntnisse und Befunde verloren.

Von Bedeutung ist immer auch die Eigensicherung. So hat sich bei einer Wohnungsdurchsuchung wegen des Verdachts der Computersabotage der von der Maßnahme Betroffene, ein 37-jähriger Mann, während der Durchsuchung per Kopfschuss selbst getötet.

Nicht nur digitale Spuren sind von Relevanz – klassische Spuren, z. B. DNA-Spuren und daktyloskopische Spuren, ermöglichen die Zuordnung aufgefundener Beweismittel und verlangen ein spurenhygienisches Vorgehen bei deren Sicherung – auch die Fingerspur auf einer Maustaste, einem Mousepad oder dem Touchscreen kann entscheidend sein. Im Rahmen der Beweissicherung ist immer auch an Notizen, z. B. angebrachte Klebezettel (Post-it) und entsprechende Aufschriebe, zu denken.

Es ist wichtig, alle für das Verfahren bedeutsamen Beweismittel richtig zu sichern. Bei Trägern von elektronischen Daten besteht bei Nutzung immer die Gefahr der Datenveränderung. Vorbereitetes, zielorientiertes und ein gründliches Vorgehen gewährleistet den Durchsuchungserfolg.

Speziell bedarf es des **Überblicks über** die **vorhandene EDV-Anlage** und ihr **Zubehör** in den zu durchsuchenden Räumen. Im Einzelnen sind die nachfolgenden Aspekte von Bedeutung:

- Anwesende Personen feststellen!
- Wo stehen die DV-Geräte?
- Wo befindet sich der Telefon-/Internetanschluss?
- In welcher Form erfolgt der Zugang zum Internet?
- Besteht eine Netzwerk- oder Internetverbindung des/der PC[202]?
- Ist der PC an- oder ausgeschaltet?

202 PC, Personal Computer steht für Geräte mit Computerfunktionalität, z. B. Tablet-PC, Smartphone u. a.

- Den Zugriff Anwesender auf die EDV-Anlage verhindern!
- Foto-/videografische Dokumentation/Übersichtsaufnahmen der angetroffenen Situation!

Umfangreiche, schwierige oder technisch aufwändige Beweissicherungsmaßnahmen begründen die Zuständigkeit des Sachbearbeiters Cybercrime bzw. des Sachbearbeiters IT-Beweissicherung. Sie sind so früh als möglich in das Verfahren einzubeziehen.

Festgestellte **Software** (z. B. DVD, Verpackungsmaterial) sollte hinsichtlich eines Tatzusammenhangs bewertet und sichergestellt werden. Für die Ermittlungen ist es bedeutsam, ob der Beschuldigte aufgrund der Software in der Lage war, die ihm vorgeworfene Straftat zu begehen. Mit zu erheben sind auch zugehörige Kopierschutzstecker, sogenannte Dongle (z. B. für den Anschluss an der USB-Schnittstelle des PC), ohne die die Software nicht arbeitet.

Gerade **Speichermedien** haben für einen Tatnachweis eine große Bedeutung. Sie können in nahezu jeder Form vorkommen. Unscheinbare Gebrauchsgegenstände, die zunächst nicht den Eindruck eines Speichermediums vermitteln und überall versteckt werden können, sind mögliche Datenträger.

So eignen sich **USB-Sticks**, als solche infolge der Aufmachung nicht immer gleich zu erkennen (siehe nachfolgende Bilder), sehr gut zur Datensicherung und dienen der Beweisführung.

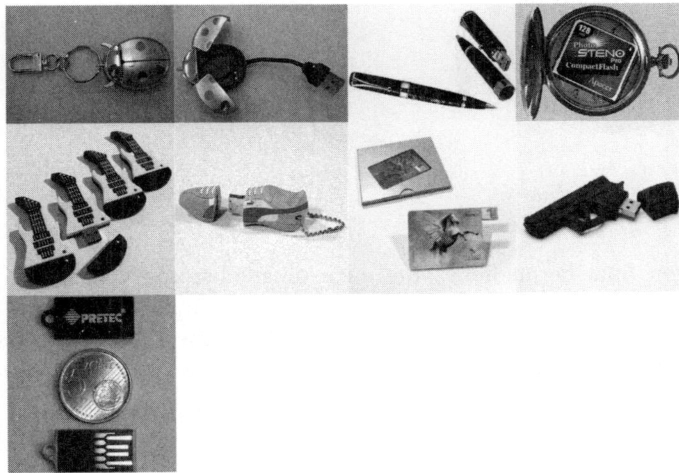

Abb. 30 Diverse Speichersticks

Veränderte Speichermedien verschleiern deren Eigenschaft als solche (siehe nachfolgende Bilder).

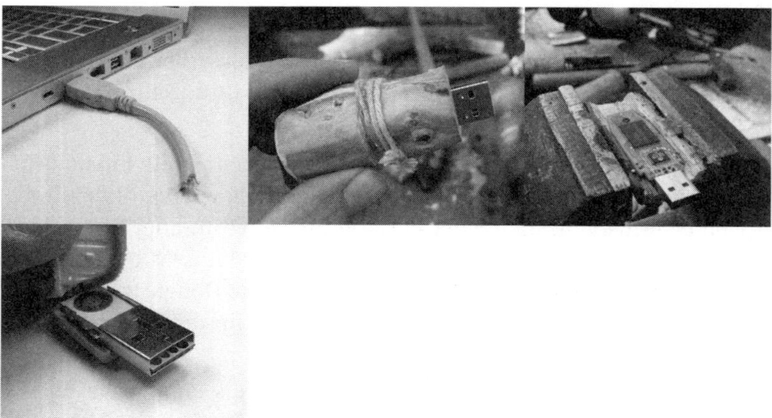

Abb. 31 Beispiele für sogenanntes USB-Stick-modding

Auch bei den nachfolgend abgebildeten Gegenständen ist der EDV-Bezug nicht ohne Weiteres zu erkennen.

Abb. 32 Car-PC WLAN-Kamera

Neben gängigen Speichermedien sollte auch die Bedeutung von **Mobilfunktelefonen** als Adressen- und **Datenspeicher**, Terminplaner, Kamera, MP3-Player u. a. und eines **PDA** (Personal Digital Assistant – kleiner mobiler Computer im Hosentaschenformat) erkannt werden.

Nachfolgende Aufnahme zeigt einen **Arbeitsplatz** mit betriebenem **Laptop** (1) und diversen **Zusatzgeräten** mit angeschlossener Tastatur (2) und Maus (3), Lautsprecher (4), externe Festplatte (5) und Smartphone (6)[203].

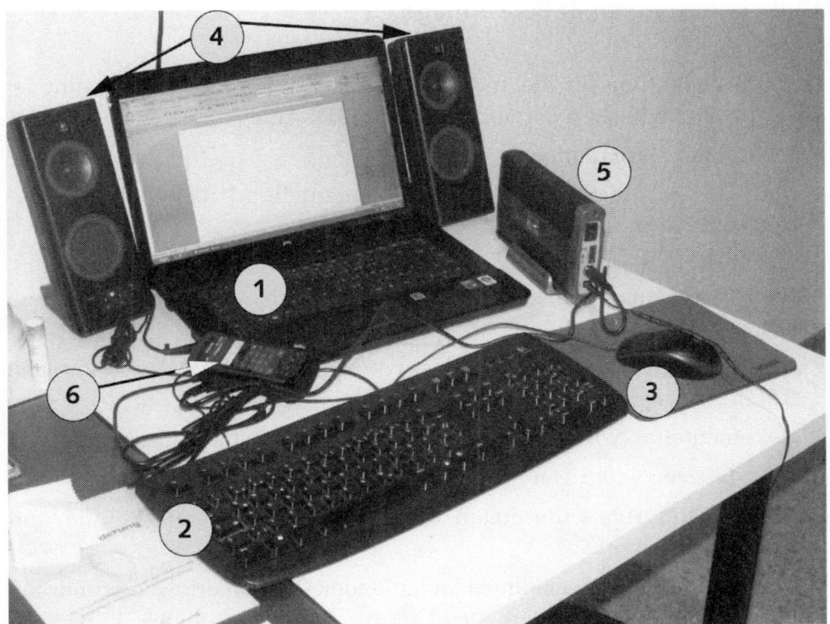

Abb. 33

Im Rahmen der Durchsuchung sollte gewährleistet werden, dass weder durch unmittelbar anwesende Personen noch von außerhalb auf den **Datenbestand** eingewirkt werden kann **(keine Einflussnahme/Einwirkung!)**. Hierbei geht es auch um die **frühzeitige Durchsuchung der Maßnahmeadressaten** – gegebenenfalls verfügen sie über verdeckte Möglichkeiten der Beeinflussung genutzter Hard- und Software oder führen andere Beweismittel am Körper oder in der getragenen Bekleidung. Zu beachten ist auch die Gewährleistung der Stromversorgung – Achtung: keinen Zugriff auf zentrale Schaltanlagen ermöglichen.

Zu bedenken ist auch der Einsatz eines Diensthundes als Führungs- und Einsatzmittel. Spürhunde sind nicht nur für Drogenfahnder unverzichtbare „Arbeitskollegen". So werden einzelne **Datenträger-Spürhund**e ausgebil-

203 Mobilfunktelefon mit Computerfunktionalität.

det und stehen für den Einsatz bei Durchsuchungsmaßahmen zur Verfügung.[204]

10.2 Sicherung einer EDV-Anlage

Zentrale Bedeutung für die spätere Sachbearbeitung und Auswertung ist die **Reproduzierbarkeit der** angetroffenen **EDV-Anlage**.

Erforderliche Maßnahmen:

- umfassende foto-/videografische Dokumentation (Übersichts-, Teilbereichsaufnahmen)
- ausführliche Beschreibung des Zustandes der Anlage, ein-/ausgeschaltet, aktiv genutzte Anwendungen/Programme, Notizen fertigen, was zu sehen ist
- Detailaufnahmen vom Bildschirm – aktiv genutzte Anwendungen (Dienste, Programme u. a.)
- Dokumentation von Beschädigungen, z. B. zerkratzter Bildschirm
- ggfls. Skizzen anfertigen
- keine Standortveränderungen eingeschalteter IT-Geräte/Räume und Standort beschreiben
- Beweissicherungsmaßnahmen an laufenden Geräten erfolgen grundsätzlich durch den Sachbearbeiter Cybercrime/Sachbearbeiter IT-Beweissicherung, ansonsten droht die Gefahr der Zerstörung digitaler Spuren und aktiver Programme/Dateien
- wegen der Problematik der Kryptierung ist bei einem angeschalteten PC immer mit dem Sachbearbeiter Cybercrime/Sachbearbeiter IT-Beweissicherung Kontakt aufzunehmen; handelt es sich um schwerwiegende Delikte oder komplexe Sachverhalte, dürfen keine Änderungen am PC vorgenommen werden, da hierdurch Löschprozesse in Gang gesetzt werden können; Handlungen, die die Beweissicherung gefährden können, müssen unterbleiben – dies gilt auch für ein bloßes Betätigen der Tastatur oder das Schließen des Laptopdeckels
- grundsätzlich keine Sichtung der Daten; Lifedaten-Sicherung (Dokumentation/Sicherung aktueller PC-Prozesse und laufender Netzwerkverbindungen) erfolgt durch den Sachbearbeiter Cybercrime mit speziellem Sicherungstool

---

204 Frankfurter Allgemeine Woche, 36/2019, „Fortbildung für Spürhunde".

- bei einfach gelagerten Sachverhalten können nach Absprache mit dem Sachbearbeiter Cybercrime/Sachbearbeiter IT-Beweissicherung Maßnahmen am laufenden PC vorgenommen werden
- keine Programme starten, möglichst Bildschirmschoner und Energiesparmodus deaktivieren, um automatisierten Prozess mit anschließendem Passwortschutz zu verhindern
- nach Absprache und erfolgter fotografischer und schriftlicher Dokumentation (vgl. oben) – mit kalkuliertem Risiko einer Datenveränderung – nach Abspeichern der geöffneten Dokumente auf einem anzuschließenden Datenträger, das Gerät durch Ziehen des Stromnetz-Steckers am PC „ausschalten", bei Laptop zuvor den Akku entfernen bzw. mittels Geräteschalter sicht- und hörbar abschalten, ohne zuvor den Deckel zu schließen – den Rechner nicht durch reguläres Beenden von Programmen herunterfahren, ansonsten drohen Datenveränderung und -verlust
- ausgeschalteten PC nicht einschalten
- Zugangspassworte erfragen, gegebenenfalls dahingehende Notizen sichern
- Beschreibung aller Zusatzgeräte (Peripherie) hinsichtlich Zustand und Anschluss
- generell Spurenhygiene beachten – DNA, daktyloskopische Spuren
- zur Demontage – Beschriftung (Farbetiketten, Nummernaufkleber) aller Kabel mit Beschreibung, wo sie sich ursprünglich befanden (Anschlüsse, Zuleitung, Zusatzgerät) – Detailfotografie, Skizze
- Sicherung der Peripheriegeräte, Netzteile, Ladegeräte, Kabel (ggfls. nach Absprache mit Sachbearbeiter IT-Beweissicherung)
- Sicherstellung aller Handbücher und Bedienungsanleitungen, auch wenn es sich scheinbar um Standardwerke handelt
- Abbau und vorsichtiges Asservieren des gesamten Computerzubehörs – Rechner, Tastatur, Maus, Drucker, Scanner u. a. sowie aller externen Datenträger und zugehöriger Kabel, Stromnetzgeräte/Netzteile
- Protokollierung aller vorgenommenen Maßnahmen, bzgl. der EDV-Anlage mit genauer Uhrzeit/Asservatenverzeichnis, führen

Die nachfolgenden Aufnahmen dokumentieren exemplarisch die **Sicherstellung eines PC mit Monitor, Tastatur und Maus**.

Abb. 34 PC-Anlage Vorderseite

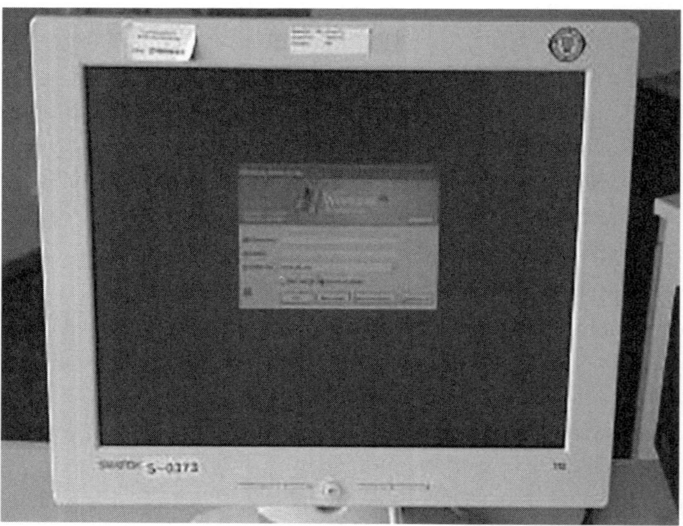

Abb. 35 Monitoransicht

Abb. 36 PC-Anlage Rückseite

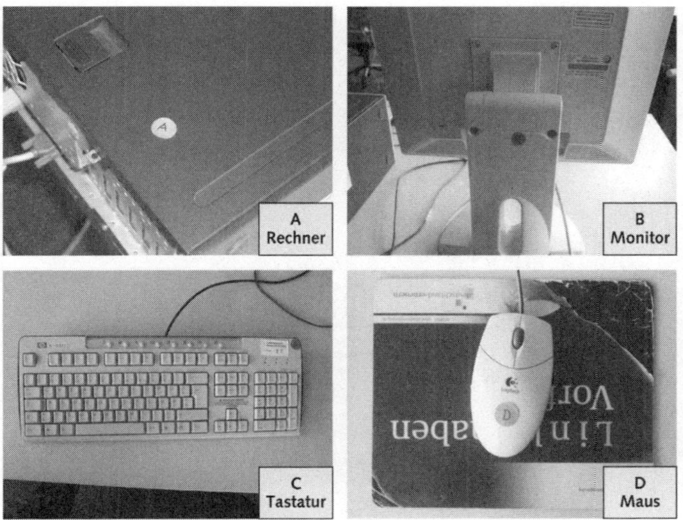

Abb. 37 Geräteeinheiten/Peripherie

Nachfolgend die schriftliche Dokumentation:

A Rechner

Abb. 38 Stromkabel Rechner

Netzstecker ziehen!!!

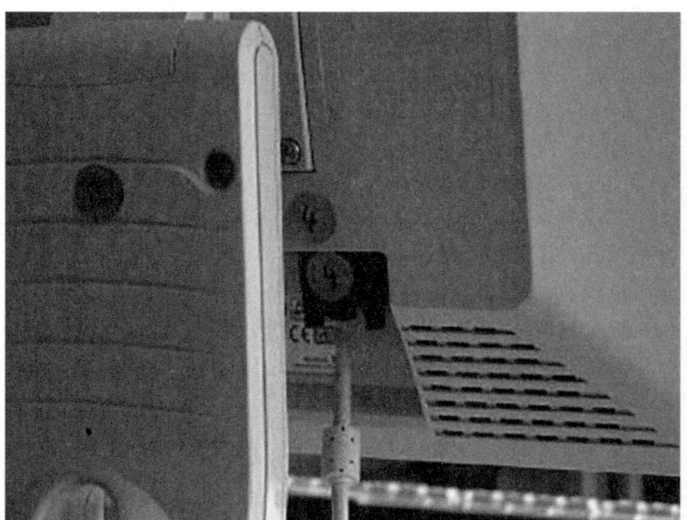

Abb. 39 Monitorkabel – Anschluss Monitor

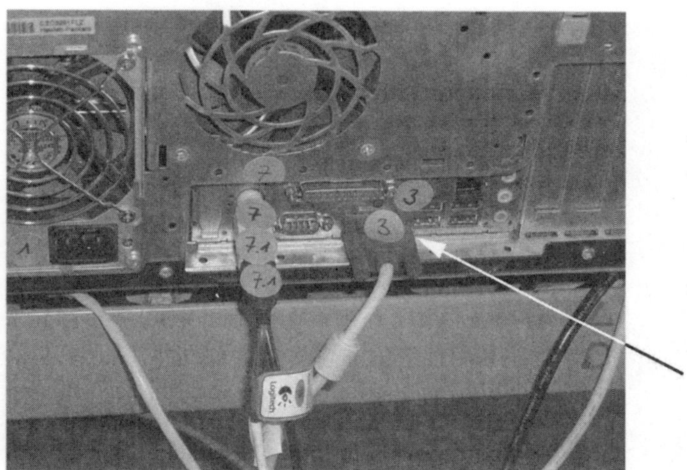

Abb. 40 Monitorkabel – Anschluss PC

Abb. 41 Stromkabel – Monitor

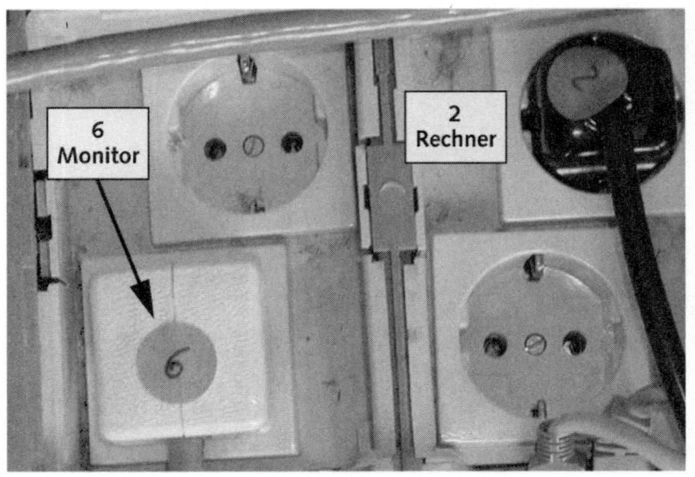

Abb. 42 Stromkabel Rechner und Monitor in Steckdosen

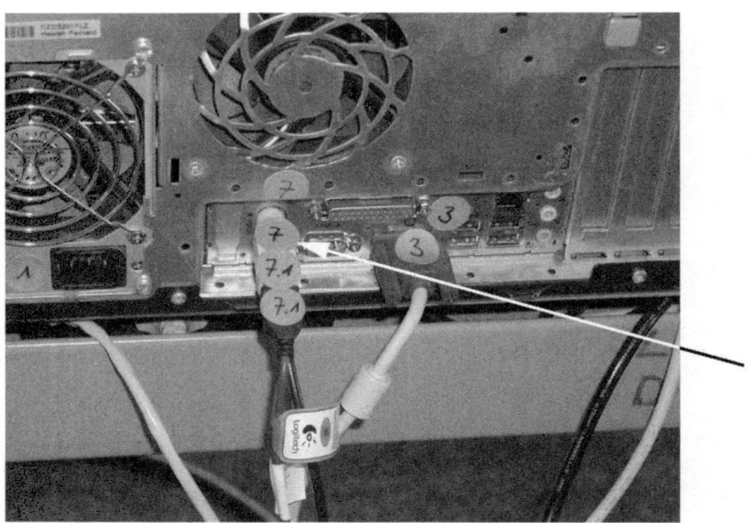

Abb. 43 Mauskabel per Adapter in Rechner

B Monitor

C Tastatur

D Maus

1 Stromkabel Rechner/Anschluss Rechner

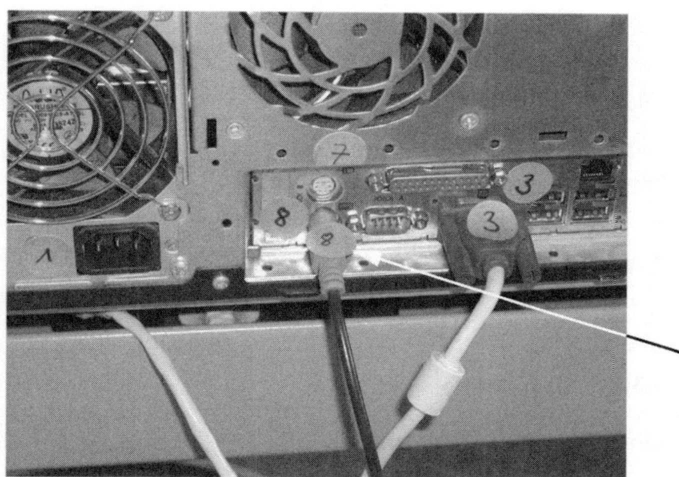

Abb. 44 Tastaturkabel in Rechner

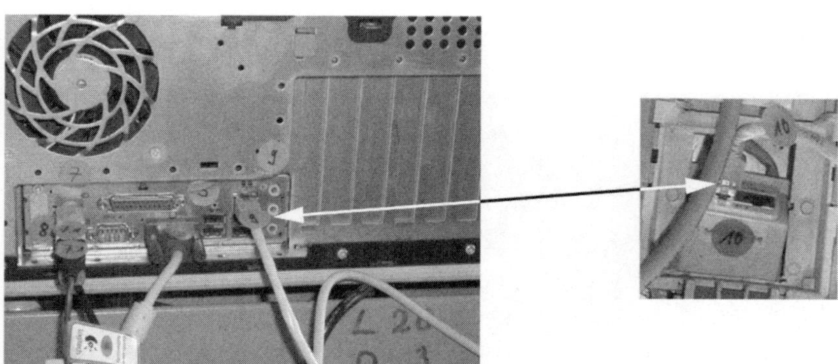

Abb. 45 Netzwerkkabel bei bestehendem Netzwerk

2	Stromkabel Rechner/Anschluss Steckdose
3	Monitorkabel/Anschluss Rechner
4	Monitorkabel/Anschluss Monitor
5	Stromkabel Monitor/Anschluss Monitor
6	Stromkabel Monitor/Anschluss Steckdose
7/7.1	Anschluss Maus über Adapter an Rechner
8	Kabel Tastatur in Rechner
9	Netzwerkkabel in Rechner
10	Netzwerkdose im Boden

USB-Speichermedien ohne Verbindung zu anderen Geräten (z. B. auf dem Schreibtisch liegend) werden am besten in Antistatikbeuteln oder normalen Plastikbeuteln asserviert.

Besteht eine Verbindung mit einem ausgeschalteten PC, wird das Speichermedium im Regelfall abgezogen und wie oben beschrieben asserviert.

Abb. 46 Abgebaute Geräteeinheiten/Peripherie

Abb. 47 Handbücher/Bedienungsanleitungen/Zubehör

Ist der verbundene PC eingeschaltet (kein Passwortschutz), kann die Sicherstellung wie oben erfolgen.

Bei Verbindung mit angeschaltetem PC und Passwortschutz darf das Speichermedium nicht abgezogen und der PC nicht abgeschaltet werden. Ohne Passwort bzw. andere Zugangsberechtigung ist kein Zugriff auf die Daten möglich – ggfls. Passwort erfragen bzw. Kontaktaufnahme mit Sachbearbeiter Cybercrime/Sachbearbeiter IT-Beweissicherung.

Werden **Datenbänder** sichergestellt, so ist das zugehörige Bandlaufwerk zu erheben (Auslesen der Daten!). Die Situation (angeschlossen, an-/ausgeschaltet) dokumentieren, Gerät gegebenenfalls ausschalten, entfernen und asservieren.

10.3 Netzwerke

Bei aktiven **Netzwerken in Firmen erfolgt die Sicherstellung der EDV-Anlage ausschließlich durch den Sachbearbeiter IT-Beweissicherung**.

Bei aktiven **Heimnetzwerken** (WLAN/LAN) erfolgt die Sicherstellung grundsätzlich durch den **Sachbearbeiter Cybercrime** oder einen **Sachbearbeiter IT-Beweissicherung**. Gegebenenfalls kann nach **Rücksprache** wie folgt vorgegangen werden.

- fotografische Dokumentation des WLAN/LAN
- eingeschaltete Rechner durch Ziehen des Stromnetz-Steckers am PC ausschalten
- sämtliche von dem Telefonhausanschluss ausgehenden Kabel ausstecken
- Ausstecken sämtlicher Netzwerkkabel
- Sicherstellung des WLAN-Routers
- Sicherstellung der Empfangsteile (USB/PCI-Karte)
- Erfragen eventueller Router-Passwörter – im Idealfall den Router prüfen, um festzustellen, welche PCs verbunden sind/waren
- evtl. weitere PCs, Laptops mit einbeziehen
- Abbau und vorsichtiges Asservieren (Asservatenverzeichnis führen) des gesamten Computerzubehörs – Rechner, Tastatur, Drucker, Scanner u. a. sowie aller externen Datenträger und zugehöriger Kabel, Stromnetzgeräte/Netzteile

Es wird auch hier empfohlen, alle Handbücher/Bedienungsanleitungen sicherzustellen, auch wenn es sich scheinbar um Standardwerke handelt.

Mögliche **WLAN-Geräte**, die bei Durchsuchungen angetroffen werden können, sind:

- WLAN-Router
- Laptops mit PCMCIA-Karte
- Laptops/PC mit WLAN-USB-Adapter
- Laptops/PC mit eingebauter WLAN-Karte
- PDA mit WLAN-Karte
- einzelne, nicht eingebaute Teile für WLAN-Netze

Zu erkennen sind die Geräte durch:

- Bezeichnungen wie WLAN, WiFi, Wireless, 11b, 54b u. a.
- Router mit einer oder mehreren Antennen
- Laptop mit seitlicher Einsteckkarte inkl. kleiner Beleuchtung bei Betrieb
- USB-Adapter ähnlich normalem USB-Stick mit Beleuchtung
- Stummelantenne an der Computerrückseite
- mehrere Computer ohne Netzwerkverkabelung

Zu beachten ist, dass nahezu alle elektronischen Geräte (kabellos) netzwerkfähig sein können (vgl. „Smart Home"-Anwendungen, „smarte" Assistenten).

Bei einer **Befragung/Vernehmung** (Beschuldigter, Geschädigter bei missbräuchlicher Nutzung seines Netzes) klären:

- seit wann wird das Netz betrieben
- wer hat das Netz eingerichtet
- wie viele Computer werden in diesem Netz betrieben
- ist bekannt, ob weitere WLAN-Netze in der näheren Umgebung betrieben werden
- sind außerdem Kabelverbindungen zu Computern vorhanden
- welche Einstellungen (Standard) oder welche Sicherheitsmaßnahmen wurden getroffen (Filter, Firewall)
- welcher Online-Dienst wird genutzt
- welcher Tarif (Flatrate, Volumentarif, zeitliche Begrenzung)
- sind Zugangskennungen im Router gespeichert

Beim Geschädigten zusätzlich:

- gab es bereits Angriffe gegen dieses Netz und sind diese protokolliert

- gibt es Hinweise/verdächtige Wahrnehmungen – „Warchalk“ (Zeichen, Hacking) – eigene Feststellungen (vgl. Kapitel 6)

10.4 Scanner/Drucker/Kombigeräte

Scanner dienen der Digitalisierung gedruckter Dokumente/Bilder etc. Auf internen Speichern können ältere Scanvorgänge gespeichert sein. Zur **Sicherstellung**

- ausgeschalteten Scanner nicht einschalten
- eingeschalteten Scanner ausschalten
- Verbindungen (z. B. USB, Bluetooth-Schnittstelle) dokumentieren
- öffnen der Scannerklappe, vorgefundene Vorlagen von der Glasplatte entfernen
- fixieren der Scannerklappe mit leicht ablösbarem Klebeband
- zugehörige Software, Kabel, Handbücher/Bedienungsanleitungen erheben

Drucker werden analog der Vorgehensweise beim Scanner sichergestellt. Wie auch beim Scanner ist zu überprüfen, ob er mit einem Netzwerk verbunden ist (Netzwerkkabel). Bei Einbindung in ein Netzwerk sollten Netzwerkname und IP der Geräte ermittelt werden. Drucker können auch über einen internen Speicher verfügen.

Sogenannte **Kombigeräte** (mit Fax-, Scanner-, Kopierer-, Druckerfunktion) verwenden teilweise Speicherkarten, die tatrelevante Informationen beinhalten können. Mittels der Faxfunktion wird die Übertragung von Druckwerken mittels Telefonleitung an ein anderes Faxgerät, einen PC, ein Mobilfunktelefon u. a. gewährleistet. Der Speicher eines Faxgerätes kann Schnellwahllisten, gespeicherte eingehende und/oder ausgehende Faxe, entsprechende Logprotokolle, Datums- und Zeitinformationen und Informationen über die Kopfzeile gesendeter Faxe (z. B. Name, Firma, Faxnummer) enthalten.

Ausgeschaltete Geräte nicht einschalten. Ist das Gerät eingeschaltet, sollten alle gespeicherten Daten und Detailinformationen dokumentiert werden (nach Bedienungsanleitung). Zur kompletten Sicherstellung alle Kabel, Netzteil und Informationen zur Bedienung erheben.

10.5 Digitalkamera

Mit **Digitalkameras** können Fotos und Videosequenzen gefertigt werden. Verwendete Speicher(-karten) können auch tatrelevante Daten enthalten. Bei deren Sicherstellung ist Folgendes zu beachten:

- ausgeschaltete Kamera nicht einschalten
- eingeschaltete Kamera ausschalten
- Asservierung der Kamera, zugehöriger Kabel, Software, Handbücher/Bedienungsanleitung

Abb. 48 Digitalkameras verfügen über einen Datenspeicher

10.6 Multimediale Unterhaltungsgeräte

Sie bieten ebenfalls die Möglichkeit, Daten zu speichern (interner Speicher/Festplatte, Speicherkarte) und sind deshalb beweisrelevant. Hierzu zählen

- MP3 Player
- Spielkonsolen (X-Box, Playstation, Gamecube u. a.)
- DVD HDD Rekorder
- Audio Festplatten Rekorder
- Smart-TV/Hybrid-TV

Bei deren Sicherstellung geht es ebenso um die Dokumentation (Fotografie, Beschreibung) und die Erhebung und Kennzeichnung von zugehörigen Kabeln, Netzteil und Bedienungsanleitung.

Teilweise können die Geräte auch illegale Kopien enthalten.

10.7 Mobilfunktelefon

Mobilfunktelefone können **tatrelevante Informationen** enthalten.[205] Möglich sind:

- Telefon-/Adressbuch (Telefonnummern, Namen, Adressen)

205 Mobilfunkstandards – GSM, UMTS und LTE. Vgl. Cyberkriminalität/Digitale Spuren, Jahresbericht, LKA Baden-Württemberg, 2013. Vgl. https://www.elektronik-kompendium.de/shop/buecher/kommunikationstechnik-fibel, 05.01.2017.

- Gewählte Telefonnummern
- Telefonnummern eingehender Anrufe
- Kontaktgruppen/Ruflisten
- Zeitstempel
- Kalendereinträge
- Notizen/Aufgaben
- Sprachaufzeichnungen
- Chatprotokolle und Kurznachrichten, SMS, MMS (erhalten, gesendet, ungesendet, gelöscht)
- Bilder
- Audio-/Videoaufzeichnungen
- E-Mail-Informationen
- Internetspuren
- Zugangsinformationen (PINs, Passwörter)
- Kreditkarteninformationen

Bei deren Sicherstellung sollte die nachfolgend beschriebene Vorgehensweise praktiziert werden.[206]

Mobilfunktelefon/Handy

ausgeschaltet:	**eingeschaltet:**
Sicherstellung – des Gerätes – von Ladegerät – von Lade-/Datenkabel – zugehöriger Software – von PIN/PUK-Unterlagen, PIN/PUK, Passwörter/ Gerätesperrcode erfragen ggfls. Mustersperre aufzeichnen – von Bedienungsanleitung, Vertrags-/Providerunterlagen, ggfls. Rechnungen	– nicht ausschalten, keine Eingaben vornehmen – alle sichtbaren Informationen dokumentieren (fotografisch/schriftlich, insbesondere Datum und Uhrzeit anhand der Menüanzeige) – möglichst Empfang verhindern (bei empfangsbereiten Mobilfunktelefonen besteht die Gefahr, dass auslesbare Informationen durch eingehende Anrufe und Kurznachrichten überschrieben werden), entsprechende Asservatenbehältnisse (speziell abschirmend) verwenden[183] – Stromversorgung sicherstellen (Ladegerät) – unverzüglich zur Auswertung an Sachbearbeiter IT-Beweissicherung weitergeben Sicherstellung der Gegenstände wie bei ausgeschaltetem Gerät!

Spurenträgereigenschaft berücksichtigen, Asservate nicht zerlegen: Gerät, SIM-Karte, Speicherkarte und Zubehör sind ein Asservat (Asservatenbehältnis, Asservatennummer), Speicherbereiche **nicht** selbstständig auslesen, vorgenommene Veränderungen dokumentieren, Beschädigungen feststellen und dokumentieren, zugehörigen PC bedenken, ggfls. ebenfalls sicherstellen.

206 Wird das ganze Handy mit Alufolie umwickelt, sind alle Sensoren blind; ähnlich funktioniert auch eine Handytasche mit dem Namen „Der Stalin", die wohl besser „Eiserner Vorhang" hieße, Frankfurter Allgemeine Sonntagszeitung, 24.11.2013.

Mobilfunktelefone können, unabhängig davon, ob eine SIM-Karte vorliegt, ausgelesen werden. Aus dem Gerätespeicher können auch Daten über die zuletzt eingelegte SIM-Karte gewonnen werden. Die Geräte dürfen nicht mit einer anderen SIM-Karte in Betrieb genommen werden. In diesem Fall würden beim Einschalten des Mobilfunktelefons die Ruflisten im Gerätespeicher unwiderruflich gelöscht werden. Darüber hinaus würden kartenspezifische Daten in den Gerätespeicher geladen und somit die jeweiligen bisher vorhandenen Daten überschrieben.

Lose aufgefundene SIM-Karten sollen ebenfalls sichergestellt werden. Auch abgelaufene Karten können ermittlungsrelevante Informationen beinhalten. Zum Auslesen einer SIM-Karte sind PIN oder PUK erforderlich. Wenn diese nicht vorliegen, sind sie über den Provider mittels Auskunftsersuchen zu erlangen. Benötigt wird hierzu die Kartennummer (ICC-ID)[207] der SIM. Diese kann meist von der SIM-Karte selbst abgelesen oder mittels SIM-Kartenlesegerät auch ohne Vorliegen von PIN und PUK ausgelesen werden. Handelt es sich um eine deutsche SIM-Karte, kann an den Provider ein Auskunftsersuchen nach § 113 TKG gestellt werden. Bei einer ausländischen SIM-Karte kann ein Rechtshilfeersuchen an das jeweilige Land gestellt werden.

Mittels der SIM-Kartennummer bzw. der auf der SIM-Karte gespeicherten IMSI können gemäß § 112 TKG beim Provider Anschlussinhaber und Rufnummer erhoben werden. Mittels der IMSI kann jedes GSM-Netz einen Teilnehmer weltweit eindeutig identifizieren.

Backup-Geräte (SIM-Kartenleser) zur Sicherung von Informationen, die auf SIM-Karten gespeichert sind, sollen, falls möglich, mit zugehörigem Handbuch sichergestellt werden. Eventuelle Stromnetzteile ebenfalls sicherstellen.

Abb. 49

207 Chipkarten, insbesondere für den Mobilfunk, haben eine eindeutige ICC-ID. (Integrated Circuit Card, auch Smartcard bezeichnet, ist eine spezielle Kunststoffkarte mit eingebautem integrierten Schaltkreis, auf dem Chip).

Die Bilder zeigen, dass ein Mobilfunktelefon nicht immer als solches erkannt werden muss. Nicht jedes Mobilfunktelefon trägt eine Modellbezeichnung. Anhand der ersten sechs Ziffern der IMEI kann das Telefon näher spezifiziert werden.

Die **systematische Auswertung von Mobilfunkdaten** (Funkzellenauswertung) hat sich zu einem wichtigen Instrument bei der Aufklärung schwerer Verbrechen und Bandendelikte entwickelt. Mit entsprechender Auswertesoftware gelingt es, elektronische Täterspuren in Mobilfunkdaten herauszufiltern.[208]

10.8 PDA und Co

Unter dem Begriff PDA werden elektronische Taschengeräte mit unterschiedlichen Ausprägungen (**Organizer/Digital Diaries/Pocket-PC,** siehe Bild unten) zusammengefasst. Eine Verschmelzung zwischen PDA und Handy findet sich im **Smartphone**. Smartphones können über zusätzliche Programme (sogenannte Apps) vom Anwender individuell mit neuen Funktionen aufgerüstet werden. Die Geräte ermöglichen dem Benutzer, Daten zu speichern, zu verwalten und mit anderen Geräten (z. B. PC) auszutauschen. Die Geräte können folgende Informationen enthalten:

- persönliche Informationen wie Namen, Adressen u. a.
- E-Mails
- Termine (z. B. Outlook)
- Internet-Spuren
- WLAN-/Netzwerk-Einstellungen
- Dokumente (z. B. Office)
- Fotos/Videos/Musik

bei vorhandener Navigationssoftware und GPS:

- Routen/Pläne
- gespeicherte GPS-Positionen
- persönliche POI (Points of Interest = interessante Punkte)

GPS-Chips in unterschiedlichsten Endgeräten (Smartphones mit integriertem GPS-Empfänger, aktuelle Digitalkameras, u. a.) erheben Standortinfor-

208 *Haberberger/Talarczyk,* Elektronische Spurensuche in Mobilfunkdaten, in: der kriminalist 9/2007.

mationen, verbinden diese mit (Media-)Dateien und können sie auch dauerhaft speichern. Der Standort wird per GPS-Signal ermittelt und zu dem aufgenommenen Bild als erweiterte, bildbegleitende Informationen gespeichert. Falls nur schlechte oder gar keine GPS-Signale (z. B. in Gebäuden, bei schlechtem Wetter o. Ä.) vorhanden sind, können Mobilfunktelefone auch auf die ungenaueren GSM- oder WLAN-Standortdaten zurückgreifen und diese als Standort eintragen. Die Daten können bei Bedarf exportiert und z. B. mit Google Earth visuell angezeigt werden. Damit ist über die gespeicherte Information in den Bildeigenschaften die Bestimmung des Ortes einer Fotoaufnahme auswertbar. Entsprechende Auswertungen erfolgen durch den Sachbearbeiter ITB und **dienen der Ermittlung des Tatortes/Aufnahmeortes.**[209]

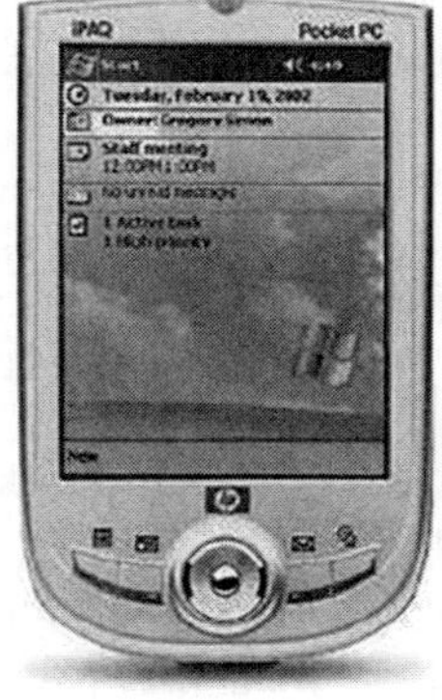

Abb. 50

Zur **Sicherstellung**:

- ausgeschaltetes Gerät nicht einschalten
- eingeschaltetes Gerät nicht ausschalten, keine Veränderungen am Gerät vornehmen
- Sicherstellung von Gerät und Ladegerät, Lade-/Datenkabel und zugehörige Software, Bedienungsanleitung
- Stromversorgung gewährleisten
- Passwort oder sonstige Schutzfunktionen/Programme erfragen

Die Ausführungen betreffen auch **andere Geräte** mit Computerfunktionalität, wie Tablet-PCs, E-Book-Reader, Navigationsgeräte.

10.9 Asservierung/Untersuchungsantrag

Alle sichergestellten Gegenstände müssen **vorsichtig behandelt und gegen Beschädigung oder Veränderung geschützt** werden. Sie sind entsprechend zu verpacken und eindeutig zu kennzeichnen – Warnhinweise „Zerbrechlich", z. B. bei zu versendender PC-Anlage, „Achtung Datenträger".

Insbesondere müssen die Asservate **vor Licht-/Magnetstrahlung, Feuchtigkeit, extremen Temperaturen geschützt** und **Erschütterungen vermieden**

209 Landeslage BLKA vom 20.06.2010/PP München; LKA BW, Fachgruppe 624.

werden, gegebenenfalls ist der **Ladezustand** der Akkus zu beachten (Stromversorgung).

Eine **zeitnahe Weitergabe** zur Auswertung durch die **Fachdienststelle** ist anzustreben.

Durch **Befragung/Vernehmung** sollten Passworte/Anmeldenamen, jegliche Arten von Verschlüsselung, Hardwareschutz, ID-Karten, Fingerabdruckscanner, **Speicherplatz außerhalb der durchsuchten Räumlichkeiten** (ausgelagert im Web) und verwendete Softwareprodukte ermittelt werden. Aussagen bzgl. der Nutzung (Zugang, Verwendung u. a.) stützen die Auswertung gesicherter Beweismittel.

Zur Auswertung durch den Sachbearbeiter IT-Beweissicherung bedarf es eines schriftlichen **Untersuchungsantrags**, gegebenenfalls nach erfolgter Rücksprache. Als **Anlagen** sind Vernehmungsprotokolle und Durchsuchungsbericht/Niederschrift über Durchsuchung und Beschlagnahme beizufügen.

Spezielle **Geschäftsprozesse** treffen Regelungen zur Weitergabe digitaler Beweismittel an die Auswertungsstellen.

Im Hinblick auf die Speicherdauer beim Provider sollte eine **Anordnung** zur Beweissicherung unverzüglich beantragt werden.

11 Happy Slapping/SNUFF-Video

Die Aufnahmen stellen **Szenen** entweder in einer gewaltverherrlichenden/-verharmlosenden oder in einer die Menschenwürde verletzenden Art und Weise dar. Das **„fröhliche Schlagen" (engl. Happy Slapping)** ermöglicht entsprechende Aufnahmen (engl. Clips), die dann u. a. per Bluetooth-Schnittstelle zwischen den Mobilfunktelefonen weitergegeben, ins Internet auf Videoplattformen eingestellt oder per E-Mail versandt werden.

Abb. 51

Phänomene mit ähnlichen Merkmalen sind das Herunterladen/Verbreiten von sogenannten **SNUFF-Videos** (engl.: umgangssprachlich „jemanden auslöschen") sowie Videos mit pornografischem oder rechtsextremistischem Inhalt, aber auch die Verbreitung privater und intimer Aufnahmen, besonders von Lehrern.[210]

Mögliche **Tatbestände**, die je nach Darstellung zu prüfen wären, sind u. a.:

- Körperverletzungsdelikte – §§ 223 ff. StGB
- Anleitung zu Straftaten – § 130a StGB
- Gewaltdarstellung – § 131 StGB
- Verbreitung pornografischer Schriften – §§ 184 ff. StGB
- Beleidigung – § 185 StGB
- Verleumdung – § 187 StGB
- Verletzung des höchstpersönlichen Lebensbereichs durch Bildaufnahmen – § 201a StGB
- Nötigung, Bedrohung – §§ 240, 241 StGB
- Straftaten gegen die sexuelle Selbstbestimmung – §§ 174 ff. StGB
- Unterlassene Hilfeleistung – § 323c StGB
- Verwenden von Kennzeichen verfassungswidriger Organisationen – § 86a StGB
- Volksverhetzung – § 130 StGB

210 *Feist*, Happy Slapping – Phänomenologie, Hessische Polizeischule Wiesbaden, in: der kriminalist 2/2009.

Eine Verbreitung entsprechender Medien mit Gewaltszenen kann auch einen Verstoß gegen jugendschutzrechtliche Bestimmungen[211] verwirklichen. Auch einschlägige Bestimmungen des Kunsturheberrechtsgesetzes[212] sind zu prüfen.

Bei den **Tätern** von Happy Slapping-Straftaten handelt es sich zumeist um jugendliche Schüler. Die **Opfer** werden zufällig oder bewusst ausgewählt. Happy Slapping wird durch verschiedene Formen körperlicher Gewalt begangen: Provozieren durch Schubsen, Schlagen und Treten. Es wurden sogar Fälle bekannt, bei denen Mädchen vergewaltigt wurden.[213]

Maßnahmen:

- Sicherstellung des Handys (vgl. Kapitel 10.7)
- Identitätsfeststellung, Vernehmung
- Feststellung von Geschädigten/Zeugen
- Folgemaßnahmen prüfen (z. B. Wohnungsdurchsuchung, Ermittlungen zum Tatort des Ausgangsszenarios, Tatortarbeit)
- gegebenenfalls Meldung an Jugendamt
- abschließende Sachbearbeitung (Bezirksdienst/Jugendsachbearbeiter, evtl. Kriminalpolizei)

Aktuelle Entwicklungen betreffen auch Gewaltattacken gegen Polizeibeamte und deren Verbreitung in Internetforen und sozialen Netzwerken, großteils zum Zwecke der Selbstinszenierung durch die Täter. In diesem Zusammenhang sind neben oben aufgeführten Straftaten Widerstandshandlungen gemäß §§ 113, 114 StGB (Widerstand gegen Vollstreckungsbeamte, Tätlicher Angriff auf Vollstreckungsbeamte) strafbewehrt.[214]

---

211 §§ 15, 27 JuSchG.

212 §§ 22, 33 KunstUrhG.

213 *Feist*, vgl. FN 187.

214 Vgl. Frankfurter Allgemeine Sonntagszeitung vom 28.06.2020, „Ihr seid so krass – Wie Jugendliche sich in „Happy Slapping“-Videos mit Straftaten brüsten und andere dazu ermutigen.“

12 Kinderpornografische Schriften

Gegen den Begriff Kinderpornografie ist mehrfach eingewandt worden, er verharmlose die Strafbarkeit. Dementsprechend wurde im Richtlinienentwurf der EU zur Aufhebung des Rahmenbeschlusses 2004/68/JI auch der Begriff „**child abuse material**" (Darstellungen des sexuellen Kindesmissbrauchs) aufgenommen.[215]

Das Internet bietet die Bandbreite für den komfortablen Austausch und Konsum von jeglichen Medieninhalten und ist dabei in seiner Differenziertheit und Vielfalt unübertroffen. Der pädosexuell orientierte Nutzer muss nicht mehr zu dubiosen Verkaufsstellen gehen, um Material zu erhalten. Er kann seiner Neigung lange frönen, ohne sich outen zu müssen. Das Internet bietet ihm ein Gefühl der Anonymität und direkten Zugang zu Gleichgesinnten.

Die **Inhalte** pädosexueller Bild- und Filminhalte reichen von FKK-, Unterwäsche- und Wickel-, Modell- und Posing-Bildern über Bilder mit sexuellen Aktivitäten zwischen Kindern, „zärtlichen" sexuellen Aktivitäten zwischen Kindern und Erwachsenen bis hin zu Bildern, in denen Kinder durch Erwachsene oral, vaginal oder anal penetriert werden. Schließlich gibt es noch die Kategorie, in der sadistische, grausame Handlungen an Kindern gezeigt werden. Aber auch andere Motive wie gefesselte Kinder, urinierende oder kotende Kinder, verletzte oder kranke Kinder bis hin zu sexuellen Praktiken mit Tieren. Alle Erscheinungsformen sind wiederum in unterschiedlichen Altersstufen und zu beiden Geschlechtern zu finden. Wahlweise sollen die Kinder sexuell provozierend, glücklich, schüchtern, gedemütigt oder verängstigt wirken.[216]

Es wird zwischen verschiedenen **Typologien und Motivlagen der Konsumenten und Hersteller** unterschieden. Bei entsprechenden Hinweisen sind die Tathandlungen i. S. d. § 184b StGB (Verbreitung, Erwerb und Besitz kinderpornografischer Schriften) zu bewerten.

Wiederkehrend gravierende Fälle von Kindesmissbrauch und dessen Verbreitung im Internet beeinflussen die öffentliche Diskussion und die Forde-

215 Vgl. Forschungsbericht der Leibniz Universität Hannover „Herstellung und Verbreitung der Kinderpornografie über das Internet", Mai 2011. *Meier*, Mitautor der Studie, behandelt das Thema auch in „Täter-Taten-Opfer, Grundlagenfragen und aktuelle Probleme der Kriminalität und ihrer Kontrolle", in: Dölling/Jehle (Hrsg.), Neue Kriminologische Schriftenreihe der Kriminologischen Gesellschaft e.V., Band 114, 2013; vgl. www.jura.uni-hannover.de

216 *Stewen*, Die Herausforderung Internet – dargestellt an den Deliktsbereichen Kinderpornografie und sexueller Missbrauch von Kindern, in: der kriminalist 5/2008.

rungen an den Gesetzgeber nach Strafverschärfungen. Das Internet dient geradezu als Katalysator in diesem Deliktsbereich.

Verdachtsmomente lassen sich am **Datenbestand des Beschuldigten** überprüfen. Dem oft erhobenen Einwand, dass versierte Täter ihre Spuren mit entsprechenden Tools verwischen können, muss entgegengehalten werden, dass in den meisten Fällen schließlich die Bequemlichkeit siegt. Weiter muss man sich vor Augen halten, dass in der Regel digitalisierte Vorgänge mehrfach, durch die jeweils beteiligte Anwendung oder gar Hardware und durch das Betriebssystem protokolliert werden. Auch die Erkenntnis, dass bestimmte Aktivitäten bewusst verschleiert wurden, kann helfen, den Fall entsprechend einzuschätzen.[217]

Die **gezielte Auswertung der Datenbestände** setzt eine geeignete **Datenaufbereitung** und **-reduktion** seitens des Sachbearbeiters IT-Beweissicherung mit Einsatz entsprechender Software voraus. Auf dieser Basis muss sich der kriminalistische Sachbearbeiter nicht mit einer Flut von Bildern und Filmen befassen, die nicht verfahrensrelevant sind – Ressourcen werden freigesetzt.

Die Einführung einer Hash-Datenbank Pornografische Schriften (HashDB PS) als zentrale kriminalpolizeiliche Sammlung von Hashwerten aller bekannten kinder- und jugendpornografischen Dateien führt zu einer deutlichen Reduktion der manuell zu bewertenden Dateien und damit zu einer Beschleunigung der Auswertung von digitalen Asservaten. Bei einem Hashwert handelt es sich um den digitalen Fingerabdruck einer Datei. Die von den Bundesländern angelieferten Hashwerte können über ein Portal des BKA zum Download zur Verfügung gestellt werden.[218]

Maßnahmen:

- Feststellung von Mitteilern/Zeugen
- Anzeigenaufnahme/Vernehmung:
  - Datum, Uhrzeit der verdächtigen Wahrnehmung festhalten
  - wurden bereits Daten gesichert (z. B. Bilder in Form von Screenshots)
  - in welchem Internet-Dienst wurden die Inhalte festgestellt (Adresse im „www", Pop-up-Fenster auf einer Seite, Foreneintrag/Eintrag in sozialem Netzwerk, Link auf Video in Videoportal, Thumbnail[219], E-Mail mit Anhang oder Link)

217 *Stewen*, vgl. FN 216.

218 Vgl. Cybercrime/Digitale Spuren, Jahresbericht, LKA BW, 2016.

219 Bei einem sogenannten Thumbnail handelt es sich um ein miniaturisiertes Vorschaubild.

  - Erhebung der entsprechenden Internetadresse
  - Festhalten der genauen Bezeichnung sowie eventuell benutzter Links (hinterlegte Bilder, Texte)
  - Festhalten einer beim Seitenaufbau genannten IP (z. B. „Verbindung wird aufgebaut zu http://123.213.221.000/index.html")
  - keinesfalls soll der Anzeigeerstatter eigenhändig recherchieren
- Einschaltung des Sachbearbeiters Kinderpornografie und des Sachbearbeiters Cybercrime zur Absprache der weiteren Vorgehensweise
- Überprüfung der Internetadresse (eingeben am Dienstrechner) – keine weiteren Aufrufe der Seiten bei Mitteilern/Zeugen veranlassen
- Seiten ermitteln und sichern (ausdrucken/speichern) – durch die Polizei möglich
- „Whois"-Abfrage zur Feststellung des Verantwortlichen (Identifizierung des Domaininhabers)
- Feststellung der Herkunft durch Auslesen des E-Mail-Headers bei Zusendung von Tatmaterial mittels E-Mail
- auf Bild-/Videodateien mit besonderem Dateiformat oder Komprimierungsverfahren bzw. nicht erkennbar, entsprechend hinweisen
- zu Newsgroups (engl.: Nachrichtengruppen) muss die Namensbezeichnung (detailliert) mit Titel (Betreff) der Meldung, Datum und Inhalt festgehalten werden – Ausdruck beim Anzeigeerstatter erheben, ggfls. Versand als Attachment einer E-Mail an aufnehmende Dienststelle veranlassen
- abschließende Sachbearbeitung durch Kriminalpolizei

Bezüglich einer möglichen **Strafbarkeit des Hinweisgebers/Anzeigeerstatters** sind die Vorgaben der örtlichen Staatsanwaltschaft zu beachten.

Gezielte Suche entsprechenden Bildmaterials ist immer tatrelevant.

Wird das Bild/die Internetseite zufällig entdeckt und nur zum Zwecke der Weitergabe für die Polizei gespeichert, wird es unverzüglich an diese weitergeleitet, wird das Bild/die Internetseite sonst niemandem gezeigt (verbreitet) und wird das Bild/die Internetseite nach Weiterleitung an die Polizei sofort vollständig gelöscht, so sprechen diese Umstände gegen tatrelevantes Verhalten.

Dementsprechend dürfte kein Vorsatz zum Besitz unterstellt werden, wenn sich die betreffende Internetseite lediglich im Verlauf des jeweiligen Browsers (z. B. Microsoft Explorer) befindet. Nach Vorlage einer Anzeige mit den erforderlichen Belehrungen (§ 55 StPO – Auskunftsverweigerungsrecht, §§ 163a, 136 StPO – Beschuldigtenrechte) wird diese in der Regel eingestellt.

Zum verbesserten Schutz von Kindern vor Cybergrooming[220] hat der Gesetzgeber eine eng begrenzte Befugnis für die Herstellung und den Einsatz von computergeneriertem kinderpornografischem Material im strafrechtlichen Ermittlungsverfahren geschaffen. Damit sind zum 13.03.2020 sowohl ein Ausnahmetatbestand von der Strafbarkeit des Verbreitens und Herstellens kinderpornografischer Schriften, sofern diese für dienstliche Handlungen im Rahmen strafrechtlicher Ermittlungsverfahren künstlich erzeugt wurden (§ 184b Abs. 5 S. 2 StGB), als auch eine strafprozessuale Ermächtigungsgrundlage für den Einsatz computergenerierter kinderpornografischer Schriften (§ 110d StPO) in Kraft getreten.[221]

220 Cybergrooming (engl.: to groom für pflegen, putzen) bezeichnet allgemein die Kontaktaufnahme zu Kindern und Jugendlichen seitens der Täterschaft über das Internet aus sexueller Motivation.

221 Siebenundfünfzigstes Gesetz zur Änderung des Strafgesetzbuches (und der Strafprozessordnung) – Versuchsstrafbarkeit des Cybergroomings vom 03.03.2020 (BGBl. I S. 431).

13 Betrug bei Internetauktionen

Betrugshandlungen im Zusammenhang mit Internetauktionen nehmen stark zu.

Nach gängigem **Modus Operandi** bezahlt der Käufer die ersteigerte Ware, die dann aber so nicht geliefert wird. Der Verkäufer tritt unter einem Pseudonym auf, Versuche zur Kontaktaufnahme über E-Mail scheitern. Betrüger nutzen hierzu auch sogenannte **Fake-Shops** (engl., gefälschte Internet-Verkaufsplattformen). Diese sind von seriösen Online-Shops auf den ersten Blick kaum zu unterscheiden, versenden aber minderwertige Ware, obwohl der Käufer reguläre Ware erwartet und einen entsprechenden Preis dafür bezahlt hat.

Es ergibt sich der **Anfangsverdacht** des **Warenbetrug**es (§ 263 StGB). Im Rahmen der Ermittlungen bedarf es folgender **Maßnahmen**:

Vernehmung des **Anzeigeerstatters**

- genaue Angabe der erworbenen Ware und der Artikelnummer
- wann (Angebot und Zuschlag bzw. Sofortkauf)
- unter welcher Bezeichnung ist der Anbieter aufgetreten
- Zahlung geleistet, wann und gegebenenfalls auf welches Konto
- weiterer Kontakt (E-Mail u. a.), weitere Absprachen, Mahnungen etc., wann mit wem

Erheben von **Unterlagen**

- Ausdruck des Auktionsverlaufs (vor allem Angebot und Zuschlag) und zugehörige E-Mails vom Anzeigeerstatter oder über das Internet bei der Auktionsplattform mit Hilfe der Artikelnummer
- Einzahlungs-/Überweisungsbeleg

Weitere Ermittlungen

- Anfrage zu Nutzerpersonalien bei Auktionsplattform[222]
- gegebenenfalls Anfrage zum Kontoinhaber und eventuellen weiteren verfügungsberechtigten Personen im automatisierten Verfahren zum Abruf von Kontoinformationen bei der BaFin bzw., falls weitere Informationen erforderlich erscheinen, Auskunftsersuchen an Bank über Staatsanwaltschaft[223]

222 §§ 163, 161a StPO, vgl. Kapitel 20.5.

223 §§ 163, 161a StPO, vgl. Kapitel 20.5.

- Ermittlungen zur Identität über den Provider der E-Mail-Adresse[224]
- Überprüfung der Identität des Anbieters anhand EMA oder sonstiger relevanter Dateien (MeldIT – Meldeportal der Einwohnermeldeämter)
- je nach Geschäfts-/Wohnsitz des Beschuldigten Abgabe des Verfahrens an örtlich zuständige Polizeidienststelle (bei eingeschalteter Staatsanwaltschaft mit deren Beteiligung)
- bei eigener örtlicher Zuständigkeit, Prüfung ob Anhaltspunkte für weitere betrügerische Angebote bestehen (Verdachtsgewinnung z. B. über Bewertungen von Nutzern der Auktionsplattform), gegebenenfalls Identifizierung weiterer Geschädigter über deren Nutzerkennung bzw. durch Erhebung von Übersichten über vom Anbieter genutzte Bankkonten und entsprechende Anfragen bei Einzahlern
- Durchsuchungsmaßnahmen beim Beschuldigten prüfen
- Beschuldigtenvernehmung

Einzelne **Anbieter** (z. B. Ebay) stellen einen **Leitfaden** zu Auskunftsersuchen von Strafverfolgungsbehörden bereit. Teils werden im automatisierten Verfahren sogenannte Webformulare für die Ermittlungsbehörden bereitgestellt. Für die Sachbearbeitung ist in **ComVor** (computergestützte Vorgangsbearbeitung in Baden-Württemberg) eine Vorlage vorhanden.

Automatisierte, professionelle **Such- und Rechercheprogramme** dienen der **Beweisführung im Zusammenhang mit Internetauktionen** bei serien- und gewerbsmäßig begangenen Straftaten.[225]

Die Tatbegehungsweisen variieren. Für den polizeilichen Sachbearbeiter ist es bedeutsam, sich neben dem Anzeigenaufkommen über das Kriminalitätsphänomen zu informieren.[226]

Das **Tatmittel Internet** leistet dem Betrug jedweder Art Vorschub.

So beim „CEO-Fraud“, dem Chef-Betrug, bei dem der Täter zunächst herausfindet, wie E-Mails in einem Unternehmen formatiert werden, welche Mitarbeiter für welchen Bereich zuständig und wie sie erreichbar sind. Entsprechend gibt er sich als Geschäftsführer oder wichtiger Handelspartner aus und überzeugt die Zuständigen, Geld auf ein Konto im Ausland zu überweisen. Eine simple Masche, die laut dem FBI Unternehmen in den letzten fünf Jahren weltweit mindestens zwölf Milliarden Dollar gekostet hat.[227]

224 § 14 TMG, vgl. Kapitel 20.4.

225 *Fischer*, Internet-Auktionen – Kaum gestohlen schon bei eBay, in: der kriminalist 2/2008.

226 Vgl. Die neuen Betrugsmaschen im Netz – Amazon, Paypal, Ebay – überall lauern Betrüger, www.faz.net, 04.01.2017.

227 *Heller*, Psychologie für Hacker, Frankfurter Allgemeine Sonntagszeitung, 11.08.2019.

Beim modernen Heiratsschwindel, dem „Romance Scamming“ (engl. auch Love Scam für Liebesbetrug) wird den Opfern, die in verschiedensten Internet-Foren auf der Suche nach der großen Liebe sind, durch intensiven Kontakt „via Internet“ und mit gefälschtem Profil (erkennbare Daten mit gegebenenfalls falschem Profilbild) eine Liebesbeziehung in Aussicht gestellt. Sobald ein tiefes Vertrauensverhältnis aufgebaut ist, täuschen die „virtuellen“ Partner eine Notlage oder Ähnliches vor, um ihre Opfer zu Geldzahlungen zu bewegen. In der Regel findet kein persönlicher Kontakt zwischen Täter und Opfer statt.[228]

228 *Wernert*, Internetkriminalität, Sicherheit im Alter, Seniorenreport Thüringen, Juni 2019.

14 Urheberrechtsverletzungen

Es gehört zu den ausschließlichen Rechten des Urhebers (z. B. Autor, Komponist) und/oder sonstiger Rechteinhaber (z. B. Verlag, ausübender Künstler, Tonträgerhersteller), Werke (Musik, Lieder, Filme, Texte, Fotos, Grafiken) öffentlich zugänglich zu machen, wie z. B. ins Internet einzustellen. Verstöße sind nach dem **UrhG** mit Strafe bedroht. Die urheberrechtlichen Strafvorschriften finden sich in den §§ 106 ff. UrhG (vgl. Kapitel 20.2).

Das **Kopieren von geschützten Werken** (z. B. Musik, Filme) ist generell verboten. Nach dem UrhG dürfen wirksame technische Maßnahmen ohne Zustimmung des Rechteinhabers nicht umgangen werden. Werden z. B. Kopien unter Umgehung eines Kopierschutzes angefertigt, über den Privatgebrauch hinaus vervielfältigt und danach verkauft, sind Tatbestände des UrhG verwirklicht.

Maßnahmen:

- Durchsuchung (Ermittlungs-) zur Beweismittelsicherung
- verfahrens- und vollstreckungssichernde Beschlagnahme der Datenträger etc.
- verfahrens- und vollstreckungssichernde Beschlagnahme der EDV-Anlage (Beweismittel, Tatmittel)
- Auswertung der EDV-Anlage über Sachbearbeiter IT-Beweissicherung
- Ermittlung von Zeugen (gegebenenfalls „Kunden"), Vernehmungen
- Beschuldigtenvernehmung

Das **Privileg des privaten Gebrauchs** ist ebenfalls im UrhG geregelt (§ 53 UrhG). Danach ist es erlaubt, einige wenige Vervielfältigungsstücke zum privaten Gebrauch herzustellen. Eine Privilegierung ist jedoch nicht gegeben, wenn die Vervielfältigung von einer offensichtlich rechtswidrig hergestellten Vorlage stammt. Unabhängig davon, dass es im Einzelfall schwierig ist, was „offensichtlich rechtswidrig" ist, kommt es nach dem Europäischen Gerichtshof (EuGH) auf das Merkmal des „Offensichtlichen" nicht mehr an.[229] Online-Tauschbörsen sind grundsätzlich illegal, da keine Erlaubnisse der Rechteinhaber vorliegen. Deshalb macht sich derjenige strafbar, der sich Musik aus einer solchen Tauschbörse zum privaten Gebrauch herunterlädt – die Vervielfältigung stammt aus einer rechtswidrig hergestellten Vorlage.

---

229 *von Hartz*, Uhren, Streaming und Co. – Produktpirateriefälle, EuGH-Urteil v. 10.04.2014, C-435/12 – ACI, in: der kriminalist 11/2016.

Bei Einstellungen im Internet obliegt es dem Betreiber des Angebots, in seinen Geschäftsbedingungen zu regeln, was gestattet ist und was nicht. So heißt es beispielsweise unter Ziffer 6 K der Nutzungsbedingungen von YouTube, dass man Videos nur streamen, nicht aber ohne Genehmigung herunterladen darf.[230]

Regelungen der **Justiz** aus dem Jahre 2008 zufolge werden illegale Downloads unterhalb einer gewissen **Erheblichkeitsschwelle** nicht strafrechtlich verfolgt, zivilrechtliche Ansprüche bleiben davon unberührt. Eine eindeutige Vorgabe, ab wann die Staatsanwaltschaft tätig werden muss, existiert im Bereich „Filesharing".[231]

Eine Welle von sogenannten Streaming-Abmahnungen wegen angeblich widerrechtlichen Konsums von Pornovideos auf einem Streaming-Portal forciert die Fragestellung, inwieweit das bloße **Betrachten von Streams** im Internet eine Urheberrechtsverletzung darstellt.

Experten teilen die aktuelle Einschätzung des Bundesjustizministeriums, dass Streamings rechtlich nicht als illegale Kopie zu gelten haben. Abmahnanwälte und ihre Auftraggeber vertreten hingegen die Ansicht, dass das Zwischenspeichern der Streams im Arbeitsspeicher schon eine Vervielfältigung im Sinne des Gesetzes ist und Streamingkonsum damit gegen das Urheberrecht verstößt. Die Bundesregierung betont, dass die Frage noch nicht höchstrichterlich geklärt ist.[232]

Indizien weisen darauf hin, dass den Streaming-Abmahnungen ein Betrug mehrerer Beteiligter zugrunde liegen könnte.

Am 27.06.2013 hat der Deutsche Bundestag ein Maßnahmenpaket gegen unseriöse Geschäftspraktiken beschlossen. Im Rahmen des Maßnahmenpakets sind die Rechte der Verbraucher bei überhöhten Abmahngebühren im Zusammenhang mit Urheberrechtsverletzungen gestärkt worden.

Streaming bewegt sich **juristisch immer noch in einer gewissen Grauzone.**

Zu einer Haftstrafe von vier Jahren und sechs Monaten wurde der Gründer und Betreiber des illegalen Internetfilmportals Kino.to durch das Landgericht Leipzig verurteilt. Neben Kino.to war er auch für einen sogenannten Filehoster[233] verantwortlich, auf dem die **illegal kopierten Filme** gespeichert waren.

230 Stand November 2016, https://irights.info

231 Offizialdelikt gem. § 108b UrhG, Schadensgrenze 3.000 €, vgl. Kapitel 20, vgl. www.juraforum.de

232 „Regierung: Betrachten von Streams verstößt nicht gegen Urheberrecht", www.heise.de, 07.01.2014.

233 Als Filehoster werden Internetdienstanbieter bezeichnet, bei denen der Anwender Dateien unmittelbar mit oder ohne vorherige Anmeldeprozedur speichern oder herunterladen kann. Vgl. Cyberkriminalität/Digitale Spuren, Jahresbericht, LKA Baden-Württemberg, 2013.

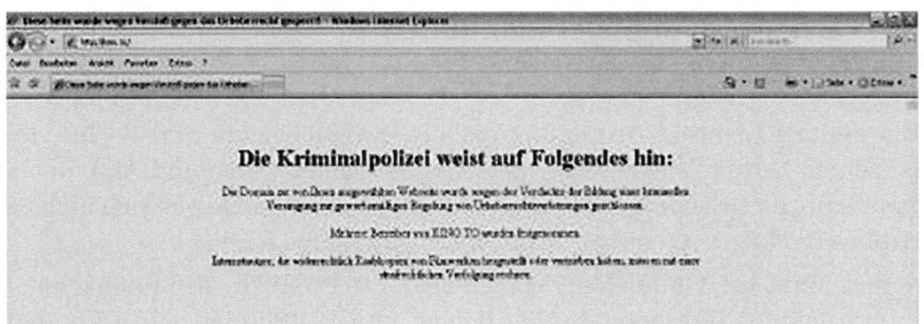

Abb. 52 Gesperrte Internetseite www.kino.to, Ansicht vom 17.06.2011

Über Kino.to – bis zu seiner Sperrung das größte deutschsprachige Streaming-Portal – waren rund 135.000 raubkopierte Filme, Serien und Dokumentationen abrufbar. Die auf den Seiten geschaltete Werbung führte die Nutzer häufig auf Abzockseiten und in Abofallen.[234]

Jenseits dieser großen Fälle der gewerbsmäßigen Urheberrechtsverletzung sind die Zahlen rückläufig. Der Rückgang bei Strafanzeigen und -anträgen ist u. a. darauf zurückzuführen, dass das „Spielen über Bande", d. h. das Benutzen der Strafverfolgungsbehörden zur Informationserlangung über die Täteridentität, nicht mehr erforderlich ist. Seit 2008 besteht – in Umsetzung der EU-Richtlinie 2004/48/EG – ein eigenständiger, privatrechtlicher Auskunftsanspruch von Privatpersonen gegen die Provider, § 101 Abs. 2 UrhG.[235]

Eine **Reform des Urheberrechts** soll es den Erfordernissen und Herausforderungen des digitalen Zeitalters anpassen und dabei die digitalen Nutzungspraktiken berücksichtigen. Neu geschaffene Regelungen traten am 01.03.2018 in Kraft. Mit dem Gesetz zur Angleichung des Urheberrechts an die aktuellen **Erfordernisse der Wissensgesellschaft** (UrhWissG) wird geregelt, welche urheberrechtlichen Nutzungshandlungen im Bereich Bildung und Wissenschaft gesetzlich erlaubt sind, ohne dass es einer Zustimmung des Urhebers und sonstiger Rechtsinhaber bedarf (sogenannte Schranken des Urheberrechts). Die Reform ist nach Maßgabe des Gesetzes nach vier Jahren zu evaluieren und zunächst bis Ende Februar 2023 in Kraft.[236]

234 www.spiegel.de, Meldung vom 14.06.2012.

235 *Beck/Metzger*, Rechtsverfolgung bei Urheberrechtsverletzungen durch das Strafrecht: Haben sich die hergebrachten Regelungen im digitalen Zeitalter bewährt? in: Cybercrime und Cyberinvestigations, Robotik und Recht, Band 6, 2015.

236 Vgl. https://www.bmjv.de, UrhWissG.

15 Diebstahl digitaler Identitäten

Die **digitale Identität** ist die Summe aller Möglichkeiten und Rechte des einzelnen Nutzers sowie seiner personenbezogenen Daten und Aktivitäten innerhalb der Gesamtstruktur des Internets. Konkret handelt es sich um alle Arten von Nutzer-Accounts, also z. B. Zugangsdaten zu:

- Accounts bei Online-Vertriebsportalen für Produkte der unterschiedlichsten Art (Reiseportale, Kfz-Börsen und Plattformen wie eBay und Amazon, sog. E-Commerce)
- Social-Networking Plattformen wie facebook, youtube, lokalisten, studi- oder schüler-vz, stayfriends
- berufsspezifische Informationen, z. B. wenn ein Nutzer im Rahmen eines Homeoffice von zuhause arbeitet und dabei auf firmeninterne technische Ressourcen zugreifen muss
- E-Mail-Accounts und Messengerdiensten
- Bankkonten und Aktiendepots (E-Commerce im Bereich Onlinebanking und Onlinebrokerage)
- Accounts in Boards und zu eigenen Webservern
- Schlüsseln für die sichere Verbindung zu entfernten Ressourcen (z. B. universitätsinternen Netzen)
- zu E-Government-Anwendungen (z. B. elektronische Steuererklärung)
- Cloud-Computing

Darüber hinaus sind jedoch auch alle anderen zahlungsrelevanten Informationen (insbesondere Kreditkartendaten einschließlich der Zahlungsadressen sowie weiterer Informationen) Bestandteil dieser digitalen Identität.[237]

Vor diesem Hintergrund wird klar, dass der „digitale Identitätsdiebstahl" einen weit größeren Bereich umfasst als nur das **Phishing** im Zusammenhang mit Onlinebanking. Vielmehr beinhaltet der „digitale Identitätsdiebstahl" zusätzliche Modi Operandi wie:

- den Bereich des Cardings (Ausspähen oder Entwendung von Kreditkartendaten als Bestandteil der digitalen Identität)
- die Account-Takeovers (Ausspähen von Zugangsdaten)

---

237 Einen Fachartikel zu Definition, Beschreibung, Entwicklungsstand, Anwendungsperspektiven der elektronischen Identität und der Netzidentität beinhaltet das Fachjournal der mitteleuropäischen Polizeiakademie MEPA, Ausgabe 1/2011.

- die missbräuchliche Nutzung von Premium-Accounts von Telekommunikationsunternehmen (Ausspähung und anschließende missbräuchliche Nutzung von Zugangsdaten zu Telefonanschlüssen)

Um in den Besitz von Informationen zu gelangen, werden täterseitig häufig eingesetzt:

- Trojanisches Pferd[238]
- Installation von Schadprogrammen über Drive-By-Exploits[239]
- Phishing (vgl. Kapitel 15.2)
- Einbruch auf Servern und Kopieren der Anmeldeinformationen
- Einsatz von Keyloggern[240] oder Spyware[241]

Die gestohlenen Identitäten werden mittels der eingesetzten Schadsoftware meist automatisch an speziellen Speicherorten im Internet (sog. Dropzones) gesammelt, auf die die Täter bzw. deren Auftraggeber zugreifen können.[242]

Der Begriff „Identitätsdiebstahl“[243] ist ein weit gefasster Begriff, der die missbräuchliche Nutzung personenbezogener Daten einer natürlichen Person durch Dritte bezeichnet. Identitätsdiebstahl im Kontext der Cyberkriminalität kann in vielerlei Ausprägungen stattfinden. Das **Ausspähen und Abfan-**

---

238 Ein Trojanisches Pferd, oft auch (eigentlich fälschlicherweise) kurz Trojaner genannt, ist ein Programm mit einer verdeckten, nicht dokumentierten Funktion oder Wirkung. Es verbreitet sich nicht selbst, sondern wirbt mit der angeblichen Nützlichkeit des Wirtsprogrammes für seine Installation durch den Benutzer. Der Benutzer kann daher auf die Ausführung dieser Funktion keinen Einfluss nehmen, z. B. könnte ein Trojanisches Pferd einem Angreifer eine versteckte Zugriffsmöglichkeit (sog. Hintertür) zum Computer öffnen (Quelle: BSI-Gefährdungskataloge)

239 Sogenannte Drive-By-Exploits bezeichnen die automatisierte Ausnutzung von Sicherheitslücken auf einem PC. Dabei werden beim Betrachten einer Webseite ohne weitere Nutzerinteraktion Schwachstellen im Browser, in Browser-Plugins oder im Betriebssystem ausgenutzt, um Schadsoftware wie Trojanische Pferde unbemerkt auf dem PC zu installieren (Quelle: www.bsi-fuer-buerger.de).

240 Als Keylogger wird Hard- oder Software zum Mitschneiden von Tastatureingaben bezeichnet. Sie zeichnet alle Tastatureingaben auf, um sie möglichst unbemerkt an einen Angreifer zu übermitteln. Dieser kann dann aus diesen Informationen für ihn wichtige Daten, wie z. B. Anmeldeinformationen oder Kreditkartennummern filtern (Quelle: www.bsi.bund.de, Glossar).

241 Wortschöpfung aus Spy (spionieren) und Software. Als Spyware werden Programme bezeichnet, die heimlich, also ohne darauf hinzuweisen, Informationen über einen Benutzer bzw. die Nutzung eines Rechners sammeln und an den Urheber der Spyware weiterleiten. Spyware gilt häufig nur als lästig. Es sollte aber nicht übersehen werden, dass durch Spyware auch sicherheitsrelevante Informationen wie Passwörter ausgeforscht werden können (Quelle: www.bsi.bund.de, Glossar).

242 Cybercrime, Bundeslagebild, BKA, 2016.

243 Vgl. *Borges/Schwenk/Stuckenberg/Wegener,* Identitätsdiebstahl und Identitätsmissbrauch im Internet – Rechtliche und technische Aspekte, Springer, 24.01.2011 – Die Studie wurde vom BMI finanziert und entstand im Auftrag des BSI. Die Autoren haben das Werk als interdisziplinäre Studie aus technischer und rechtlicher Sicht verfasst.

gen von Daten (§§ 202a, 202b StGB) erfasst den „Diebstahl" digitaler Identitäten, Kreditkarten-, E-Commerce- oder Kontodaten (z. B. Phishing). Die entwendeten Daten werden in der Regel als Handelsware in der „Underground Economy"[244] zum Kauf angeboten und täterseitig missbräuchlich eingesetzt. Die Verwertung erfolgt damit in zwei Stufen, dem Verkauf der Daten und dem betrügerischen Einsatz erworbener Daten. Auf beiden Ebenen werden erhebliche Gewinne generiert.[245]

15.1 Carding

Beim sog. **Carding** erfolgen in aller Regel keine direkten Online-Vermögensverfügungen anhand ausgespähter oder entwendeter Kreditkartendaten. Die Kreditkartendaten werden missbräuchlich dazu genutzt, um damit zunächst online Waren zu kaufen, die anschließend z. B. über eBay oder eigene (scheinbar legale) Webshops weiterverkauft werden.

Bevorzugt wird insbesondere das sog. „**Carding on Demand**". Hierbei teilt ein Krimineller (der Kunde) einem anderen, der sich auf das Carden spezialisiert hat (dem Carder), mit, welche Artikel er haben möchte und wohin die Waren geliefert werden sollen. Nachdem der Kunde dem Carder diese Information sowie abgegriffene, valide Kreditkartendetails mitgeteilt hat, beginnt das Carding. Die besondere Fähigkeit des Carders liegt darin, dass er in der Lage ist, Webshops bzw. Onlineportale zu finden, die

- den vom Kunden gewünschten Artikel führen,
- die vom Kunden bereitgestellte Kreditkarte akzeptieren sowie
- eine Lieferung an die vom Kunden benannte Adresse durchführen.

Teilweise werden hierbei durch den Carder zunächst eigene, sog. „Reshipper" (Personen, die die Ware weiterleiten), eingesetzt, an die die Ware zunächst versandt wird und die den Schlussversand an die vom Kunden benannte Adresse gewährleisten. Der Carder erhält hierbei in aller Regel zwischen 25 % und 40 % des Realpreises des gecardeten Artikels als Provision. Der Kunde verwendet die widerrechtlich erworbene Ware dann für eigene Zwecke oder veräußert diese (in der Regel) über das Internet weiter.

Durch den weit verbreiteten Einsatz von Schadsoftware werden von der Täterseite massenhaft über das Internet einsetzbare Kreditkartendaten ab-

244 Überregionale Online-Schwarzmärkte, oft im sogenannten Darknet, über die Anbieter und Käufer ihre kriminellen Geschäfte rund um die digitale Welt anbahnen und abwickeln können.

245 Cybercrime, Bundeslagebild, BKA, 2016.

gegriffen und auf dafür betriebenen Servern gespeichert. Über Webportale und Foren findet mittlerweile ein schwunghafter Handel mit widerrechtlich erlangten Kreditkartendaten statt. Ein Datensatz ist in der Regel für drei bis fünf Euro erhältlich. Durch die ständige und massenhafte Verfügbarkeit von validen Kreditkartendaten entwickelt sich der Handel und Einsatz illegal erlangter Kreditkartendaten zu einem Massenphänomen.[246]

Beispiel:

Im Rahmen eines 2015 geführten Ermittlungsverfahrens gegen die Betreiber einer Plattform, die mit ausgespähten digitalen Identitäten handelte, konnten über 7,4 Millionen Datensätze sichergestellt werden, die User-Accounts diverser Diensteanbieter enthielten. In den Datensätzen befanden sich u. a. Informationen zu hinterlegten Kreditkarten und Bankkonten. Die Ermittlungen ergaben, dass ein überwiegender Teil der Zugangsdaten zum Zeitpunkt der Sicherstellung valide war. Im internationalen Zusammenwirken der Sicherheitsbehörden mit weltweit aktiven Diensteanbietern wurden umgehend präventive Maßnahmen zum Schutz der User umgesetzt.[247]

15.2 Phishing

Die bekannteste Variante des digitalen Identitätsdiebstahls ist das sog. „Phishing im Zusammenhang mit Onlinebanking“.

Es handelt sich um ein englisches Kunstwort, zusammengesetzt aus P wie „**password**“ und „**fishing**“ (engl.: fischen). Dabei werden mit **falschen E-Mails** und falschen **Internetseiten** – in den E-Mails vorhandene Links führen auf nachgemachte Bankseiten, auf denen die Geschädigten ihre TANs bzw. iTANs eingeben – das Passwort und die sonstigen **Zugangsdaten** eines Zugangsberechtigten zu seinem Konto oder einem Bezahldienst **gestohlen** und zum **Computerbetrug** genutzt.

Nachdem durch verschiedene Schutzmaßnahmen die verstärkte Nutzung des mTAN-Verfahrens (auch bezeichnet als smsTAN)[248] als Sicherungsmethode im Onlinebanking sowie eine noch intensivere Sensibilisierung der Anwender ein deutlicher Rückgang der Fallzahlen erreicht werden konnte, haben die Fallzahlen zunächst wieder deutlich zugenommen. Die Täterseite hat sich den veränderten Rahmenbedingungen technisch angepasst und neue oder bessere Schadsoftware (Malware) entwickelt.

---

246 BKA, IuK-Kriminalität, Bundeslagebild, 2010.

247 Cybercrime, Bundeslagebild, BKA, 2016.

248 mTAN (mobile Transaktionsnummer): Anders als beim iTAN-Verfahren (mit einer vorab erstellten nummerierten TAN-Liste) wird für jede Online-Überweisung eine eigene Transaktionsnummer generiert und per SMS an den Kunden übermittelt.

Dazu zählen aktuell „trojanische Pferde“, die speziell auf den deutschen Bankensektor ausgerichtet sind und über das technische Potenzial verfügen, sowohl das iTAN- als auch das mTAN-Verfahren mittels sog. Echtzeitmanipulation (Man-In-The-Middle-/Man-In-The-Browser-Attacken[249]) erfolgreich anzugreifen.

Der dadurch infizierte Rechner führt ohne Wissen und Willen des eigentlichen Nutzers weitere Funktionen aus und ist in der Lage, unerkannt weitere Schadsoftware nachzuladen. Es ist möglich, dass das Schadprogramm des infizierten Computers erst aktiv wird, wenn der Nutzer die Webseite einer Online-Bank besucht.

In der sogenannten „Man-in-the-Middle-Attacke“ wird das Schadprogramm in dem Moment aktiv, wenn der Nutzer einen Banküberweisungsauftrag an seine Bank übermittelt. Bei der Datenübertragung modifiziert das Schadprogramm die Überweisungsdaten und nimmt in Echtzeit in der Kommunikation eine nicht durch die Sicherheitsvorkehrungen (z. B. Virenschutzprogramme, Zertifikate) erkennbare Mittel-/Mittlerposition wahr. Es wird hierbei zum einen die Authentifizierung mittels iTAN-Verfahren überwunden, zum anderen wird für den Nutzer der sichtbare Kontostand verändert, sodass eine Feststellung der Manipulation oft erst mit dem Papierausdruck am Kontoauszugsdrucker erkennbar ist.

Die Täter setzen dabei aber nicht nur auf rein technische Lösungen, sondern versuchen mittels sogenannten Social Engineerings[250] an die notwendigen Kundeninformationen zu gelangen, um die mittlerweile weitgehend in Deutschland verwendeten Autorisierungsmechanismen im Onlinebanking, die ein aktives Handeln des Kontoberechtigten erfordern, unter Nutzung eines zweiten Kommunikationskanals[251] auszuhebeln. Bekanntestes Beispiel ist der Versand von E-Mails in vertrauenerweckender Aufmachung mit der Aufforderung, aus bestimmten Gründen vertrauliche Informationen preiszugeben.

---

249 Ziel bei einem Man-In-The-Middle-Angriff ist es, sich unbemerkt in eine Kommunikation zwischen zwei oder mehr Partnern einzuschleichen, z. B. um Informationen mitzulesen oder zu manipulieren. Hierbei begibt sich der Angreifer „in die Mitte“ der Kommunikation, indem er sich gegenüber dem Sender als Empfänger und dem Empfänger gegenüber als Sender ausgibt (Quelle: BSI Gefährdungskataloge). Bei „Man-In-The-Browser-Attacken“ manipuliert die auf dem Rechner mittels eines Trojaners installierte Malware die Kommunikation innerhalb des Webbrowsers, wodurch andere Informationen weitergegeben werden, als der Nutzer eingibt.

250 Soziale Manipulation – Beeinflussung einer Person zur Preisgabe vertraulicher Informationen. Bei Cyberangriffen mittels Social Engineering versuchen Kriminelle ihre Opfer dazu zu verleiten, eigenständig Daten preiszugeben, Schutzmaßnahmen zu umgehen oder selbstständig Schadcodes auf ihren Systemen zu installieren. Sowohl im Bereich der Cyber-Kriminalität als auch bei der Spionage gehen die Täter geschickt vor, um vermeintliche menschliche Schwächen wie Neugier oder Angst auszunutzen und so Zugriff auf sensible Daten und Informationen zu erhalten (Quelle: BSI – Die Lage der IT-Sicherheit in Deutschland 2015).

251 Sogenannte „Two-factor-authentication“.

Phishing bildet im Hinblick auf die vorhandenen Möglichkeiten und die zu erzielenden kriminellen Erträge weiterhin ein lukratives Betätigungsfeld für die Täter.[252]

Für die Verwertung der über betrügerische Überweisungen erlangten Gelder werden sogenannte **Finanzagenten** eingesetzt. Finanzagenten werden von den Tätern verstärkt im Ausland angeworben. Diese reisen nach Deutschland ein und eröffnen Konten bei verschiedenen inländischen Banken, wohin die manipulierten Transaktionen geleitet werden. Noch bevor der Geschädigte oder das Bankinstitut die eigentliche Manipulation feststellen und Strafverfolgungsbehörden die Ermittlungen aufnehmen, wird das Geld durch die Täter abgehoben und zumeist unter Nutzung virtueller Zahlungssysteme unwiderruflich weitergeleitet.[253]

Bei **Pharming** handelt sich um eine Weiterentwicklung des klassischen Phishings. Als Pharming wird eine Manipulation der Host-Datei von Webbrowsern bezeichnet, um Anfragen auf gefälschte Webseiten umzuleiten. Pharming-Betrüger unterhalten eigene große **Server-Farmen**, auf denen gefälschte Webseiten abgelegt sind. Pharming hat sich auch als Oberbegriff für verschiedene Arten von DNS-Angriffen etabliert. Entsprechende Manipulationen bezeichnet man auch als DNS-**Spoofing** oder DNS-Cache-Poisoning. Das Domain Name System (DNS) ist einer der wichtigsten Dienste im IT-Netzwerk. Seine Hauptaufgabe ist die Beantwortung von Anfragen zur Namensauflösung (Zuordnung der eingegebenen URL zur entsprechenden IP-Adresse). Bei einem derartigen Angriff auf die Host-Datei wird unter Zuhilfenahme eines Trojanischen Pferdes oder eines Virus eine gezielte Manipulation des Systems vorgenommen. Die Folge davon ist, dass von diesem System nur noch gefälschte Webseiten abrufbar sind, selbst wenn die Web-Adresse korrekt eingegeben wurde. Gibt der Geschädigte Daten auf der gefälschten Webseite ein, kann der Täter die Daten für Missbrauchshandlungen und Identitätsdiebstahl verwenden.[254]

Maßnahmen:

- Anzeigenaufnahme/Vernehmung
  - neben der Identitätsfeststellung, Informationen
  - zur eigenen Bankverbindung (Bankinstitut, Kontonummer/IBAN, Bankleitzahl/BIC)

252 Cybercrime, Bundeslagebild, BKA, 2016.

253 LKA Baden-Württemberg, IuK-Kriminalität, Jahresbericht, 2010.

254 Vgl. LKA Baden-Württemberg, Cyberkriminalität/Digitale Spuren, Jahresbericht, 2013.

  - zum Empfängerkonto Finanzagent (Bankinstitut, Kontonummer/IBAN, Bankleitzahl/BIC)
  - zu Betrag und Personalien des Empfängers
- Feststellungen zu Computer/Computerkonfiguration
  - wo befindet sich der Computer (Tatort)
  - wer hat Zugang zu diesem Computer (Einzelnutzer oder Mehrbenutzersystem)
  - Zugangsart Internet (DSL, ISDN, UMTS, Kabel, analoges Modem)
  - Anschlussart (Funknetz, Kabel)
  - Betriebssystem; Absicherung des PC-Systems (Hardware- und/oder Softwarefirewall, Schutzsoftware, Stand der Aktualisierungen/Updates/Patch)
  - benutzter Browser (z. B. Internet Explorer, Firefox, Mozilla)
  - über welchen Provider erfolgt der Internetzugang (z. B. T-Online, Arcor, Freenet, AOL)
  - bei welcher Bank betreibt der Geschädigte Online-Banking, welches Verfahren wird von der Bank angewandt (iTAN-Verfahren, etc.)
  - wurden bereits die tatrelevanten Daten verändert oder gelöscht
- Auffälligkeiten
  - wann hat die Täterschaft die Zugangsdaten des Geschädigten erlangt/Zeitpunkt des Vorfalls
  - wurden persönliche Daten per E-Mail (Phishing-Mail) oder anderweitig abgefragt (wenn ja, welche)
  - falls per E-Mail, ist die E-Mail noch vorhanden
  - wann wurde die Abbuchung auf dem Konto bemerkt (Überprüfung Kontostand/Verständigung durch die Bank)
- gegebenenfalls Sicherstellung vorhandener E-Mail-Ausdrucke
- in jedem Fall Rücksprache mit dem Sachbearbeiter Cybercrime bzw. Sachbearbeiter IT-Beweissicherung – Maßnahmen nur nach Rücksprache, ein Datenverlust gefährdet das Strafverfahren
- Klärung, ob die Sicherstellung der EDV-Anlage beim Geschädigten erforderlich ist – bei Sofortlage und laufendem PC, Sicherstellung nur durch Sachbearbeiter Cybercrime bzw. Sachbearbeiter IT-Beweissicherung.
- Verwendung vorhandener Sachbearbeitungsvorlagen (z.B. ComVor, computergestützte Vorgangsbearbeitung in Baden-Württemberg)

15.3 Skimming

Skimming ist ein englischer Begriff für eine „Man-in-the-Middle-Attacke“, bei der die Daten von Kreditkarten oder Bankkarten (sog. Zahlungskarten) ausgespäht werden. Als Skimming wird der Vorgang des elektronischen Auslesens des Magnetstreifens einer Bank- oder Kreditkarte bezeichnet (engl.: „to skim“ für abschöpfen, absahnen). Um dies zu ermöglichen, wird der Geldausgabeautomat (GAA) manipuliert oder eine nachgebaute komplette Front vor das Bedienfeld des Automaten gesetzt, in der der Skimmer verbaut ist (siehe Bild unten).

Abb. 53 Manipulation am Geldautomaten

Infrage kommende Straftatbestände betreffen das Ausspähen von Daten (§§ 202a ff. StGB), den Computerbetrug (§ 263a StGB), die Fälschung beweiserheblicher Daten (§ 269 StGB), die Computersabotage, (§ 303b StGB), die Fälschung von Zahlungskarten (§§ 152b, 149 StGB).

Maßnahmen:

Bei Verdacht einer aktuellen Manipulation eines GAA ist bedeutsam, dass sich Täter grundsätzlich im Bereich aufhalten, um den Vorgang zu beobachten, aber auch um nach Entdeckung der Tatmittel durch Dritte ihre eingesetzten Hilfsmittel zu „retten" und Spuren zu beseitigen. Sie tragen bei Tatbegehung oftmals Kopfbedeckung (Kapuzenshirt, Mützen), um bei eingesetzter Videoüberwachung das Gesicht zu verdecken.

- Anzeigeerstatter außerhalb der Öffnungszeiten des Bankinstituts bitten, in der Nähe der Bank das Eintreffen der Polizei abzuwarten, ggf. Treffpunkt vereinbaren
- verdeckte Anfahrt/Annäherung (ziviles Dienst-Kfz, keine Sondersignale)
- bei der Anfahrt auf tatbezogene Umstände achten (z. B. Personen, Fahrzeuge)
- verdeckte Überprüfung des GAA zur Feststellung von Manipulation – Skimming-Technik, Werkzeugspuren, Klebereste an Blendenrändern, Minikameras in Lichtblenden über der Tastatur, Prospekthalter, Rauchmelder, Uhren u.a., aufgesetzte Tastaturattrappen
- ggf. Observation, Umfeld miteinbeziehen (z. B. Personen, Fahrzeuge)

Beweissicherung am Tatort

- Erreichbarkeit eines Verantwortlichen des Geldinstituts feststellen
- Kontaktaufnahme mit Personal und anderen Mitarbeitern (Sicherheitsdienst, Reinigungskräften u. a.) – zurückliegende Besonderheiten z. B. Veränderungen, Sachbeschädigung, Diebstahl
- eventuell Hinzuziehung eines Service-Technikers der betroffenen Bank zum Öffnen des GAA
- unverzügliche Auswertung der Automatenjournale gewährleisten (Täter setzen schon wenige Stunden nach dem Datenabgriff angefertigte Dubletten an ausländischen GAA ein) – Ermittlung abgegriffener Kartendaten und Sperrung veranlassen
- Zeugen feststellen und befragen
- Sicherstellung des Videomaterials der Überwachungskamera
- Spurensicherung – DNA-Spuren und daktyloskopische Spuren sind ggf. im Bereich einer Vorsatzblende/Kartenschacht, einer angebrachten Videoleiste sowie an den Klebestreifen zum Anbringen des Skimmers festzustellen
- auf dem GAA und sonstigen „Steighilfen" (zur Anbringung von Skimming-Technik) Schuhspuren sichern
- feststellbare Testkarteneinsätze sichern – Karten mit Magnetstreifen, z. B. Tankkarten, Telefonkarten, Payback-/Bonuskarten, Kundenkarten, Debit- oder Kreditkarten (werden vom Täter zur Prüfung der Funktionsfähigkeit des Skimmers verwendet)

Bei Kontrollen

- auf Skimming-Technik und Werkzeuge achten (Blenden, Tastaturen, Türöffner, Lötgeräte, Elektronikbauteile, doppelseitiges Klebeband, Sekundenkleber u.a.)
- auf Testkarten achten (vgl. oben), ggf. auslesen/auswerten, Abgleich mit Bestandslisten
- Auswertung von Navigationsgeräten berücksichtigen
- Kfz-Mietverträge berücksichtigen, auf Hotel- und Tankquittungen achten
- Auswertung mitgeführter Mobilfunktelefone berücksichtigen (vgl. Kapitel 10.7)

Bei Festnahmen

- Erhebung von Vergleichsproben bedenken
- Vernehmung von Zeugen (Anzeigeerstatter u. a.) – Wahrnehmungen, insbesondere Personenbeschreibungen, Beobachtungen von Fahrzeugen (ausländische Kennzeichen/Mietfahrzeuge)
- Erhebung und Auswertung von Funkzellendaten nach §§ 100g, 100h StPO bzw. Telekommunikationsüberwachung gemäß § 100a StPO (bei Vorliegen entsprechender Ermittlungsergebnisse)
- Auswertung von sichergestellten technischen Geräten, Ermittlungen zum Vertrieb der Bauteile (Spezialdienststellen)
- generell Sachbearbeitungszuständigkeit und Meldedienste beachten

Weil das Skimming immer schwieriger wird – Sicherung der Geldautomaten, EMV-Chip[255] bei Zahlungskarten – ändern sich die Tatmuster. Täter gehen verstärkt dazu über, Schadsoftware auf die Rechner einzelner Geldautomaten aufzuspielen oder komplette Netzwerke, in denen Zahlungskarteninstitute ihre Geldautomaten technisch miteinander verbunden haben, mittels Schadsoftware zu infiltrieren.[256]

255 Prozessorchip, EMV steht für die Gesellschaft, die den Standard entwickelte: Europay International (heute MasterCard Europe), Mastercard und VISA.

256 Pressemitteilung des BKA, www.bka.de, 04.06.2019.

16 Digitale Erpressung

Das Phänomen digitaler Erpressungen mittels sogenannter **Ransomware** hat sich zu einem Massenphänomen im Bereich Cybercrime entwickelt. Als Ransomware werden Schadprogramme bezeichnet, mit deren Hilfe ein Eindringling eine Zugriffs- oder Nutzungsverhinderung der Daten sowie des gesamten Computersystems erwirkt. Dabei werden private Daten auf einem fremden Computer verschlüsselt oder der Zugriff auf diese wird verhindert, um für die Entschlüsselung oder Freigabe ein Lösegeld zu fordern. Es handelt sich folglich um eine digitale Form einer Erpressung. Die Bezeichnung „Ransomware" setzt sich aus der Zugehörigkeit zur Klasse der Malware sowie der Bezeichnung für Lösegeld (engl. ransom) zusammen.

Grundsätzlich muss bei Ransomware zwischen **zwei Varianten** unterschieden werden:

- Ransomware, die keine Verschlüsselung der Festplatte, sondern durch eine Manipulation lediglich den Zugriff auf das System im Sinne einer Sperrung verwehrt. Die wohl bekanntesten Ausprägungen sind Schadprogramme, bei denen bekannte Namen und Logos von Sicherheitsbehörden missbraucht werden, um der kriminellen Zahlungsaufforderung einen offiziellen Charakter zu verleihen. Bekannte Beispiele sind der sogenannte „BKA-Trojaner" und der „GVU-Trojaner".
- Sogenannte Krypto-Ransomware, die die Daten auf den infizierten Endsystemen und aktuell auch mittels Netzwerks verbundenen Systemen (Server, Dateiablagen u. a.) tatsächlich verschlüsselt. Diese Variante ist weitaus gefährlicher, da in den meisten Fällen keine andere Möglichkeit besteht, die verschlüsselten Daten wiederzuerlangen bzw. die verschlüsselten Daten trotz Zahlung des geforderten „Lösegeldes" nicht wiedererlangt werden können.

Zahlen zeigen, dass es sich bei 95 % der Angriffe um Ransomware mit Verschlüsselungsfunktion handelt. Die einfachen Sperrbildschirme im Desktop-Bereich aus den vergangenen Jahren haben heute keine Relevanz mehr.

Die Malware für Desktop-Systeme wird aktuell hauptsächlich über E-Mail-Anhänge (angebliche Rechnungen, Bestellbestätigungen, Paketempfangsbestätigungen, eingescannte Dokumente, empfangene Faxe, teilweise unter Verwendung von echten Firmennamen und -adressen und zum Teil in perfekter Nachahmung tatsächlicher Firmen-E-Mails) oder Drive-By-Angriffe mittels Exploit-Kits auf infizierten Webseiten und Werbebannern verbreitet. Seit Dezember 2015 beobachtet das BSI große Spam-Wellen, über die massenhaft Ransomware verteilt wird. Dazu wird unter anderem die Infrastruktur eines Botnetzes[257] verwendet, mittels der vorher Banking-Trojaner verteilt wurden.[258]

Entsprechende Schadsoftware oder auch die gesamte „Dienstleistung" (z. B. im sogenannten „Affiliate-Modell"[259]) kann beispielsweise in Foren der Underground Economy erworben werden, sodass mittlerweile kein besonderer IT-Sachverstand zur Durchführung digitaler Erpressungshandlungen erforderlich ist.

Im Jahr 2015 wurde ein neuartiger „digitaler Erpressungsdienst" im Internet festgestellt. Die im sogenannten Darknet[260] verfügbare Dienstleistung ermöglicht selbst Anfängern im Bereich der IT, eine Ransomware ohne großen Aufwand kostenlos zusammenzustellen (sog. „Malware-Toolkit"). Die Anbieter des Dienstes erhalten bei einer erfolgreichen Lösegeldzahlung eine Umsatzbeteiligung, wobei die Lösegeldzahlung in der Regel in Form der digitalen Währung „Bitcoin"[261] über den Schadsoftwareanbieter selbst abgewickelt wird. Über eine vom Schadsoftwareanbieter zur Verfügung gestellte Kontrollplattform kann der Nutzer des Toolkits die von ihm hervorgerufenen Infektionen einsehen und seinen verbliebenen Anteil an den Lösegeldern an sich selbst auszahlen. Nur die Verbreitung der Ransomware muss durch den Kunden eigenständig und eigenverantwortlich durchgeführt werden.[262]

Strafrechtlich relevant sind die Tatbestände **Erpressung** (§ 253 StGB), **Datenveränderung** (§ 303a StGB) und **Computersabotage** (§ 303b StGB).

In einer Warnmeldung warnt das LKA Baden-Württemberg vor einer Masche der digitalen Erpressung.[263]

In einer bundesweiten Welle erhalten Unternehmen aktuell unscheinbare E-Mails von angeblichen Bewerbern, die in einem guten Deutsch verfasst sind. Kriminelle geben sich hier als Bewerber aus und schreiben die Ge-

257 Vgl. nachfolgendes Kapitel 17.

258 BSI, Ransomware, Bedrohungslage, Prävention & Reaktion, www.bsi.bund.de, 03.12.2016.

259 Affiliate beschreibt das Verhältnis zwischen dem Hersteller eines Produktes (z. B. Ransomware) und dem Käufer, der das Produkt als Dienstleistung entgegennimmt. Durch den Hersteller wird ein gewisser Support gewährleistet (wie Updates, Wartung, Nutzung von Servern). Die konkrete Verteilung der Ransomware liegt im Zuständigkeitsbereich des Kunden.

260 Webseiten im Darknet (engl.) für „Dunkles Netz" werden nicht von den gängigen Internet-Suchmaschinen indiziert und können nicht über konventionelle Internettools (Internet-Browser) erreicht werden.

261 Bitcoin (engl.) für „digitale Münze". Weltweit verfügbares Zahlungssystem mit virtuellem Geld.

262 BKA, Cybercrime Bundeslagebild, 2016.

263 LKA Baden-Württemberg, Warnmeldung für Firmen, 20.10.2015.

schäftsführung oder die Personalabteilung des Unternehmens direkt an. Ziel ist es, den Computer der Firma mit einer Schadsoftware zu infizieren, die für eine Verschlüsselung der Firmendaten sorgt. Anschließend fordern die Täter zur Entschlüsselung dieser Daten ein „Lösegeld". Die angeblichen Bewerber erklären der Geschäftsführung, wie sie auf ihr Unternehmen aufmerksam geworden sind und bieten weitere Informationen zu ihrer Person über eine in der E-Mail enthaltene „Dropbox-Verknüpfung"[264] an. Beim Betätigen dieses Links erfolgt jedoch keineswegs der Download der in Aussicht gestellten Bewerberunterlagen. Vielmehr installiert sich eine Schadsoftware, die unmittelbar mit der Verschlüsselung der Firmendaten auf dem Computer beginnt. Zusätzlich wird ein „Erpresserschreiben" mit dem Titel: *„Your_files_are_encrypted.html"* heruntergeladen. Darin wird der Betroffene aufgefordert, die Bezahlung eines Betrages mittels der digitalen Währung „Bitcoin" vorzunehmen. Im Gegenzug sichern die Erpresser zu, die zur Entschlüsselung der zuvor verschlüsselten Daten erforderlichen Informationen preiszugeben. Die Spezialisten des LKA raten dringend davon ab, sich erpressen zu lassen und auf das Angebot der Kriminellen einzugehen. So kann eine betrügerische „Bewerber-E-Mail" beispielsweise aussehen:

> *Sehr geehrter Herr XY,*
>
> *durch eine persönliche Recherche habe ich von einer fundierten Ausbildung zum Tischler in Ihrem Unternehmen erfahren. Aus diesem Grund sende ich Ihnen meine Bewerbungsunterlagen zu. Während eines vierwöchigen Betriebspraktikums konnte ich bereits Erfahrungen in diesem Berufsfeld sammeln.*
>
> *Schon lange stand mein Entschluss für eine Ausbildung zum Tischler fest, sodass ich mich ausführlicher über diesen Beruf informiert habe.*
>
> *Gern möchte ich Sie in einem Vorstellungsgespräch persönlich von meinen Stärken überzeugen. Über eine Einladung von Ihnen freue ich mich daher ganz besonders.*
>
> *Mit freundlichem Gruß*
>
> *Max Mustermann*
>
> *Anhang:*
> *Bewerbungsunterlagen*
> *https://www.dropbox.com/lsizdksizk236dkred/Bewerbungmappe.pdf.exe*
> *(oder als beigefügtes Zip-Archiv.)*

Zudem kann die Mail eine Datei „Lebenslauf" mit den Dateiendungen *.txt.js, .doc.js, pdf.exe o. Ä.* als Anlage enthalten.

264 Dropbox ist ein amerikanischer Filehosting-Dienst, auch Cloud Storage genannt, des Unternehmens Dropbox Inc.

Zum Schutz vor dieser Tatbegehungsweise wird empfohlen:

- Prüfen Sie eingehende E-Mails sorgfältig, insbesondere dann, wenn Sie über einen Link zum Download von Unterlagen unbekannter Quellen aufgefordert werden!
- Achten Sie auf die tatsächliche Dateiendung der Bewerbungsunterlagen, die Endungen .exe oder .js weisen darauf hin, dass es sich um ausführbare Dateien handelt, die gegebenenfalls nicht erwünschte Änderungen am PC vornehmen!
- Überprüfen Sie Links hinsichtlich der tatsächlichen Zieladresse, indem Sie mit dem Zeiger der Maus über den Link streifen („Mouse-Over") – nicht klicken!
- Gehen Sie nicht auf die Forderung der Kriminellen ein und erstatten Sie Anzeige bei der Polizei!
- Stellen Sie Ihre Daten aus einem Backup wieder her, gegebenenfalls mit der Unterstützung eines IT-Spezialisten!
- Sichern Sie Ihr System mit regelmäßig zu aktualisierender Schutzsoftware (Firewall, Anti-Viren-Programm)!
- Sensibilisieren Sie ihre Mitarbeiter!
- Wenden Sie sich bei Ungereimtheiten und Fragen an die örtliche Polizeidienststelle oder an die **Z**entrale **A**nsprechstelle **C**ybercrime beim LKA Baden-Württemberg!

Abb. 54

Die ZAC dient als zentraler Ansprechpartner für die Wirtschaft und Behörden in allen Belangen des Themenfeldes Cybercrime (vgl. Kapitel 3.4).

Feststellungen im Rahmen einer **Anzeigenaufnahme** umfassen neben den allgemeinen Anzeigedaten (Vernehmungsprotokoll, Strafantrag) Informationen:

- zum Zeitpunkt der Infizierung (z. B. „Mein Computer/Laptop wurde am/ um mit einer Schadsoftware infiziert, die seine weitere Nutzung zunächst unmöglich gemacht hat.“)
- zum Vorgang der Infizierung (z. B. „Ich habe eine E-Mail erhalten, bei der ich einem Link gefolgt bin und ein Dokument heruntergeladen habe … eine Anlage geöffnet habe.“ – Absender und Inhalt der E-Mail, Dokumentenname, vorhandenen Ausdruck sicherstellen, digitale Beweissicherung gewährleisten oder angezeigtes Blockadefenster nach Surfvorgang – Text/Inhalt, genutzte Internetseite)
- zur „Lösegeldforderung“ (Höhe, Bezahldienst – Zahlungsdienstleister, Bitcoin, geforderter Zahlungstransfer, Empfänger)
- zur „Lösegeldzahlung“ (z. B. „Den geforderten Betrag habe ich bezahlt … nicht bezahlt.“ – genutzter Zahlungstransfer)
- zur Ausgangssituation (private bzw. geschäftliche Nutzung, Betriebssystem des Geräts, Anmeldung als Administrator bzw. Nutzer mit eingeschränkten Rechten, genutzter Browser, genutztes E-Mail-Programm, genutzte Textverarbeitungsprogramme u. a., Schutz gegen Schadsoftware, Antivirenprogramme, Aktualisierungsstand
- zum Schaden und zur bisherigen Schadensbeseitigung (Freisperrung wie angekündigt, Beseitigung der Schadsoftware, Art und Weise der „Reparatur“, Datenverlust, Datenwiederstellung)

17 Botnetz

Abb. 55

Bei einem Hackerangriff wurden flächendeckend Router angegriffen. Der Vorfall sei „einem weltweiten Angriff" auf DSL-Router zuzuordnen, teilte das BSI mit (vgl. Bild unten – Netzwerkstörung mit angezeigter Fehlermeldung). Hierfür wurde ein bekanntes Botnetz benutzt. Sowohl der betroffene Internet-Dienstleister als auch das BSI bezeichneten das Mirai-Netz, bei dem viele internetfähige Alltagsgeräte zusammengeschaltet und für Angriffe missbraucht werden, als verantwortlich.[265]

Unter einem **Bot** (vom engl. Begriff robot, Roboter, abgeleitet) versteht man ein **Computerprogramm**, das **weitgehend selbstständig sich wiederholende Aufgaben abarbeitet**, ohne dabei auf eine Interaktion mit einem menschlichen Benutzer angewiesen zu sein.

Beispiele für Bots sind die Webcrawler von Internet-Suchmaschinen, die selbsttätig Webseiten besuchen, wobei sie den vorhandenen Links folgen und dabei ggf. den Inhalt der Seiten auswerten. „Gutartige" Bots halten sich dabei an die Robot Exclusion Standards, mit denen Serverbetreiber das Verhalten eines Bots in Grenzen beeinflussen können.

Kriminelle Bots[266] werden z. B. zum **Sammeln von E-Mail-Adressen für Werbezwecke, für das massenhafte unautorisierte Kopieren von Webinhalten bis hin zum systematischen Ausspionieren von Softwarelücken von Servern mit dem Ziel des Einbruchs in Server** eingesetzt. Nachfolgend beschriebener **Prozess** verdeutlicht die kriminellen Strukturen:

- Ein Virus-Programmierer sendet einen Virus an normale Windows PC (auch PC mit anderen Betriebssystemen sind betroffen).

265 Vgl. Pressemeldungen, 30.11.2016.

266 Vgl. auch die Begriffe Bots, Botnetze/Botnet, Command & Control-Server, Zombie-PC unter Kapitel Glossar.

- Infizierte PC stellen eine Verbindung mit einem IRC-Server (Internet Relay Chat) o. a. her. Diese formen ein Netzwerk infizierter Systeme, das „Botnetz" genannt wird.
- Ein Spammer (auch die Verbreitung von Kinderpornografie oder das Phishing funktioniert nach diesem Prinzip) kauft den Zugang zum Netz von einem Programmierer oder Zwischenhändler.
- Der Spammer sendet Anweisungen an sein Botnetz, um Spam zu versenden.

Ein **Virus**, ein schädliches Computerprogramm ist eine **Form von Malware**.

Der **Begriff Malware** setzt sich aus den englischen Wörtern „malicious" (= bösartig) und „Software" (= Computerprogramm) zusammen. Der Begriff subsumiert jegliche schädliche Software, die mit und ohne Wissen des Nutzers auf dessen System übertragen und/oder ausgeführt wird. Malware lässt sich grundsätzlich in verschiedene Arten unterteilen. Oftmals nutzt eine Malware die Vorteile mehrerer Malware-Arten, sodass eine Einordnung in einzelne Unterkategorien nur bedingt vornehmbar ist und somit oftmals nur von einer Malware gesprochen wird.

Weitere Formen von Malware sind sogenannte **Würmer**, **Trojaner**, **Spyware**, **Adware**, **Scareware**, **Rootkits**, **Backdoors** und **Bots**.

Maßnahmen gegen das unerwünschte Auslesen von Websites durch Bots („spidern") bestehen unter anderem darin, das Verhalten der Bots in einem Honeypot zu analysieren und z. B. mit einer Sperre der IP-Adresse des Bots zu reagieren.

Kommunizieren Bots untereinander, so spricht man von einem **Botnet**. Ein Botnet oder **Botnetz** ist eine Gruppe von Software-Bots. Die Bots laufen auf vernetzten Rechnern, deren Netzwerkanbindung sowie lokale Ressourcen und Daten ihnen zur Verfügung stehen. Betreiber illegaler Botnetze installieren die Bots ohne Wissen der Inhaber auf Computern und nutzen sie für ihre Zwecke. Die meisten Bots können von einem Botnetz-Operator (auch Bot-Master oder Bot-Herder genannt) über einen Kommunikationskanal überwacht werden und Befehle empfangen. Dieser wird in der Fachsprache zutreffend als Command-and-Control-Server bezeichnet (Kurzform C&C).

Eine international agierende Tätergruppierung hatte hunderttausendfach private und geschäftliche Computersysteme mit unterschiedlicher Schadsoftware infiziert. Dieses Netzwerk mit dem Namen Avalanche wurde als eine der weltweit größten bekannten **Botnetz-Infrastruktur**en bewertet. Es konnten insgesamt 20 verschiedene Botnetze identifiziert werden, die die Infrastruktur zur Verbreitung von Spam- und Phishing-E-Mails sowie von

Schadsoftware wie beispielsweise Ransomware (Erpressungstrojaner) oder Banking-Trojaner nutzten.

Am 30.11.2016 hat die Staatsanwaltschaft Verden in Zusammenarbeit mit der ZKI Lüneburg und internationalen Partnern Avalanche ausgehoben. Das BSI war dabei unterstützend tätig (vgl. Bild unten – grafische Darstellung).

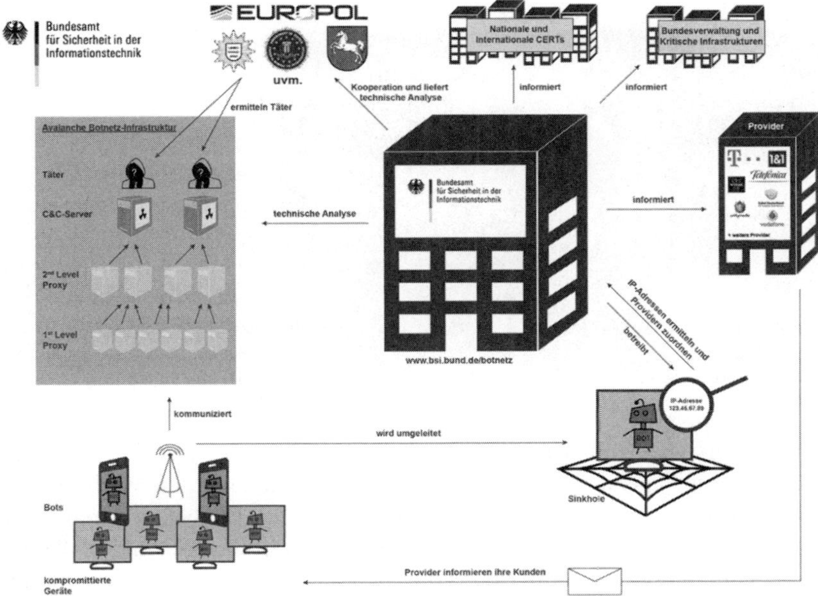

Abb. 56

Nach Kenntnisstand des BSI sind überwiegend Windows-Systeme und Android-Smartphones Teil der jeweiligen Botnetze gewesen. Dennoch kann eine Infektion bei Smartphones mit Apple iOS, Microsoft Windows Phone oder Betriebssystemen wie Apples OS X oder Linux nicht ausgeschlossen werden. Ebenso sind nach aktuellem Kenntnisstand keine Geräte des Internets der Dinge (Internet of Things, IoT) wie beispielsweise Webcams, Drucker oder TV-Empfänger Teil dieser Botnetze.[267]

267 Vgl. https://www.bsi-fuer-buerger.de/BSIFB/DE/Risiken/BotNetze/botnetze_node.html, 05.01.2017.

Das Anti-Botnet-Beratungszentrum hilft, Botnet-Infektionen vom Computer zu entfernen.[268]

In Zusammenarbeit mit dem FBI, dem European Cybercrime Centre (EC3) von Europol und einigen Industriepartnern bekämpft Microsoft das sogenannte ZeroAccess-Botnet. Zu dem Netzwerk infizierter Computer gehören fast zwei Millionen PC, die meisten davon stehen in Europa und an der Ostküste der Vereinigten Staaten (vgl. die nachfolgende Abbildung).

Abb. 57 Die Weltkarte zeigt hell markiert das weltweite Netzwerk infizierter Computer[269]

ZeroAcess wird von Microsoft als Schadsoftware beschrieben, die auf „Klickbetrug" spezialisiert ist. Die infizierten Rechner rufen Werbung auf Websites auf, an denen die Betrüger verdienen. Der Werbekunde zahlt für Aufrufe – und die Aufrufe der infizierten Rechner gehen bei einigen Werbesystemen offenbar als echte Klicks durch. Außerdem sei ZeroAcess genutzt worden, um persönliche Informationen zu stehlen. Monatlich sei auf diese Weise mehr als 2,7 Millionen Dollar (zwei Millionen Euro) Schaden entstanden.

Als typischen Verbreitungsweg der Schadsoftware hat Microsoft sogenannte Drive-by-Downloads identifiziert. Dabei handelt es sich um Webseiten, die derart verändert werden, dass schon der Aufruf genügt, damit sich die Software auf den Rechner installieren kann. Oft haben die Betreiber einer solchen Seite gar nichts mit den Betrügern zu tun. Die Kriminellen nutzen Sicherheitslücken in Webdiensten, um ihre Viren bei Online-Angeboten zu platzieren. Laut Microsoft ist ZeroAccess auch über gefälschte Software und Raubkopien zu den Opfern gekommen.

268 Vgl. www.botfrei.de

269 Spiegel Online, 09.01.2014, Bildquelle: Microsoft.

Hat sich das Programm auf einem PC installiert, kann es beispielsweise die PC-Nutzer bei Suchanfragen auf manipulierte Webseiten umleiten. Von dort wird weitere Schadsoftware auf den Rechner geladen. Zudem werden die befallenen Rechner selbst zu Bestandteilen des Botnets und tragen, unbemerkt von den Eigentümern, zur Verbreitung bei.

ZeroAccess schaltet verschiedene Sicherheitsfunktionen auf dem „Opferrechner" ab. Dadurch öffnet die Software auch anderen Computerschädlingen die Tür. Deshalb sollten betroffene Windows-Nutzer die Infektion unbedingt von einer aktuellen Antivirensoftware entfernen lassen.[270]

Der **Computer** wird letztlich **fremdgesteuert**. **Daten werden ausgespäht**, **abgefangen bzw. solche Handlungen werden vorbereitet** und versucht (§§ 202a ff. StGB). Gegebenenfalls werden **Daten verändert**, **der Computer sabotiert** (§§ 303a ff. StGB). Die Absicht, sich einen rechtswidrigen Vermögensvorteil zu verschaffen, indiziert den **Computerbetrug** (§ 263a StGB).

Maßnahmen sollten in jedem Fall nur nach **Beteiligung** des **Sachbearbeiters-ITB** erfolgen, ansonsten droht Beweismittelverlust.

270 „Millionen infizierte PC: Europol, FBI und Microsoft heben riesiges Botnet aus" – Vgl. Spiegel Online, 09.01.2014.

18 Soziale Netzwerke

Innovative Formen der Freizeitbeschäftigung unter Nutzung des Internets prägen das neue **Sozialverhalten der Menschen**. Immer mehr Kommunikation wandert in soziale Netzwerke (engl.: Social network services = SNS).[271]

Abb. 58 Gefahrenquelle: Soziale Netzwerke[272]

Während der Corona-Pandemie sind drei Viertel der Internetnutzer in Deutschland vermehrt in sozialen Medien aktiv: Insgesamt geben 75 % an, Plattformen wie Facebook, Instagram, Xing, Twitter und Co. seit Ausbruch des Coronavirus in Deutschland intensiver zu nutzen. Dies trifft auf fast alle Altersgruppen gleichermaßen zu. 86 % der 16- bis 29-Jährigen sagen dies, 82 % der 30- bis 49-Jährigen sowie 74 % der 50- bis 64-Jährigen. Auch jeder dritte „Silver Surfer" über 65 Jahren ist vermehrt in sozialen Medien unterwegs (32 %). Das ist das Ergebnis einer repräsentativen Befragung des Digitalverbands Bitkom unter 1.003 Personen in Deutschland ab 16 Jahren, die im April 2020 durchgeführt wurde. Demnach geben 62 % der Internetnutzer an, seit Ausbruch der Corona-Pandemie in Deutschland vermehrt Beiträge zum aktuellen Geschehen in sozialen Netzwerken zu lesen. Fast jeder Dritte (32 %) postet häufiger eigene Storys. Ebenso viele (31 %) kommentieren mehr Beiträge anderer Nutzer. 28 % teilen vermehrt Beiträge oder Artikel zum aktuellen Geschehen – und fast jeder Fünfte (18 %) postet häufiger Beiträge mit eigenen Inhalten. Die Befragten konnten mehrere Optionen angeben.

---

271 *Henrichs/Wilhelm*, Global vernetzen – lokal ermitteln, Polizeiliche Herausforderungen durch soziale Netzwerke, in: Deutsche Polizei, 10/2010, Interview, Ermittlungen in Sozialen Netzwerken wie StudiVZ, WKW oder facebook, in: der kriminalist, 10/2010.

272 Bildquelle: www.blog.botfrei.de, 05.01.2017.

„In Zeiten weitreichender Kontaktbeschränkungen helfen soziale Medien dabei, mit Freunden und Familie in Kontakt zu bleiben, das öffentliche Geschehen zu verfolgen und Unterhaltung und Zerstreuung zu finden. Social Distancing wird mit Social Media erträglicher“, sagt Bitkom-Hauptgeschäftsführer Dr. Bernhard Rohleder.

Zugleich hat in den vergangenen Wochen seit Ausbruch der Corona-Pandemie die Nutzung von Messenger-Diensten zugenommen. 82 % der Internetnutzer kommunizieren vermehrt über Whatsapp, Threema, Telegram und andere. Fast zwei Drittel (63 %) schreiben häufiger Nachrichten, 48 % nutzen diese Dienste öfter für Videoanrufe. 27 % erstellen vermehrt Statusmeldungen oder Storys. Und fast jeder Vierte (24 %) teilt vermehrt Beiträge oder Artikel zum aktuellen Geschehen über Messenger-Dienste mit seinen Kontakten.[273]

Neben allgemeinen Netzwerken gibt es, orientiert am Interessensgebiet, Netzwerke z. B. für Schüler, für Studierende, für Eltern und Familien, für Ältere, rund um die Musik, fürs Business, für Sportler und Sportfans, für die Reise und mit lokalem Bezug.

Unterschiedlich gestalten sich je nach Ausrichtung des Portals die Angebote der SNS. Es lassen sich einige **typische Funktionen** erkennen:

- Persönliches Profil/Angaben zur Person/Lichtbilder
- Kontaktlisten/Adressbuch/Darstellung von Gruppenzugehörigkeiten
- Empfang und Versand von persönlichen Nachrichten
- Abbildung von beabsichtigten/besuchten Events
- Empfang/Versand von Benachrichtigungen bei bestimmten Ereignissen
- Blog-/Chateinträge
- Suchfunktionen

Da das Interesse des Netzwerkbetreibers an einer Verifizierung der Zugangsdaten nur eingeschränkt gegeben ist, muss mit einem Anteil an **Usern**, die **mit falschen** bzw. **gefälschten Daten** oder unter **Pseudonymen** praktizieren, ausgegangen werden.

Aus der Kombination mangelnder Medienkompetenz zusammen mit übertriebenem Selbstdarstellungsgehabe resultiert die freizügige Preisgabe persönlicher Informationen – dokumentiert an mangelnden Sicherheitseinstellungen bis hin zu dem Phänomen, Personen als „Freunde“ zu akzeptieren, ohne diese je in der Realität gesehen zu haben.

273 „Social-Media-Nutzung steigt durch Corona stark an“, Presseinformation, www.bitkom.org, 13.06.2020.

Auch innerhalb der sozialen Netzwerke findet vieles von dem statt, was auch sonst auf strafbare Handlungen bzw. Gefahrenlagen hinweist. Entsprechend finden sich **Tatbegehungsformen** der realen Welt in vergleichbarer Form auch in diesem Teil der virtuellen Welt wieder (vgl. **Cybercrime im weiteren und im engeren Sinn**, Kapitel 2.3, 2.4).

Die IMK spricht sich vor dem Hintergrund der zunehmenden Bedeutung sozialer Netzwerke für die Bevölkerung – vor allem auch für jüngere Menschen – dafür aus, diese besonders in den Feldern Nachwuchsgewinnung, Öffentlichkeitsarbeit, Prävention, Öffentlichkeitsfahndung sowie der Einsatzbewältigung und der Ermittlungsarbeit stärker zu nutzen (vgl. Kapitel 3.5). Die IMK sieht dazu in den bestehenden rechtlichen Regelungen eine geeignete Grundlage.[274]

Von **polizeilicher Bedeutung** sind grundsätzlich alle in Frage kommenden Sachverhalte, die Gefahren oder Störungen der öffentlichen Sicherheit oder Ordnung indizieren oder die auf die Vorbereitung und Begehung von Straftaten oder Ordnungswidrigkeiten hinweisen. So können insbesondere Vorgänge im Zusammenhang mit Suizidandrohungen, der Aufruf zu sogenannten Massenpartys oder Flashmobs[275], Androhungen und Bekenntnisse von und zu Straftaten (z. B. Amokhandlungen), Vortäuschen von Straftaten, Beleidigung und Nachstellung durch soziale Netzwerke begünstigt werden. Sie bilden Plattformen zur Verabredung und Begehung von Straftaten im Zusammenhang mit Großereignissen (z. B. Sportveranstaltungen) und politischer Kriminalität, zu Kontaktanbahnungen bei Sexualdelikten, zur Betätigung von Rauschgiftgeschäften und zu betrügerischen Handlungen.

Auch aus absichtlich verbreiteten Falschmeldungen, sogenannten **Fake News**, können sich polizeilich relevante Sachverhalte ergeben. Mittels Clickbaiting sollen Internetnutzer auf verlinkte Seiten „geködert" werden. Eine weitere Form soll den Nutzer in seiner Meinungsbildung beeinflussen und meist Hass oder Angst schüren. Hierzu werden auch Inhalte, die Straftaten indizieren, verbreitet.

Andererseits liefern die Daten den Polizeidienststellen **Hintergrundinformationen** und **Ermittlungsansätze** zur Gefahrenabwehr und Störungsbeseitigung und zur Aufklärung von Straftaten und Ordnungswidrigkeiten.

Über Inhalte in sozialen Netzwerken kann über verschiedene Wege eine Recherche durchgeführt werden. Hierbei ist zu unterscheiden zwischen

– der Suche als angemeldeter Nutzer im Netzwerk

274 „Polizei Baden-Württemberg aktiv in „social media" mit facebook, twitter & Co", DPZ, 7/2013.

275 Flashmob (engl.), sogenannte „Blitzaufläufe" einer Menge aus dem Nichts.

- der Suche als nicht angemeldeter Nutzer im Netzwerk
- der Suche über Suchmaschinen anderer Anbieter.[276]

Die Netzwerke unterhalten **Richtlinien für Strafverfolgungsbehörden** zur Vorgehensweise beim Anfordern von Daten sowie Erläuterungen zur Art der Daten, die angefordert werden können. Spezielle Möglichkeiten für Anfragen bestehen für den sogenannten „Emergency Request“[277] bei begründeter Gefahr für Leib oder Leben.

An zentraler Stelle geführte **Listen** mit verantwortlichen **Ansprechpartnern** der Sozialen Netzwerke und Hinweisen zu Anfrageerfordernissen stehen den Polizeidienststellen zur Verfügung.

Aus der Entscheidung des BVerfG zur Online-Durchsuchung ergibt sich, dass das Gericht, abgestuft nach Art des Vorgehens und der Schutzbedürftigkeit der Daten, eine relativ geringe Eingriffsintensität durch staatliche Maßnahmen im Netz festlegt und damit „die Messlatte“ für die Erlangung von allgemein und öffentlich zugänglichen Daten ausdrücklich niedrig aufhängt. Tendenziell sind die Maßnahmen eher grundrechtsneutral einzustufen und stellen keinen Grundrechtseingriff dar. Intensivere Recherchen führen allerdings auch zu erheblichen Rechtseingriffen bis hin zur Beeinträchtigung des Telekommunikationsgeheimnisses.

Das BVerfG stellt die anonyme bzw. pseudonyme Kommunikation als unproblematisch dar, da im Netz primär keinerlei Überprüfungsmechanismen existieren, ob der Teilnehmer auch wirklich derjenige ist, der er vorgibt zu sein.

Eine **Anmeldung** unter **Pseudonym** ist daher – **auch für einen Polizeibeamten zum Zwecke der Ermittlungen – rechtlich zulässig**. Chat-Teilnahme zur aktiven Informationserhebung mit Legende stützt sich zunächst auf die Ermittlungsgeneralklausel (§ 163 StPO). Das Ermitteln innerhalb einer geschlossenen Gruppe bedarf als Rechtsgrundlage des § 100a StPO.

Die Frage rechtlicher Vorgaben bzgl. des verdeckten Ermittelns im Netz dürfte sich mit der entsprechenden Intensität (z. B. virtueller VE/Verdeckter Ermittler) ergeben.

Polizeiliche Auskunftsersuchen an die Betreiber sozialer Netzwerke bedürfen entsprechend der Differenzierung nach Bestandsdaten oder Verkehrsdaten der entsprechenden Ermächtigungsgrundlage.[278]

---

276 *Kleile*, Handbuch Internetrecherche, Kapitel iResearch – die Suche im Internet, 2016

277 Engl.: Notfall.

278 Vgl. Kapitel 3.6.

Im Rahmen entsprechender **Ermittlungen** empfehlen sich folgende **Grundregeln**:

- keine anlasslosen Ermittlungen; Informationserhebungen im sozialen Netzwerk grundsätzlich nur bei verantwortlichen Personen
- Beachtung von speziellen Anordnungskompetenzen bei eingriffsintensiveren Maßnahmen; je nach Grundrechtseingriff müssen die Voraussetzungen der notwendigen Ermächtigungsgrundlagen geprüft sein (bei eingriffsintensiven Maßnahmen sind staatsanwaltschaftliche/richterliche/polizeiinterne Entscheidungsvorbehalte zu beachten)
- keine Ermittlungen über Privat-Accounts von Polizeibediensteten oder deren Angehörigen
- die Erstellung von dienstlichen Rechercheaccounts („Fake-Accounts") haben grundsätzlich durch den Sachbearbeiter Cybercrime oder in Abstimmung mit ihm zu erfolgen
- Dokumentation der Maßnahme und Kennzeichnung von Datenherkunft und Zweckbestimmung
- Verifizierungsbedarf/Plausibilitätsprüfung hinsichtlich der erhobenen Daten
- Schutz von Berufsgeheimnisträgern, Privilegierung beachten (§§ 53, 53a StPO)
- Benachrichtigungsregeln und sonstige Formvorschriften sind einzuhalten
- Einzelfallbetrachtung und Wahrung der Verhältnismäßigkeit
- in Zweifelsfällen rechtliche Prüfung, Abstimmung mit vorgesetzter Stelle und Staatsanwaltschaft

Das Gesetz zur Verbesserung der Rechtsdurchsetzung in sozialen Netzwerken (**Netzwerkdurchsetzungsgesetz – NetzDG**) ist seit dem 01.10.2017 in Kraft.

Das Gesetz zielt darauf ab, Hasskriminalität, strafbare Falschnachrichten und andere strafbare Inhalte auf den Plattformen sozialer Netzwerke wirksamer zu bekämpfen. Dazu zählen z.B. Beleidigung, üble Nachrede, Verleumdung, öffentliche Aufforderung zu Straftaten, Volksverhetzung, Gewaltdarstellung und Bedrohung. Um die sozialen Netzwerke zu einer zügigeren und umfassenderen Bearbeitung von Beschwerden insbesondere von Nutzerinnen und Nutzern über Hasskriminalität und andere strafbare Inhalte anzuhalten, wurden mit dem NetzDG gesetzliche Compliance-Regeln für soziale Netzwerke eingeführt.

Dies beinhaltet eine gesetzliche Berichtspflicht für Anbieter sozialer Netzwerke über den Umgang mit Hasskriminalität und anderen strafbaren Inhalten, Vorgaben zum Vorhalten eines wirksamen Beschwerdemanagements sowie zur Benennung eines inländischen Zustellungsbevollmächtigten. Verstöße gegen diese Pflichten können mit Bußgeldern gegen das Unternehmen und die Aufsichtspflichtigen geahndet werden. Außerdem wird Opfern von Persönlichkeitsrechtsverletzungen im Netz ermöglicht, aufgrund gerichtlicher Anordnung die Bestandsdaten der Verletzer von Diensteanbietern zu erhalten.[279]

Das Gesetz gilt für Telemediendiensteanbieter, die mit Gewinnerzielungsabsicht Plattformen im Internet betreiben, die dazu bestimmt sind, dass Nutzer beliebige Inhalte mit anderen Nutzern teilen oder der Öffentlichkeit zugänglich machen (soziale Netzwerke). Rechtswidrige Inhalte sind Inhalte, die den Tatbestand der §§ 86, 86a, 89a, 91, 100a, 111, 126, 129 bis 129b, 130, 131, 140, 166, 184b i. V. m. §§ 184d, 185 bis 187, 201a, 241 oder 269 StGB erfüllen und nicht gerechtfertigt sind (vgl. § 1 NetzDG).

Diensteanbieter, so Google und Facebook, haben zum Melden von entsprechenden Inhalten Webformulare ins Internet eingestellt. Gleiches gilt zwecks Anzeigenerstattung für das Bundesministerium der Justiz und für Verbraucherschutz (BMJV).

Am 19.02.2020 hat der Gesetzgeber den Entwurf eines Gesetzes zur Bekämpfung des Rechtsextremismus und der Hasskriminalität beschlossen, der u.a. eine Pflicht der Anbieter sozialer Netzwerke vorsieht, bestimmte rechtswidrige Inhalte an das BKA zu melden. Am 01.04.2020 hat der Gesetzgeber außerdem den Entwurf eines Gesetzes zur Änderung des NetzDG beschlossen, der insbesondere die Rechte der Nutzerinnen und Nutzer stärkt und die Transparenz sozialer Netzwerke erhöht. Beide Gesetzentwürfe befinden sich aktuell im parlamentarischen Verfahren.[280]

279 Vgl. www.bmjv.de, Netzwerkdurchsetzungsgesetz.

280 Vgl. FN 279.

19 Ermittlungshilfe Internet

Das **Internet** ist eine ideale **Wissensplattform**, Informationen aller Art werden **weltweit** eingestellt. Diese **Informationen** werden **über** sogenannte **Suchmaschinen** abgerufen. Die bloße Eingabe eines bestimmten Begriffes genügt und das Netz wird nach dem Begriff durchsucht.

Nach Wikipedia ist „eine Suchmaschine ein Programm zur Recherche von Dokumenten, die in einem Computernetzwerk, wie z. B. dem WorldWideWeb, gespeichert sind". Das Nutzen von Suchmaschinen ist kostenlos, da sie meist durch Werbung finanziert sind. Im Ergebnis listet die Suchmaschine eine Mehrzahl von Suchergebnissen auf.

Zur **Ermittlung von Personen** u. a. können vorhandene **Daten in** das entsprechende **Suchfeld** eingegeben werden. Im Falle eines Treffers, z. B. verfügen viele Personen über eine sogenannte Homepage, können Erkenntnisse gewonnen werden. Metasuchmaschinen leiten eine Suchanfrage an mehrere andere Suchmaschinen gleichzeitig weiter, sammeln die Ergebnisse und bringen sie in eine einheitliche Oberfläche zusammen. Der Hauptvorteil dieses Verfahrens besteht darin, dass mit einer einzigen Suche sehr viele Datenbestände durchsucht werden können.

Personensuchmaschinen, wie www.123people.com und www.yasni.de, aggregieren Fundstellen zu einzelnen Personen wie Texte, Fotos und Videos aus dem Web, Telefonbucheinträge oder Profile aus social networks.

Die Internetseite http://web.archive.org dient als **Web-Archiv** und kann Informationen zu nicht mehr existenten Internetadressen liefern.

Street View und Google Earth können zur klassischen **Einsatzvorbereitung** und Objektaufklärung herangezogen werden. Zur Nutzung **digitale**r **Stadtpläne** gibt es im UrhG für die Rechtspflege und die öffentliche Sicherheit eine Ausnahmevorschrift. § 45 UrhG sieht vor, dass es zulässig ist, einzelne Vervielfältigungsstücke von Werken zur Verwendung in Verfahren vor einem Gericht oder einer Behörde herzustellen oder herstellen zu lassen. Dies könnte eine Relevanz haben, wenn Wegstrecken von Tätern auf Grundlage eines digitalen Stadtplanes in einem Strafverfahren nachvollzogen werden sollen. Unter den gleichen Voraussetzungen wie die Vervielfältigung ist auch die Verbreitung, öffentliche Ausstellung und öffentliche Wiedergabe der Werke zulässig. Bei einer Vervielfältigung ist die Quelle anzugeben (vgl. § 63 UrhG).[281]

281 *von Hartz*, Uhren, Streaming und Co. – Produktpirateriefälle, EuGH-Urteil v. 10.04.2014, C-435/12 – ACI in: der kriminalist 11/2016.

Zur professionellen Bekämpfung der Kriminalität müssen bei der **Observations- und Videoüberwachungstechnik** modernste technische Mittel eingesetzt werden. Digitale **Aufzeichnungs- und Übertragungstechnik** bietet hierzu ein erhebliches Potenzial für polizeiliche Auftragslagen.[282]

Bei **www.twazzup.com** handelt es sich um ein Web-Angebot, mit dem Anwender recherchieren können, was gerade auf Twitter gepostet wird. Dies kann einsatzbegleitend zur Aufklärung dienen.

Die Internetseite www.tineye.com dient zur **Identifizierung von Beteiligten** nach polizeilich relevanten Ereignissen.

Die Suche mit Bildern – sog. **Reverse Image Search** – von Gegenständen, Gebäuden u. a. stützt sich ebenso wie die Suche mit Bildern von Personen, die bereits im Internet veröffentlicht sind (unter Verwendung der URL der Veröffentlichung), auf die §§ 161, 163 StPO, zur Identifizierung der Personen auf § 163b StPO.

Die Suche mit Bildern von Personen, die zu diesem Zweck in das Tool/die Suchmaschine hochgeladen werden, richtet sich nach § 131b StPO (vgl. auch Kapitel 3.6).

Hinweise, um die **Herkunft** einer **Telefonnummer** festzustellen, finden sich auf der Internetseite www.fonefinder.net.

Die Abkürzung **OSINT** steht für „Open Source Intelligence“. Der Begriff stammt aus der militärischen bzw. nachrichtendienstlichen Überwachung offen zugänglicher Quellen. Auch für die Polizei geht es um die fallbezogene Auswertung zugänglicher Quellen. Die Internetseite https://osintframework.com liefert Hinweise zu Webseiten und Tools, die eine Recherche unterstützen können.[283]

Im digitalen Zeitalter wird die **Polizei** Baden-Württemberg **ihr Engagement rund um soziale Netzwerke** weiter **ausweiten**. In diesem Zusammenhang werden auch sämtliche Streifenwagen mit QR-Codes[284] beklebt. Beim Scannen des QR-Codes mit dem Handy gelangt man auf eine Auswahlseite, eine sogenannte Landingpage, wo der Nutzer aus dem jeweiligen dienststellenbezogenen Internetangebot (Homepage, Facebook, Twitter, u. a.) auswählen kann.

---

282 *Sewing*, Videoübertragung und -aufzeichnung im Wandel der Zeit, in: der kriminalist, 5/2008.

283 Internetrecherche – Handlungsempfehlung zur Recherche in öffentlichen Netzen, HfPolBW, IF Cybercrime und digitale Spuren, 04.03.2020

284 QR-Code, ein Standard für die Darstellung von Texten, Links und anderen Informationen mittels einer zweidimensionalen Grafik. Vgl. „Polizei Baden-Württemberg aktiv in „social media“ mit facebook, twitter & Co – Soziale Netzwerke zu Fahndungszwecken“, DPZ, 7/2013.

Abb. 59 QR-Code der Polizei Baden-Württemberg, rechts die Landingpage mit Auswahlmöglichkeit[285]

Durch die flexiblen Gestaltungsmöglichkeiten der Landingpage können auch regionale polizeiliche Veranstaltungen, z. B. zu Zwecken der Prävention, beworben und gleichzeitig den zukünftigen polizeilichen Veränderungen Rechnung getragen werden. Weiter werden auch andere Social Media-Angebote wie YouTube als Videoportal oder Google+ und die nächste Generation Sozialer Netzwerke genauer betrachtet werden müssen, um den Mehrwert dieser Portale unter polizeilichen Gesichtspunkten zu bewerten. Angesichts der veränderten Entwicklung der Mediennutzung junger Menschen kann aber prognostiziert werden, dass die **Fahndung in sozialen Netzwerken** in naher Zukunft zu einem Standardinstrument der polizeilichen Fahndung werden könnte.

Von polizeilicher Bedeutung sind **Warn- und Informationsdienste**.

KATWARN ist ein bundesweit einheitlicher Warndienst fürs Mobiltelefon. Bei Unglücksfällen wie Großbränden, Bombenfunden oder Wirbelstürmen senden die verantwortlichen Feuerwehrleitstellen, Landeslagezentren oder der Deutsche Wetterdienst über KATWARN Warninformationen orts- oder anlassbezogen an die Mobiltelefone der betroffenen Menschen. KATWARN bietet damit zusätzlich zu Lautsprecheransagen, Sirenen und Rundfunk Informationen, die lebenswichtig sein können.[286]

NINA steht für Notfall-, Informations- und Nachrichten-App und setzt auf einem satellitenbasierten und modularen Warnsystem des Bundes auf. Über diese kostenlose App kann das Land nahezu straßenscharf und standortgebunden Menschen vor Gefahrenlagen warnen und mit konkreten Notfalltipps versorgen. Gespeist wird das der App zugrunde liegende System durch das Lagezentrum der Landesregierung im Innenministerium und die

285 Bildquelle: DPZ, 7/2013.

286 Vgl. www.katwarn.de, 06.01.2017

Berufsfeuerwehr Reutlingen. Bei Großschadenlagen wird das System vom Verwaltungsstab des Innenministeriums bedient.[287]

287 Vgl. https://im.baden-wuerttemberg.de, 06.01.2017.

20 Anhang

20.1 Strafgesetzbuch (Auszug)

in der Fassung der Bekanntmachung vom 13. November 1998 (BGBl. I S. 3322), zuletzt geändert durch Gesetz vom 30. November 2020 (BGBl. I S. 2600)

§ 149 StGB – Vorbereitung der Fälschung von Geld und Wertzeichen

(1) Wer eine Fälschung von Geld oder Wertzeichen vorbereitet, indem er

1. Platten, Formen, Drucksätze, Druckstöcke, Negative, Matrizen, Computerprogramme oder ähnliche Vorrichtungen, die ihrer Art nach zur Begehung der Tat geeignet sind,
2. Papier, das einer solchen Papierart gleicht oder zum Verwechseln ähnlich ist, die zur Herstellung von Geld oder amtlichen Wertzeichen bestimmt und gegen Nachahmung besonders gesichert ist,

   oder
3. Hologramme oder andere Bestandteile, die der Sicherung gegen Fälschung dienen,

herstellt, sich oder einem anderen verschafft, feilhält, verwahrt oder einem anderen überlässt, wird, wenn er eine Geldfälschung vorbereitet, mit Freiheitsstrafe bis zu fünf Jahren oder mit Geldstrafe, sonst mit Freiheitsstrafe bis zu zwei Jahren oder mit Geldstrafe bestraft.

(2) Nach Absatz 1 wird nicht bestraft, wer freiwillig

1. die Ausführung der vorbereiteten Tat aufgibt und eine von ihm verursachte Gefahr, dass andere die Tat weiter vorbereiten oder sie ausführen, abwendet oder die Vollendung der Tat verhindert und
2. die Fälschungsmittel, soweit sie noch vorhanden und zur Fälschung brauchbar sind, vernichtet, unbrauchbar macht, ihr Vorhandensein einer Behörde anzeigt oder sie dort abliefert.

(3) Wird ohne Zutun des Täters die Gefahr, dass andere die Tat weiter vorbereiten oder sie ausführen, abgewendet oder die Vollendung der Tat verhindert, so genügt an Stelle der Voraussetzungen des Absatzes 2 Nr. 1 das freiwillige und ernsthafte Bemühen des Täters, dieses Ziel zu erreichen.

§ 202a StGB – Ausspähen von Daten

(1) Wer unbefugt sich oder einem anderen Zugang zu Daten, die nicht für ihn bestimmt und die gegen unberechtigten Zugang besonders gesichert sind, unter Überwindung der Zugangssicherung verschafft, wird mit Freiheitsstrafe bis zu drei Jahren oder mit Geldstrafe bestraft.

(2) Daten im Sinne des Absatzes 1 sind nur solche, die elektronisch, magnetisch oder sonst nicht unmittelbar wahrnehmbar gespeichert sind oder übermittelt werden.

§ 202b StGB – Abfangen von Daten

Wer unbefugt sich oder einem anderen unter Anwendung von technischen Mitteln nicht für ihn bestimmte Daten (§ 202a Abs. 2) aus einer nichtöffentlichen Datenübermittlung oder aus der elektromagnetischen Abstrahlung einer Datenverarbeitungsanlage verschafft, wird mit Freiheitsstrafe bis zu zwei Jahren oder mit Geldstrafe bestraft, wenn die Tat nicht in anderen Vorschriften mit schwererer Strafe bedroht ist.

§ 202c StGB – Vorbereiten des Ausspähens und Abfangens von Daten

(1) Wer eine Straftat nach § 202a oder § 202b vorbereitet, indem er

1. Passwörter oder sonstige Sicherungscodes, die den Zugang zu Daten (§ 202a Abs. 2) ermöglichen,

   oder

2. Computerprogramme, deren Zweck die Begehung einer solchen Tat ist,

herstellt, sich oder einem anderen verschafft, verkauft, einem anderen überlässt, verbreitet oder sonst zugänglich macht, wird mit Freiheitsstrafe bis zu zwei Jahren oder mit Geldstrafe bestraft.

(2) § 149 Abs. 2 und 3 gilt entsprechend.

§ 202d – Datenhehlerei

(1) Wer Daten (§ 202a Absatz 2), die nicht allgemein zugänglich sind und die ein anderer durch eine rechtswidrige Tat erlangt hat, sich oder einem anderen verschafft, einem anderen überlässt, verbreitet oder sonst zugänglich macht, um sich oder einen Dritten zu bereichern oder einen anderen zu schädigen, wird mit Freiheitsstrafe bis zu drei Jahren oder mit Geldstrafe bestraft.

(2) Die Strafe darf nicht schwerer sein als die für die Vortat angedrohte Strafe.

(3) Absatz 1 gilt nicht für Handlungen, die ausschließlich der Erfüllung rechtmäßiger dienstlicher oder beruflicher Pflichten dienen. Dazu gehören insbesondere

1. solche Handlungen von Amtsträgern oder deren Beauftragten, mit denen Daten ausschließlich der Verwertung in einem Besteuerungsverfahren, einem Strafverfahren oder einem Ordnungswidrigkeitenverfahren zugeführt werden sollen,

   sowie

2. solche beruflichen Handlungen der in § 53 Absatz 1 Satz 1 Nummer 5 der Strafprozessordnung genannten Personen, mit denen Daten entgegengenommen, ausgewertet oder veröffentlicht werden.

§ 263a StGB – Computerbetrug

(1) Wer in der Absicht, sich oder einem Dritten einen rechtswidrigen Vermögensvorteil zu verschaffen, das Vermögen eines anderen dadurch beschädigt, dass er das Ergebnis eines Datenverarbeitungsvorgangs durch unrichtige Gestaltung des Programms, durch Verwendung unrichtiger oder unvollständiger Daten, durch unbefugte Verwendung von Daten oder sonst durch unbefugte Einwirkung auf den Ablauf beeinflusst, wird mit Freiheitsstrafe bis zu fünf Jahren oder mit Geldstrafe bestraft.

(2) § 263 Abs. 2 bis 6 gilt entsprechend.

(3) Wer eine Straftat nach Absatz 1 vorbereitet, indem er Computerprogramme, deren Zweck die Begehung einer solchen Tat ist, herstellt, sich oder einem anderen verschafft, feilhält, verwahrt oder einem anderen überlässt, wird mit Freiheitsstrafe bis zu drei Jahren oder mit Geldstrafe bestraft.

(4) In den Fällen des Absatzes 3 gilt § 149 Abs. 2 und 3 entsprechend.

§ 269 StGB – Fälschung beweiserheblicher Daten

(1) Wer zur Täuschung im Rechtsverkehr beweiserhebliche Daten so speichert oder verändert, dass bei ihrer Wahrnehmung eine unechte oder verfälschte Urkunde vorliegen würde, oder derart gespeicherte oder veränderte Daten gebraucht, wird mit Freiheitsstrafe bis zu fünf Jahren oder mit Geldstrafe bestraft.

(2) Der Versuch ist strafbar.

(3) § 267 Abs. 3 und 4 gilt entsprechend.

§ 270 StGB – Täuschung im Rechtsverkehr bei Datenverarbeitung

Der Täuschung im Rechtsverkehr steht die fälschliche Beeinflussung einer Datenverarbeitung im Rechtsverkehr gleich.

§ 271 StGB – Mittelbare Falschbeurkundung

(1) Wer bewirkt, dass Erklärungen, Verhandlungen oder Tatsachen, welche für Rechte oder Rechtsverhältnisse von Erheblichkeit sind, in öffentlichen Urkunden, Büchern, Dateien oder Registern als abgegeben oder geschehen beurkundet oder gespeichert werden, während sie überhaupt nicht oder in anderer Weise oder von einer Person in einer ihr nicht zustehenden Eigenschaft oder von einer anderen Person abgegeben oder geschehen sind, wird mit Freiheitsstrafe bis zu drei Jahren oder mit Geldstrafe bestraft.

(2) Ebenso wird bestraft, wer eine falsche Beurkundung oder Datenspeicherung der in Absatz 1 bezeichneten Art zur Täuschung im Rechtsverkehr gebraucht.

(3) Handelt der Täter gegen Entgelt oder in der Absicht, sich oder einen Dritten zu bereichern oder eine andere Person zu schädigen, so ist die Strafe Freiheitsstrafe von drei Monaten bis zu fünf Jahren.

(4) Der Versuch ist strafbar.

§ 274 StGB – Urkundenunterdrückung; Veränderung einer Grenzbezeichnung

(1) Mit Freiheitsstrafe bis zu fünf Jahren oder mit Geldstrafe wird bestraft, wer

1. …
2. beweiserhebliche Daten (§ 202a Abs. 2), über die er nicht oder nicht ausschließlich verfügen darf, in der Absicht, einem anderen Nachteil zuzufügen, löscht, unterdrückt, unbrauchbar macht oder verändert oder
3. …

(2) Der Versuch ist strafbar.

§ 303a StGB – Datenveränderung

(1) Wer rechtswidrig Daten (§ 202a Abs. 2) löscht, unterdrückt, unbrauchbar macht oder verändert, wird mit Freiheitsstrafe bis zu zwei Jahren oder mit Geldstrafe bestraft.

(2) Der Versuch ist strafbar.

(3) Für die Vorbereitung einer Straftat nach Absatz 1 gilt § 202c entsprechend.

§ 303b StGB – Computersabotage

(1) Wer eine Datenverarbeitung, die für einen anderen von wesentlicher Bedeutung ist, dadurch erheblich stört, dass er

1. eine Tat nach § 303a Abs. 1 begeht,

2. Daten (§ 202a Abs. 2) in der Absicht, einem anderen Nachteil zuzufügen, eingibt oder übermittelt

   oder

3. eine Datenverarbeitungsanlage oder einen Datenträger zerstört, beschädigt, unbrauchbar macht, beseitigt oder verändert,

wird mit Freiheitsstrafe bis zu drei Jahren oder mit Geldstrafe bestraft.

(2) Handelt es sich um eine Datenverarbeitung, die für einen fremden Betrieb, ein fremdes Unternehmen oder eine Behörde von wesentlicher Bedeutung ist, ist die Strafe Freiheitsstrafe bis zu fünf Jahren oder Geldstrafe.

(3) Der Versuch ist strafbar.

(4) In besonders schweren Fällen des Absatzes 2 ist die Strafe Freiheitsstrafe von sechs Monaten bis zu zehn Jahren. Ein besonders schwerer Fall liegt in der Regel vor, wenn der Täter

1. einen Vermögensverlust großen Ausmaßes herbeiführt,
2. gewerbsmäßig oder als Mitglied einer Bande handelt, die sich zur fortgesetzten Begehung von Computersabotage verbunden hat,
3. durch die Tat die Versorgung der Bevölkerung mit lebenswichtigen Gütern oder Dienstleistungen oder die Sicherheit der Bundesrepublik Deutschland beeinträchtigt.

(5) Für die Vorbereitung einer Straftat nach Absatz 1 gilt § 202c entsprechend.

20.2 Gesetz über Urheberrecht und verwandte Schutzrechte (Auszug)

vom 9. September 1965 (BGBl. I S. 1273), zuletzt geändert durch Gesetz vom 26. November 2020 (BGBl. I S. 2568)

§ 95a UrhG – Schutz technischer Maßnahmen

(1) Wirksame technische Maßnahmen zum Schutz eines nach diesem Gesetz geschützten Werkes oder eines anderen nach diesem Gesetz geschützten Schutzgegenstandes dürfen ohne Zustimmung des Rechtsinhabers nicht umgangen werden, soweit dem Handelnden bekannt ist oder den Umständen nach bekannt sein muss, dass die Umgehung erfolgt, um den Zugang zu einem solchen Werk oder Schutzgegenstand oder deren Nutzung zu ermöglichen.

(2) Technische Maßnahmen im Sinne dieses Gesetzes sind Technologien, Vorrichtungen und Bestandteile, die im normalen Betrieb dazu bestimmt sind, geschützte Werke oder andere nach diesem Gesetz geschützte Schutzgegenstände betreffende Handlungen, die vom Rechtsinhaber nicht genehmigt sind, zu verhindern oder einzuschränken. Technische Maßnahmen sind wirksam, soweit durch sie die Nutzung eines geschützten Werkes oder eines anderen nach diesem Gesetz geschützten Schutzgegenstandes von dem Rechtsinhaber durch eine Zugangskontrolle, einen Schutzmechanismus wie Verschlüsselung, Verzerrung oder sonstige Umwandlung oder einen Mechanismus zur Kontrolle der Vervielfältigung, die die Erreichung des Schutzziels sicherstellen, unter Kontrolle gehalten wird.

(3) Verboten sind die Herstellung, die Einfuhr, die Verbreitung, der Verkauf, die Vermietung, die Werbung im Hinblick auf Verkauf oder Vermietung und der gewerblichen Zwecken dienende Besitz von Vorrichtungen, Erzeugnissen oder Bestandteilen sowie die Erbringung von Dienstleistungen, die

1. Gegenstand einer Verkaufsförderung, Werbung oder Vermarktung mit dem Ziel der Umgehung wirksamer technischer Maßnahmen sind

   oder

2. abgesehen von der Umgehung wirksamer technischer Maßnahmen nur einen begrenzten wirtschaftlichen Zweck oder Nutzen haben oder
3. hauptsächlich entworfen, hergestellt, angepasst oder erbracht werden, um die Umgehung wirksamer technischer Maßnahmen zu ermöglichen oder zu erleichtern.

(4) Von den Verboten der Absätze 1 und 3 unberührt bleiben Aufgaben und Befugnisse öffentlicher Stellen zum Zwecke des Schutzes der öffentlichen Sicherheit oder der Strafrechtspflege.

§ 106 UrhG – Unerlaubte Verwertung urheberrechtlich geschützter Werke

(1) Wer in anderen als den gesetzlich zugelassenen Fällen ohne Einwilligung des Berechtigten ein Werk oder eine Bearbeitung oder Umgestaltung eines Werkes vervielfältigt, verbreitet oder öffentlich wiedergibt, wird mit Freiheitsstrafe bis zu drei Jahren oder mit Geldstrafe bestraft.

(2) Der Versuch ist strafbar.

§ 107 UrhG – Unzulässiges Anbringen der Urheberbezeichnung

(1) Wer

1. auf dem Original eines Werkes der bildenden Künste die Urheberbezeichnung (§ 10 Abs. 1) ohne Einwilligung des Urhebers anbringt oder ein derart bezeichnetes Original verbreitet,

2. auf einem Vervielfältigungsstück, einer Bearbeitung oder Umgestaltung eines Werkes der bildenden Künste die Urheberbezeichnung (§ 10 Abs. 1) auf eine Art anbringt, die dem Vervielfältigungsstück, der Bearbeitung oder Umgestaltung den Anschein eines Originals gibt, oder ein derart bezeichnetes Vervielfältigungsstück, eine solche Bearbeitung oder Umgestaltung verbreitet,

wird mit Freiheitsstrafe bis zu drei Jahren oder mit Geldstrafe bestraft, wenn die Tat nicht in anderen Vorschriften mit schwererer Strafe bedroht ist.

(2) Der Versuch ist strafbar.

§ 108 UrhG – Unerlaubte Eingriffe in verwandte Schutzrechte

(1) Wer in anderen als den gesetzlich zugelassenen Fällen ohne Einwilligung des Berechtigten

1. eine wissenschaftliche Ausgabe (§ 70) oder eine Bearbeitung oder Umgestaltung einer solchen Ausgabe vervielfältigt, verbreitet oder öffentlich wiedergibt,
2. ein nachgelassenes Werk oder eine Bearbeitung oder Umgestaltung eines solchen Werkes entgegen § 71 verwertet,
3. ein Lichtbild (§ 72) oder eine Bearbeitung oder Umgestaltung eines Lichtbildes vervielfältigt, verbreitet oder öffentlich wiedergibt,
4. die Darbietung eines ausübenden Künstlers entgegen den § 77 Abs. 1 oder Abs. 2 Satz 1, § 78 Abs. 1 verwertet,
5. einen Tonträger entgegen § 85 verwertet,
6. eine Funksendung entgegen § 87 verwertet,
7. einen Bildträger oder Bild- und Tonträger entgegen §§ 94 oder 95 in Verbindung mit § 94 verwertet,
8. eine Datenbank entgegen § 87b Abs. 1 verwertet,

wird mit Freiheitsstrafe bis zu drei Jahren oder mit Geldstrafe bestraft.

(2) Der Versuch ist strafbar.

§ 108a UrhG – Gewerbsmäßige unerlaubte Verwertung

(1) Handelt der Täter in den Fällen der §§ 106 bis 108 gewerbsmäßig, so ist die Strafe Freiheitsstrafe bis zu fünf Jahren oder Geldstrafe.

(2) Der Versuch ist strafbar.

§ 108b UrhG – Unerlaubte Eingriffe in technische Schutzmaßnahmen und zur Rechtewahrnehmung erforderliche Informationen

(1) Wer

1. in der Absicht, sich oder einem Dritten den Zugang zu einem nach diesem Gesetz geschützten Werk oder einem anderen nach diesem Gesetz geschützten Schutzgegenstand oder deren Nutzung zu ermöglichen, eine wirksame technische Maßnahme ohne Zustimmung des Rechtsinhabers umgeht oder
2. wissentlich unbefugt
   a) eine von Rechtsinhabern stammende Information für die Rechtewahrnehmung entfernt oder verändert, wenn irgendeine der betreffenden Informationen an einem Vervielfältigungsstück eines Werkes oder eines sonstigen Schutzgegenstandes angebracht ist oder im Zusammenhang mit der öffentlichen Wiedergabe eines solchen Werkes oder Schutzgegenstandes erscheint, oder
   b) ein Werk oder einen sonstigen Schutzgegenstand, bei dem eine Information für die Rechtewahrnehmung unbefugt entfernt oder geändert wurde, verbreitet, zur Verbreitung einführt, sendet, öffentlich wiedergibt oder öffentlich zugänglich macht

   und dadurch wenigstens leichtfertig die Verletzung von Urheberrechten oder verwandten Schutzrechten veranlasst, ermöglicht, erleichtert oder verschleiert,

wird, wenn die Tat nicht ausschließlich zum eigenen privaten Gebrauch des Täters oder mit dem Täter persönlich verbundener Personen erfolgt oder sich auf einen derartigen Gebrauch bezieht, mit Freiheitsstrafe bis zu einem Jahr oder mit Geldstrafe bestraft.

(2) Ebenso wird bestraft, wer entgegen § 95a Abs. 3 eine Vorrichtung, ein Erzeugnis oder einen Bestandteil zu gewerblichen Zwecken herstellt, einführt, verbreitet, verkauft oder vermietet.

(3) Handelt der Täter in den Fällen des Absatzes 1 gewerbsmäßig, so ist die Strafe Freiheitsstrafe bis zu drei Jahren oder Geldstrafe.

§ 109 UrhG – Strafantrag

In den Fällen der §§ 106 bis 108 und des § 108b wird die Tat nur auf Antrag verfolgt, es sei denn, dass die Strafverfolgungsbehörde wegen des besonderen öffentlichen Interesses an der Strafverfolgung ein Einschreiten von Amts wegen für geboten hält.

§ 110 UrhG – Einziehung

Gegenstände, auf die sich eine Straftat nach den §§ 106, 107 Abs. 1 Nr. 2, §§ 108 bis 108b bezieht, können eingezogen werden. § 74a des Strafgesetzbuches ist anzuwenden. Soweit den in § 98 bezeichneten Ansprüchen im Verfahren nach den Vorschriften der Strafprozessordnung über die Entschädigung des Verletzten (§§ 403 bis 406c) stattgegeben wird, sind die Vorschriften über die Einziehung nicht anzuwenden.

§ 111a UrhG – Bußgeldvorschriften

(1) Ordnungswidrig handelt, wer

1. entgegen § 95a Abs. 3
   a) eine Vorrichtung, ein Erzeugnis oder einen Bestandteil verkauft, vermietet oder über den Kreis der mit dem Täter persönlich verbundenen Personen hinaus verbreitet oder
   b) zu gewerblichen Zwecken eine Vorrichtung, ein Erzeugnis oder einen Bestandteil besitzt, für deren Verkauf oder Vermietung wirbt oder eine Dienstleistung erbringt,
2. entgegen § 95b Abs. 1 Satz 1 ein notwendiges Mittel nicht zur Verfügung stellt oder
3. entgegen § 95d Abs. 2 Satz 1 Werke oder andere Schutzgegenstände nicht oder nicht vollständig kennzeichnet.

(2) Die Ordnungswidrigkeit kann in den Fällen des Absatzes 1 Nr. 1 und 2 mit einer Geldbuße bis zu fünfzigtausend Euro und in den übrigen Fällen mit einer Geldbuße bis zu zehntausend Euro geahndet werden.

20.3 Telekommunikationsgesetz (Auszug)

vom 22. Juni 2004 (BGBl. I S. 1190), zuletzt geändert durch Verordnung vom 19. Juni 2020 (BGBl. I S. 1328)

§ 95 TKG – Vertragsverhältnisse (Bestandsdaten)

(1) Der Diensteanbieter darf Bestandsdaten erheben und verwenden, soweit dieses zur Erreichung des in § 3 Nr. 3 genannten Zweckes erforderlich ist. Im Rahmen eines Vertragsverhältnisses mit einem anderen Diensteanbieter darf der Diensteanbieter Bestandsdaten seiner Teilnehmer und der Teilnehmer des anderen Diensteanbieters erheben und verwenden, soweit dies zur Erfüllung des Vertrages zwischen den Diensteanbietern erforder-

lich ist. Eine Übermittlung der Bestandsdaten an Dritte erfolgt, soweit nicht dieser Teil oder ein anderes Gesetz sie zulässt, nur mit Einwilligung des Teilnehmers.

(2) Der Diensteanbieter darf die Bestandsdaten der in Absatz 1 Satz 2 genannten Teilnehmer zur Beratung der Teilnehmer, zur Werbung für eigene Angebote, zur Marktforschung und zur Unterrichtung über einen individuellen Gesprächswunsch eines anderen Nutzers nur verwenden, soweit dies für diese Zwecke erforderlich ist und der Teilnehmer eingewilligt hat. Ein Diensteanbieter, der im Rahmen einer bestehenden Kundenbeziehung rechtmäßig Kenntnis von der Rufnummer oder der Postadresse, auch der elektronischen, eines Teilnehmers erhalten hat, darf diese für die Versendung von Text- oder Bildmitteilungen an ein Telefon oder an eine Postadresse zu den in Satz 1 genannten Zwecken verwenden, es sei denn, dass der Teilnehmer einer solchen Verwendung widersprochen hat. Die Verwendung der Rufnummer oder Adresse nach Satz 2 ist nur zulässig, wenn der Teilnehmer bei der Erhebung oder der erstmaligen Speicherung der Rufnummer oder Adresse und bei jeder Versendung einer Nachricht an diese Rufnummer oder Adresse zu einem der in Satz 1 genannten Zwecke deutlich sichtbar und gut lesbar darauf hingewiesen wird, dass er der Versendung weiterer Nachrichten jederzeit schriftlich oder elektronisch widersprechen kann.

(3) Endet das Vertragsverhältnis, sind die Bestandsdaten vom Diensteanbieter mit Ablauf des auf die Beendigung folgenden Kalenderjahres zu löschen. § 35 Abs. 3 des Bundesdatenschutzgesetzes gilt entsprechend.

(4) Der Diensteanbieter kann im Zusammenhang mit dem Begründen und dem Ändern des Vertragsverhältnisses sowie dem Erbringen von Telekommunikationsdiensten die Vorlage eines amtlichen Ausweises verlangen, wenn dies zur Überprüfung der Angaben des Teilnehmers erforderlich ist. Die Pflicht nach § 111 Absatz 1 Satz 3 bleibt unberührt. Er kann von dem Ausweis eine Kopie erstellen. Die Kopie ist vom Diensteanbieter unverzüglich nach Feststellung der für den Vertragsabschluss erforderlichen Angaben des Teilnehmers zu vernichten. Andere als die nach Absatz 1 zulässigen Daten darf der Diensteanbieter dabei nicht verwenden.

(5) Die Erbringung von Telekommunikationsdiensten darf nicht von einer Einwilligung des Teilnehmers in eine Verwendung seiner Daten für andere Zwecke abhängig gemacht werden, wenn dem Teilnehmer ein anderer Zugang zu diesen Telekommunikationsdiensten ohne die Einwilligung nicht oder in nicht zumutbarer Weise möglich ist. Eine unter solchen Umständen erteilte Einwilligung ist unwirksam.

§ 96 TKG – Verkehrsdaten

(1) Der Diensteanbieter darf folgende Verkehrsdaten erheben, soweit dies für die in diesem Abschnitt genannten Zwecke erforderlich ist:

1. die Nummer oder Kennung der beteiligten Anschlüsse oder der Endeinrichtung, personenbezogene Berechtigungskennungen, bei Verwendung von Kundenkarten auch die Kartennummer, bei mobilen Anschlüssen auch die Standortdaten,
2. den Beginn und das Ende der jeweiligen Verbindung nach Datum und Uhrzeit und, soweit die Entgelte davon abhängen, die übermittelten Datenmengen,
3. den vom Nutzer in Anspruch genommenen Telekommunikationsdienst,
4. die Endpunkte von festgeschalteten Verbindungen, ihren Beginn und ihr Ende nach Datum und Uhrzeit und, soweit die Entgelte davon abhängen, die übermittelten Datenmengen,
5. sonstige zum Aufbau und zur Aufrechterhaltung der Telekommunikation sowie zur Entgeltabrechnung notwendige Verkehrsdaten.

Diese Verkehrsdaten dürfen nur verwendet werden, soweit dies für die in Satz 1 genannten oder durch andere gesetzliche Vorschriften begründeten Zwecke oder zum Aufbau weiterer Verbindungen erforderlich ist. Im Übrigen sind Verkehrsdaten vom Diensteanbieter nach Beendigung der Verbindung unverzüglich zu löschen.

(2) Eine über Absatz 1 hinausgehende Erhebung oder Verwendung der Verkehrsdaten ist unzulässig.

(3) Der Diensteanbieter darf teilnehmerbezogene Verkehrsdaten, die vom Anbieter eines öffentlich zugänglichen Telekommunikationsdienstes verwendet werden, zum Zwecke der Vermarktung von Telekommunikationsdiensten, zur bedarfsgerechten Gestaltung von Telekommunikationsdiensten oder zur Bereitstellung von Diensten mit Zusatznutzen im dazu erforderlichen Maß und im dazu erforderlichen Zeitraum nur verwenden, sofern der Betroffene in diese Verwendung eingewilligt hat. Die Daten der Angerufenen sind unverzüglich zu anonymisieren. Eine zielnummernbezogene Verwendung der Verkehrsdaten durch den Diensteanbieter zu den in Satz 1 genannten Zwecken ist nur mit Einwilligung der Angerufenen zulässig. Hierbei sind die Daten der Anrufenden unverzüglich zu anonymisieren.

(4) Bei der Einholung der Einwilligung ist dem Teilnehmer mitzuteilen, welche Datenarten für die in Absatz 3 Satz 1 genannten Zwecke verarbeitet werden sollen und wie lange sie gespeichert werden sollen. Außerdem ist

der Teilnehmer darauf hinzuweisen, dass er die Einwilligung jederzeit widerrufen kann.

§ 111 TKG – Daten für Auskunftsersuchen der Sicherheitsbehörden

(1) Wer geschäftsmäßig Telekommunikationsdienste erbringt oder daran mitwirkt und dabei Rufnummern oder andere Anschlusskennungen vergibt oder Telekommunikationsanschlüsse für von anderen vergebene Rufnummern oder andere Anschlusskennungen bereitstellt, hat für die Auskunftsverfahren nach den §§ 112 und 113

1. die Rufnummern und anderen Anschlusskennungen,
2. den Namen und die Anschrift des Anschlussinhabers,
3. bei natürlichen Personen deren Geburtsdatum,
4. bei Festnetzanschlüssen auch die Anschrift des Anschlusses,
5. in Fällen, in denen neben einem Mobilfunkanschluss auch ein Mobilfunkendgerät überlassen wird, die Gerätenummer dieses Gerätes sowie
6. das Datum des Vertragsbeginns

vor der Freischaltung zu erheben und unverzüglich zu speichern, auch soweit diese Daten für betriebliche Zwecke nicht erforderlich sind; das Datum des Vertragsendes ist bei Bekanntwerden ebenfalls zu speichern. Satz 1 gilt auch, soweit die Daten nicht in Teilnehmerverzeichnisse (§ 104) eingetragen werden. Bei im Voraus bezahlten Mobilfunkdiensten ist die Richtigkeit der nach Satz 1 erhobenen Daten vor der Freischaltung zu überprüfen durch

1. Vorlage eines Ausweises im Sinne des § 2 Absatz 1 des Personalausweisgesetzes,
2. Vorlage eines Passes im Sinne des § 1 Absatz 2 des Passgesetzes,
3. Vorlage eines sonstigen gültigen amtlichen Ausweises, der ein Lichtbild des Inhabers enthält und mit dem die Pass- und Ausweispflicht im Inland erfüllt wird, wozu insbesondere auch ein nach ausländerrechtlichen Bestimmungen anerkannter oder zugelassener Pass, Personalausweis oder Pass- oder Ausweisersatz zählt,
4. Vorlage eines Aufenthaltstitels,
5. Vorlage eines Ankunftsnachweises nach § 63a Absatz 1 des Asylgesetzes oder einer Bescheinigung über die Aufenthaltsgestattung nach § 63 Absatz 1 des Asylgesetzes,
6. Vorlage einer Bescheinigung über die Aussetzung der Abschiebung nach § 60a Absatz 4 des Aufenthaltsgesetzes oder

7. Vorlage eines Auszugs aus dem Handels- oder Genossenschaftsregister oder einem vergleichbaren amtlichen Register oder Verzeichnis, der Gründungsdokumente oder gleichwertiger beweiskräftiger Dokumente oder durch Einsichtnahme in diese Register oder Verzeichnisse und Abgleich mit den darin enthaltenen Daten, sofern es sich bei dem Anschlussinhaber um eine juristische Person oder Personengesellschaft handelt,

soweit die Daten in den vorgelegten Dokumenten oder eingesehenen Registern oder Verzeichnissen enthalten sind. Die Überprüfung kann auch durch andere geeignete Verfahren erfolgen; die Bundesnetzagentur legt nach Anhörung der betroffenen Kreise durch Verfügung im Amtsblatt fest, welche anderen Verfahren zur Überprüfung geeignet sind, wobei jeweils zum Zwecke der Identifikation vor Freischaltung der vertraglich vereinbarten Mobilfunkdienstleistung ein Dokument im Sinne des Satzes 3 genutzt werden muss. Bei der Überprüfung ist die Art des eingesetzten Verfahrens zu speichern; bei Überprüfung mittels eines Dokumentes im Sinne des Satzes 3 Nummer 1 bis 6 sind ferner Angaben zu Art, Nummer und ausstellender Stelle zu speichern. Für die Identifizierung anhand eines elektronischen Identitätsnachweises nach § 18 des Personalausweisgesetzes, nach § 12 des eID-Karte-Gesetzes oder nach § 78 Absatz 5 des Aufenthaltsgesetzes gilt § 8 Absatz 2 Satz 4 des Geldwäschegesetzes entsprechend. Für das Auskunftsverfahren nach § 113 ist die Form der Datenspeicherung freigestellt.

(2) Die Verpflichtung zur unverzüglichen Speicherung nach Absatz 1 Satz 1 gilt hinsichtlich der Daten nach Absatz 1 Satz 1 Nummer 1 und 2 entsprechend für denjenigen, der geschäftsmäßig einen öffentlich zugänglichen Dienst der elektronischen Post erbringt und dabei Daten nach Absatz 1 Satz 1 Nummer 1 und 2 erhebt, wobei an die Stelle der Daten nach Absatz 1 Satz 1 Nummer 1 die Kennungen der elektronischen Postfächer und an die Stelle des Anschlussinhabers nach Absatz 1 Satz 1 Nummer 2 der Inhaber des elektronischen Postfachs tritt.

(3) Wird dem Verpflichteten nach Absatz 1 Satz 1 oder Absatz 2 eine Änderung bekannt, hat er die Daten unverzüglich zu berichtigen. In diesem Zusammenhang hat der nach Absatz 1 Satz 1 Verpflichtete bisher noch nicht erhobene Daten zu erheben und zu speichern, sofern ihm eine Erhebung der Daten ohne besonderen Aufwand möglich ist.

(4) Bedient sich ein Diensteanbieter zur Erhebung der Daten nach Absatz 1 Satz 1 und Absatz 2 eines Dritten, bleibt er für die Erfüllung der Pflichten nach Absatz 1 Satz 1 und Absatz 2 verantwortlich. Werden dem Dritten im Rahmen des üblichen Geschäftsablaufes Änderungen der Daten nach Ab-

satz 1 Satz 1 und Absatz 2 bekannt, hat er diese dem Diensteanbieter unverzüglich zu übermitteln.

(5) Die Daten nach den Absätzen 1 und 2 sind mit Ablauf des auf die Beendigung des Vertragsverhältnisses folgenden Kalenderjahres zu löschen.

(6) Eine Entschädigung für die Datenerhebung und -speicherung wird nicht gewährt.

§ 112 TKG – Automatisiertes Auskunftsverfahren

(1) Wer öffentlich zugängliche Telekommunikationsdienste erbringt, hat die nach § 111 Absatz 1 Satz 1, Absatz 2, 3 und 4 erhobenen Daten unverzüglich in Kundendateien zu speichern, in die auch Rufnummern und Rufnummernkontingente, die zur weiteren Vermarktung oder sonstigen Nutzung an andere Anbieter von Telekommunikationsdiensten vergeben werden, sowie bei portierten Rufnummern die aktuelle Portierungskennung aufzunehmen sind. Der Verpflichtete kann auch eine andere Stelle nach Maßgabe des § 11 des Bundesdatenschutzgesetzes beauftragen, die Kundendateien zu führen. Für die Berichtigung und Löschung der in den Kundendateien gespeicherten Daten gilt § 111 Absatz 3 und 5 entsprechend. In Fällen portierter Rufnummern sind die Rufnummer und die zugehörige Portierungskennung erst nach Ablauf des Jahres zu löschen, das dem Zeitpunkt folgt, zu dem die Rufnummer wieder an den Netzbetreiber zurückgegeben wurde, dem sie ursprünglich zugeteilt worden war. Der Verpflichtete hat zu gewährleisten, dass

1. die Bundesnetzagentur jederzeit Daten aus den Kundendateien automatisiert im Inland abrufen kann,
2. der Abruf von Daten unter Verwendung unvollständiger Abfragedaten oder die Suche mittels einer Ähnlichenfunktion erfolgen kann.

Der Verpflichtete und sein Beauftragter haben durch technische und organisatorische Maßnahmen sicherzustellen, dass ihnen Abrufe nicht zur Kenntnis gelangen können. Die Bundesnetzagentur darf Daten aus den Kundendateien nur abrufen, soweit die Kenntnis der Daten erforderlich ist

1. für die Verfolgung von Ordnungswidrigkeiten nach diesem Gesetz oder nach dem Gesetz gegen den unlauteren Wettbewerb,
2. für die Erledigung von Auskunftsersuchen der in Absatz 2 genannten Stellen.

Die ersuchende Stelle prüft unverzüglich, inwieweit sie die als Antwort übermittelten Daten benötigt, nicht benötigte Daten löscht sie unverzüglich;

dies gilt auch für die Bundesnetzagentur für den Abruf von Daten nach Satz 7 Nummer 1.

(2) Auskünfte aus den Kundendateien nach Absatz 1 werden

1. den Gerichten und Strafverfolgungsbehörden,
2. den Polizeivollzugsbehörden des Bundes und der Länder für Zwecke der Gefahrenabwehr,
3. dem Zollkriminalamt und den Zollfahndungsämtern für Zwecke eines Strafverfahrens sowie dem Zollkriminalamt zur Vorbereitung und Durchführung von Maßnahmen nach § 23a des Zollfahndungsdienstgesetzes,
4. den Verfassungsschutzbehörden des Bundes und der Länder, dem Militärischen Abschirmdienst, dem Bundesnachrichtendienst,
5. den Notrufabfragestellen nach § 108 sowie der Abfragestelle für die Rufnummer 124 124,
6. der Bundesanstalt für Finanzdienstleistungsaufsicht,
7. den Behörden der Zollverwaltung für die in § 2 Abs. 1 des Schwarzarbeitsbekämpfungsgesetzes genannten Zwecke über zentrale Abfragestellen sowie
8. den nach Landesrecht für die Verfolgung und Ahndung von Ordnungswidrigkeiten zuständigen Behörden für die in § 2 Absatz 3 des Schwarzarbeitsbekämpfungsgesetzes genannten Zwecke über zentrale Abfragestellen

nach Absatz 4 jederzeit erteilt, soweit die Auskünfte zur Erfüllung ihrer gesetzlichen Aufgaben erforderlich sind und die Ersuchen an die Bundesnetzagentur im automatisierten Verfahren vorgelegt werden.

(3) Das Bundesministerium für Wirtschaft und Energie wird ermächtigt, im Einvernehmen mit dem Bundeskanzleramt, dem Bundesministerium des Innern, für Bau und Heimat, dem Bundesministerium der Justiz und für Verbraucherschutz, dem Bundesministerium der Finanzen, dem Bundesministerium für Verkehr und digitale Infrastruktur sowie dem Bundesministerium der Verteidigung eine Rechtsverordnung mit Zustimmung des Bundesrates zu erlassen, in der geregelt werden

1. die wesentlichen Anforderungen an die technischen Verfahren
   a) zur Übermittlung der Ersuchen an die Bundesnetzagentur,
   b) zum Abruf der Daten durch die Bundesnetzagentur von den Verpflichteten einschließlich der für die Abfrage zu verwendenden Datenarten und
   c) zur Übermittlung der Ergebnisse des Abrufs von der Bundesnetzagentur an die ersuchenden Stellen,

2. die zu beachtenden Sicherheitsanforderungen,
3. für Abrufe mit unvollständigen Abfragedaten und für die Suche mittels einer Ähnlichenfunktion
   a) die Mindestanforderungen an den Umfang der einzugebenden Daten zur möglichst genauen Bestimmung der gesuchten Person,
   b) die Zeichen, die in der Abfrage verwendet werden dürfen,
   c) Anforderungen an den Einsatz sprachwissenschaftlicher Verfahren, die gewährleisten, dass unterschiedliche Schreibweisen eines Personen-, Straßen- oder Ortsnamens sowie Abweichungen, die sich aus der Vertauschung, Auslassung oder Hinzufügung von Namensbestandteilen ergeben, in die Suche und das Suchergebnis einbezogen werden,
   d) die zulässige Menge der an die Bundesnetzagentur zu übermittelnden Antwortdatensätze sowie
4. wer abweichend von Absatz 1 Satz 1 aus Gründen der Verhältnismäßigkeit keine Kundendateien für das automatisierte Auskunftsverfahren vorhalten muss; in diesen Fällen gilt § 111 Absatz 1 Satz 7 entsprechend.

Im Übrigen können in der Verordnung auch Einschränkungen der Abfragemöglichkeit für die in Absatz 2 Nr. 5 bis 7 genannten Stellen auf den für diese Stellen erforderlichen Umfang geregelt werden. Die technischen Einzelheiten des automatisierten Abrufverfahrens gibt die Bundesnetzagentur in einer unter Beteiligung der betroffenen Verbände und der berechtigten Stellen zu erarbeitenden Technischen Richtlinie vor, die bei Bedarf an den Stand der Technik anzupassen und von der Bundesnetzagentur in ihrem Amtsblatt bekannt zu machen ist. Der Verpflichtete nach Absatz 1 und die berechtigten Stellen haben die Anforderungen der Technischen Richtlinie spätestens ein Jahr nach deren Bekanntmachung zu erfüllen. Nach dieser Richtlinie gestaltete mängelfreie technische Einrichtungen müssen im Falle einer Änderung der Richtlinie spätestens drei Jahre nach deren Inkrafttreten die geänderten Anforderungen erfüllen.

(4) Auf Ersuchen der in Absatz 2 genannten Stellen hat die Bundesnetzagentur die entsprechenden Datensätze aus den Kundendateien nach Absatz 1 abzurufen und an die ersuchende Stelle zu übermitteln. Sie prüft die Zulässigkeit der Übermittlung nur, soweit hierzu ein besonderer Anlass besteht. Die Verantwortung für die Zulässigkeit der Übermittlung tragen

1. in den Fällen des Absatzes 1 Satz 7 Nummer 1 die Bundesnetzagentur und
2. in den Fällen des Absatzes 1 Satz 7 Nummer 2 die in Absatz 2 genannten Stellen.

Die Bundesnetzagentur protokolliert für Zwecke der Datenschutzkontrolle durch die jeweils zuständige Stelle bei jedem Abruf den Zeitpunkt, die bei der Durchführung des Abrufs verwendeten Daten, die abgerufenen Daten, ein die abrufende Person eindeutig bezeichnendes Datum sowie die ersuchende Stelle, deren Aktenzeichen und ein die ersuchende Person eindeutig bezeichnendes Datum. Eine Verwendung der Protokolldaten für andere Zwecke ist unzulässig. Die Protokolldaten sind nach einem Jahr zu löschen.

(5) Der Verpflichtete nach Absatz 1 hat alle technischen Vorkehrungen in seinem Verantwortungsbereich auf seine Kosten zu treffen, die für die Erteilung der Auskünfte nach dieser Vorschrift erforderlich sind. Dazu gehören auch die Anschaffung der zur Sicherstellung der Vertraulichkeit und des Schutzes vor unberechtigten Zugriffen erforderlichen Geräte, die Einrichtung eines geeigneten Telekommunikationsanschlusses und die Teilnahme an dem geschlossenen Benutzersystem sowie die laufende Bereitstellung dieser Vorkehrungen nach Maßgaben der Rechtsverordnung und der Technischen Richtlinie nach Absatz 3. Eine Entschädigung für im automatisierten Verfahren erteilte Auskünfte wird den Verpflichteten nicht gewährt.

§ 113 TKG – Manuelles Auskunftsverfahren

(1) Wer geschäftsmäßig Telekommunikationsdienste erbringt oder daran mitwirkt, darf nach Maßgabe des Absatzes 2 die nach den §§ 95 und 111 erhobenen Daten nach Maßgabe dieser Vorschrift zur Erfüllung von Auskunftspflichten gegenüber den in Absatz 3 genannten Stellen verwenden. Dies gilt auch für Daten, mittels derer der Zugriff auf Endgeräte oder auf Speichereinrichtungen, die in diesen Endgeräten oder hiervon räumlich getrennt eingesetzt werden, geschützt wird. Die in eine Auskunft aufzunehmenden Daten dürfen auch anhand einer zu einem bestimmten Zeitpunkt zugewiesenen Internetprotokoll-Adresse bestimmt werden; hierfür dürfen Verkehrsdaten auch automatisiert ausgewertet werden. Für die Auskunftserteilung nach Satz 3 sind sämtliche unternehmensinternen Datenquellen zu berücksichtigen.

(2) Die Auskunft darf nur erteilt werden, soweit eine in Absatz 3 genannte Stelle dies in Textform im Einzelfall zum Zweck der Verfolgung von Straftaten oder Ordnungswidrigkeiten, zur Abwehr von Gefahren für die öffentliche Sicherheit oder Ordnung oder für die Erfüllung der gesetzlichen Aufgaben der in Absatz 3 Nummer 3 genannten Stellen unter Angabe einer gesetzlichen Bestimmung verlangt, die ihr eine Erhebung der in Absatz 1 in Bezug genommenen Daten erlaubt; an andere öffentliche und nichtöffentliche Stellen dürfen Daten nach Absatz 1 nicht übermittelt werden. Bei Ge-

fahr im Verzug darf die Auskunft auch erteilt werden, wenn das Verlangen in anderer Form gestellt wird. In diesem Fall ist das Verlangen unverzüglich nachträglich in Textform zu bestätigen. Die Verantwortung für die Zulässigkeit des Auskunftsverlangens tragen die in Absatz 3 genannten Stellen.

(3) Stellen im Sinne des Absatzes 1 sind

1. die für die Verfolgung von Straftaten oder Ordnungswidrigkeiten zuständigen Behörden;
2. die für die Abwehr von Gefahren für die öffentliche Sicherheit oder Ordnung zuständigen Behörden;
3. die Verfassungsschutzbehörden des Bundes und der Länder, der Militärische Abschirmdienst und der Bundesnachrichtendienst.

(4) Derjenige, der geschäftsmäßig Telekommunikationsdienste erbringt oder daran mitwirkt, hat die zu beauskunftenden Daten unverzüglich und vollständig zu übermitteln. Über das Auskunftsersuchen und die Auskunftserteilung haben die Verpflichteten gegenüber den Betroffenen sowie Dritten Stillschweigen zu wahren.

(5) Wer geschäftsmäßig Telekommunikationsdienste erbringt oder daran mitwirkt, hat die in seinem Verantwortungsbereich für die Auskunftserteilung erforderlichen Vorkehrungen auf seine Kosten zu treffen. Wer mehr als 100 000 Kunden hat, hat für die Entgegennahme der Auskunftsverlangen sowie für die Erteilung der zugehörigen Auskünfte eine gesicherte elektronische Schnittstelle nach Maßgabe der Technischen Richtlinie nach § 110 Absatz 3 bereitzuhalten, durch die auch die gegen die Kenntnisnahme der Daten durch Unbefugte gesicherte Übertragung gewährleistet ist. Dabei ist dafür Sorge zu tragen, dass jedes Auskunftsverlangen durch eine verantwortliche Fachkraft auf Einhaltung der in Absatz 2 genannten formalen Voraussetzungen geprüft und die weitere Bearbeitung des Verlangens erst nach einem positiven Prüfergebnis freigegeben wird.

§ 113a TKG – Verpflichtete; Entschädigung

(1) Die Verpflichtungen zur Speicherung von Verkehrsdaten, zur Verwendung der Daten und zur Datensicherheit nach den §§ 113b bis 113g beziehen sich auf Erbringer öffentlich zugänglicher Telekommunikationsdienste für Endnutzer. Wer öffentlich zugängliche Telekommunikationsdienste für Endnutzer erbringt, aber nicht alle der nach Maßgabe der §§ 113b bis 113g zu speichernden Daten selbst erzeugt oder verarbeitet, hat

1. sicherzustellen, dass die nicht von ihm selbst bei der Erbringung seines Dienstes erzeugten oder verarbeiteten Daten gemäß § 113b Absatz 1 gespeichert werden, und

2. der Bundesnetzagentur auf deren Verlangen unverzüglich mitzuteilen, wer diese Daten speichert.

(2) Für notwendige Aufwendungen, die den Verpflichteten durch die Umsetzung der Vorgaben aus den §§ 113b, 113d bis 113g entstehen, ist eine angemessene Entschädigung zu zahlen, soweit dies zur Abwendung oder zum Ausgleich unbilliger Härten geboten erscheint. Für die Bemessung der Entschädigung sind die tatsächlich entstandenen Kosten maßgebend. Über Anträge auf Entschädigung entscheidet die Bundesnetzagentur.

§ 113b TKG – Pflichten zur Speicherung von Verkehrsdaten

(1) Die in § 113a Absatz 1 Genannten sind verpflichtet, Daten wie folgt im Inland zu speichern:

1. Daten nach den Absätzen 2 und 3 für zehn Wochen,
2. Standortdaten nach Absatz 4 für vier Wochen.

(2) Die Erbringer öffentlich zugänglicher Telefondienste speichern

1. die Rufnummer oder eine andere Kennung des anrufenden und des angerufenen Anschlusses sowie bei Um- oder Weiterschaltungen jedes weiteren beteiligten Anschlusses,
2. Datum und Uhrzeit von Beginn und Ende der Verbindung unter Angabe der zugrunde liegenden Zeitzone,
3. Angaben zu dem genutzten Dienst, wenn im Rahmen des Telefondienstes unterschiedliche Dienste genutzt werden können,
4. im Fall mobiler Telefondienste ferner
   a) die internationale Kennung mobiler Teilnehmer für den anrufenden und den angerufenen Anschluss,
   b) die internationale Kennung des anrufenden und des angerufenen Endgerätes,
   c) Datum und Uhrzeit der ersten Aktivierung des Dienstes unter Angabe der zugrunde liegenden Zeitzone, wenn Dienste im Voraus bezahlt wurden,
5. im Fall von Internet-Telefondiensten auch die Internetprotokoll-Adressen des anrufenden und des angerufenen Anschlusses und zugewiesene Benutzerkennungen.

Satz 1 gilt entsprechend

1. bei der Übermittlung einer Kurz-, Multimedia- oder ähnlichen Nachricht; hierbei treten an die Stelle der Angaben nach Satz 1 Nummer 2 die Zeitpunkte der Versendung und des Empfangs der Nachricht;

2. für unbeantwortete oder wegen eines Eingriffs des Netzwerkmanagements erfolglose Anrufe, soweit der Erbringer öffentlich zugänglicher Telefondienste die in Satz 1 genannten Verkehrsdaten für die in § 96 Absatz 1 Satz 2 genannten Zwecke speichert oder protokolliert.

(3) Die Erbringer öffentlich zugänglicher Internetzugangsdienste speichern

1. die dem Teilnehmer für eine Internetnutzung zugewiesene Internetprotokoll-Adresse,
2. eine eindeutige Kennung des Anschlusses, über den die Internetnutzung erfolgt, sowie eine zugewiesene Benutzerkennung,
3. Datum und Uhrzeit von Beginn und Ende der Internetnutzung unter der zugewiesenen Internetprotokoll-Adresse unter Angabe der zugrunde liegenden Zeitzone.

(4) Im Fall der Nutzung mobiler Telefondienste sind die Bezeichnungen der Funkzellen zu speichern, die durch den anrufenden und den angerufenen Anschluss bei Beginn der Verbindung genutzt wurden. Bei öffentlich zugänglichen Internetzugangsdiensten ist im Fall der mobilen Nutzung die Bezeichnung der bei Beginn der Internetverbindung genutzten Funkzelle zu speichern. Zusätzlich sind die Daten vorzuhalten, aus denen sich die geografische Lage und die Hauptstrahlrichtungen der die jeweilige Funkzelle versorgenden Funkantennen ergeben.

(5) Der Inhalt der Kommunikation, Daten über aufgerufene Internetseiten und Daten von Diensten der elektronischen Post dürfen auf Grund dieser Vorschrift nicht gespeichert werden.

(6) Daten, die den in § 99 Absatz 2 genannten Verbindungen zugrunde liegen, dürfen auf Grund dieser Vorschrift nicht gespeichert werden. Dies gilt entsprechend für Telefonverbindungen, die von den in § 99 Absatz 2 genannten Stellen ausgehen. § 99 Absatz 2 Satz 2 bis 7 gilt entsprechend.

(7) Die Speicherung der Daten hat so zu erfolgen, dass Auskunftsersuchen der berechtigten Stellen unverzüglich beantwortet werden können.

(8) Der nach § 113a Absatz 1 Verpflichtete hat die auf Grund des Absatzes 1 gespeicherten Daten unverzüglich, spätestens jedoch binnen einer Woche nach Ablauf der Speicherfristen nach Absatz 1, irreversibel zu löschen oder die irreversible Löschung sicherzustellen.

§ 113c TKG – Verwendung der Daten

(1) Die auf Grund des § 113b gespeicherten Daten dürfen

1. an eine Strafverfolgungsbehörde übermittelt werden, soweit diese die Übermittlung unter Berufung auf eine gesetzliche Bestimmung, die ihr

eine Erhebung der in § 113b genannten Daten zur Verfolgung besonders schwerer Straftaten erlaubt, verlangt;

2. an eine Gefahrenabwehrbehörde der Länder übermittelt werden, soweit diese die Übermittlung unter Berufung auf eine gesetzliche Bestimmung, die ihr eine Erhebung der in § 113b genannten Daten zur Abwehr einer konkreten Gefahr für Leib, Leben oder Freiheit einer Person oder für den Bestand des Bundes oder eines Landes erlaubt, verlangt;
3. durch den Erbringer öffentlich zugänglicher Telekommunikationsdienste für eine Auskunft nach § 113 Absatz 1 Satz 3 verwendet werden.

(2) Für andere Zwecke als die in Absatz 1 genannten dürfen die auf Grund des § 113b gespeicherten Daten von den nach § 113a Absatz 1 Verpflichteten nicht verwendet werden.

(3) Die Übermittlung der Daten erfolgt nach Maßgabe der Rechtsverordnung nach § 110 Absatz 2 und der Technischen Richtlinie nach § 110 Absatz 3. Die Daten sind so zu kennzeichnen, dass erkennbar ist, dass es sich um Daten handelt, die nach § 113b gespeichert waren. Nach Übermittlung an eine andere Stelle ist die Kennzeichnung durch diese aufrechtzuerhalten.

20.4 Telemediengesetz (Auszug)

vom 26. Februar 2007 (BGBl. I S. 179), zuletzt geändert durch Gesetz vom 19. November 2020 (BGBl. I S. 2456)

§ 14 TMG – Bestandsdaten

(1) Der Diensteanbieter darf personenbezogene Daten eines Nutzers nur erheben und verwenden, soweit sie für die Begründung, inhaltliche Ausgestaltung oder Änderung eines Vertragsverhältnisses zwischen dem Diensteanbieter und dem Nutzer über die Nutzung von Telemedien erforderlich sind (Bestandsdaten).

(2) Auf Anordnung der zuständigen Stellen darf der Diensteanbieter im Einzelfall Auskunft über Bestandsdaten erteilen, soweit dies für Zwecke der Strafverfolgung, zur Gefahrenabwehr durch die Polizeibehörden der Länder, zur Erfüllung der gesetzlichen Aufgaben der Behörden der Zollverwaltung und der nach Landesrecht zuständigen Behörden zur Wahrnehmung ihrer Prüfungsaufgaben nach § 2 Absatz 1 und 3 des Schwarzarbeitsbekämpfungsgesetzes und zur Verhütung und Verfolgung von damit zusammenhängenden Straftaten und Ordnungswidrigkeiten und zur Erfüllung der gesetzlichen Aufgaben der Verfassungsschutzbehörden des Bundes und

der Länder, des Bundesnachrichtendienstes oder des Militärischen Abschirmdienstes oder des Bundeskriminalamtes im Rahmen seiner Aufgabe zur Abwehr von Gefahren des internationalen Terrorismus oder zur Durchsetzung der Rechte am geistigen Eigentum erforderlich ist.

(3) Der Diensteanbieter darf darüber hinaus im Einzelfall Auskunft über bei ihm vorhandene Bestandsdaten erteilen, soweit dies zur Durchsetzung zivilrechtlicher Ansprüche wegen der Verletzung absolut geschützter Rechte aufgrund rechtswidriger Inhalte, die von § 10a Absatz 1 dieses Gesetzes oder § 1 Absatz 3 des Netzwerkdurchsetzungsgesetzes erfasst werden, erforderlich ist.

(4) Für die Erteilung der Auskunft nach Absatz 3 ist eine vorherige gerichtliche Anordnung über die Zulässigkeit der Auskunftserteilung erforderlich, die vom Verletzten zu beantragen ist. Für den Erlass dieser Anordnung ist das Landgericht ohne Rücksicht auf den Streitwert zuständig. Örtlich zuständig ist das Gericht, in dessen Bezirk der Verletzte seinen Wohnsitz, seinen Sitz oder eine Niederlassung hat. Die Entscheidung trifft die Zivilkammer. Für das Verfahren gelten die Vorschriften des Gesetzes über das Verfahren in Familiensachen und in den Angelegenheiten der freiwilligen Gerichtsbarkeit entsprechend. Die Kosten der richterlichen Anordnung trägt der Verletzte. Gegen die Entscheidung des Landgerichts ist die Beschwerde statthaft.

(5) Der Diensteanbieter ist als Beteiligter zu dem Verfahren nach Absatz 4 hinzuzuziehen. Er darf den Nutzer über die Einleitung des Verfahrens unterrichten.

§ 15 TMG – Nutzungsdaten

(1) Der Diensteanbieter darf personenbezogene Daten eines Nutzers nur erheben und verwenden, soweit dies erforderlich ist, um die Inanspruchnahme von Telemedien zu ermöglichen und abzurechnen (Nutzungsdaten). Nutzungsdaten sind insbesondere

1. Merkmale zur Identifikation des Nutzers,
2. Angaben über Beginn und Ende sowie des Umfangs der jeweiligen Nutzung und
3. Angaben über die vom Nutzer in Anspruch genommenen Telemedien.

(2) Der Diensteanbieter darf Nutzungsdaten eines Nutzers über die Inanspruchnahme verschiedener Telemedien zusammenführen, soweit dies für Abrechnungszwecke mit dem Nutzer erforderlich ist.

(3) Der Diensteanbieter darf für Zwecke der Werbung, der Marktforschung oder zur bedarfsgerechten Gestaltung der Telemedien Nutzungsprofile bei Verwendung von Pseudonymen erstellen, sofern der Nutzer dem nicht wi-

derspricht. Der Diensteanbieter hat den Nutzer auf sein Widerspruchsrecht im Rahmen der Unterrichtung nach § 13 Abs. 1 hinzuweisen. Diese Nutzungsprofile dürfen nicht mit Daten über den Träger des Pseudonyms zusammengeführt werden.

(4) Der Diensteanbieter darf Nutzungsdaten über das Ende des Nutzungsvorgangs hinaus verwenden, soweit sie für Zwecke der Abrechnung mit dem Nutzer erforderlich sind (Abrechnungsdaten). Zur Erfüllung bestehender gesetzlicher, satzungsmäßiger oder vertraglicher Aufbewahrungsfristen darf der Diensteanbieter die Daten sperren.

(5) Der Diensteanbieter darf an andere Diensteanbieter oder Dritte Abrechnungsdaten übermitteln, soweit dies zur Ermittlung des Entgelts und zur Abrechnung mit dem Nutzer erforderlich ist. Hat der Diensteanbieter mit einem Dritten einen Vertrag über den Einzug des Entgelts geschlossen, so darf er diesem Dritten Abrechnungsdaten übermitteln, soweit es für diesen Zweck erforderlich ist. Zum Zwecke der Marktforschung anderer Diensteanbieter dürfen anonymisierte Nutzungsdaten übermittelt werden. § 14 Absatz 2 bis 5 findet entsprechende Anwendung.

(6) Die Abrechnung über die Inanspruchnahme von Telemedien darf Anbieter, Zeitpunkt, Dauer, Art, Inhalt und Häufigkeit bestimmter von einem Nutzer in Anspruch genommener Telemedien nicht erkennen lassen, es sei denn, der Nutzer verlangt einen Einzelnachweis.

(7) Der Diensteanbieter darf Abrechnungsdaten, die für die Erstellung von Einzelnachweisen über die Inanspruchnahme bestimmter Angebote auf Verlangen des Nutzers verarbeitet werden, höchstens bis zum Ablauf des sechsten Monats nach Versendung der Rechnung speichern. Werden gegen die Entgeltforderung innerhalb dieser Frist Einwendungen erhoben oder diese trotz Zahlungsaufforderung nicht beglichen, dürfen die Abrechnungsdaten weiter gespeichert werden, bis die Einwendungen abschließend geklärt sind oder die Entgeltforderung beglichen ist.

(8) Liegen dem Diensteanbieter zu dokumentierende tatsächliche Anhaltspunkte vor, dass seine Dienste von bestimmten Nutzern in der Absicht in Anspruch genommen werden, das Entgelt nicht oder nicht vollständig zu entrichten, darf er die personenbezogenen Daten dieser Nutzer über das Ende des Nutzungsvorgangs sowie die in Absatz 7 genannte Speicherfrist hinaus nur verwenden, soweit dies für Zwecke der Rechtsverfolgung erforderlich ist. Der Diensteanbieter hat die Daten unverzüglich zu löschen, wenn die Voraussetzungen nach Satz 1 nicht mehr vorliegen oder die Daten für die Rechtsverfolgung nicht mehr benötigt werden. Der betroffene Nutzer ist zu unterrichten, sobald dies ohne Gefährdung des mit der Maßnahme verfolgten Zweckes möglich ist.

20.5 Strafprozessordnung (Auszug)

in der Fassung der Bekanntmachung vom 7. April 1987 (BGBl. I S. 1074, ber. S. 1319), zuletzt geändert durch Gesetz vom 3. Dezember 2020 (BGBl. I S. 2678)

§ 100a StPO – Telekommunikationsüberwachung

(1) Auch ohne Wissen der Betroffenen darf die Telekommunikation überwacht und aufgezeichnet werden, wenn

1. bestimmte Tatsachen den Verdacht begründen, dass jemand als Täter oder Teilnehmer eine in Absatz 2 bezeichnete schwere Straftat begangen, in Fällen, in denen der Versuch strafbar ist, zu begehen versucht, oder durch eine Straftat vorbereitet hat,
2. die Tat auch im Einzelfall schwer wiegt und
3. die Erforschung des Sachverhalts oder die Ermittlung des Aufenthaltsortes des Beschuldigten auf andere Weise wesentlich erschwert oder aussichtslos wäre.

Die Überwachung und Aufzeichnung der Telekommunikation darf auch in der Weise erfolgen, dass mit technischen Mitteln in von dem Betroffenen genutzte informationstechnische Systeme eingegriffen wird, wenn dies notwendig ist, um die Überwachung und Aufzeichnung insbesondere in unverschlüsselter Form zu ermöglichen. Auf dem informationstechnischen System des Betroffenen gespeicherte Inhalte und Umstände der Kommunikation dürfen überwacht und aufgezeichnet werden, wenn sie auch während des laufenden Übertragungsvorgangs im öffentlichen Telekommunikationsnetz in verschlüsselter Form hätten überwacht und aufgezeichnet werden können.

(2) Schwere Straftaten im Sinne des Absatzes 1 Nr. 1 sind:

1. aus dem Strafgesetzbuch:
   a) Straftaten des Friedensverrats, des Hochverrats und der Gefährdung des demokratischen Rechtsstaates sowie des Landesverrats und der Gefährdung der äußeren Sicherheit nach den §§ 80a bis 82, 84 bis 86, 87 bis 89a, 89c Absatz 1 bis 4, 94 bis 100a,
   b) Bestechlichkeit und Bestechung von Mandatsträgern nach § 108e,
   c) Straftaten gegen die Landesverteidigung nach den §§ 109d bis 109h,
   d) Straftaten gegen die öffentliche Ordnung nach den §§ 129 bis 130,
   e) Geld- und Wertzeichenfälschung nach den §§ 146 und 151, jeweils auch in Verbindung mit § 152, sowie nach § 152a Abs. 3 und § 152b Abs. 1 bis 4,

f) Straftaten gegen die sexuelle Selbstbestimmung in den Fällen der §§ 176a, 176b und, unter den in § 177 Absatz 6 Satz 2 Nummer 2 genannten Voraussetzungen, des § 177,

g) Verbreitung, Erwerb und Besitz kinder- und jugendpornographischer Inhalte nach § 184b Absatz 1 und 2, § 184c Abs. 2,

h) Mord und Totschlag nach den §§ 211 und 212,

i) Straftaten gegen die persönliche Freiheit nach den §§ 232, 232a Absatz 1 bis 5, den §§ 232b, 233 Absatz 2, den §§ 233a, 234, 234a, 239a und 239b,

j) Bandendiebstahl nach § 244 Abs. 1 Nr. 2, Wohnungseinbruchdiebstahl nach § 244 Absatz 4 und schwerer Bandendiebstahl nach § 244a,

k) Straftaten des Raubes und der Erpressung nach den §§ 249 bis 255,

l) gewerbsmäßige Hehlerei, Bandenhehlerei und gewerbsmäßige Bandenhehlerei nach den §§ 260 und 260a,

m) Geldwäsche und Verschleierung unrechtmäßig erlangter Vermögenswerte nach § 261 Abs. 1, 2 und 4; beruht die Strafbarkeit darauf, dass die Straflosigkeit nach § 261 Absatz 9 Satz 2 gemäß § 261 Absatz 9 Satz 3 ausgeschlossen ist, jedoch nur dann, wenn der Gegenstand aus einer der in den Nummern 1 bis 11 genannten schweren Straftaten herrührt,

n) Betrug und Computerbetrug unter den in § 263 Abs. 3 Satz 2 genannten Voraussetzungen und im Falle des § 263 Abs. 5, jeweils auch in Verbindung mit § 263a Abs. 2,

o) Subventionsbetrug unter den in § 264 Abs. 2 Satz 2 genannten Voraussetzungen und im Falle des § 264 Abs. 3 in Verbindung mit § 263 Abs. 5,

p) Sportwettbetrug und Manipulation von berufssportlichen Wettbewerben unter den in § 265e Satz 2 genannten Voraussetzungen,

q) Vorenthalten und Veruntreuen von Arbeitsentgelt unter den in § 266a Absatz 4 Satz 2 Nummer 4 genannten Voraussetzungen,

r) Straftaten der Urkundenfälschung unter den in § 267 Abs. 3 Satz 2 genannten Voraussetzungen und im Fall des § 267 Abs. 4, jeweils auch in Verbindung mit § 268 Abs. 5 oder § 269 Abs. 3, sowie nach § 275 Abs. 2 und § 276 Abs. 2,

s) Bankrott unter den in § 283a Satz 2 genannten Voraussetzungen,

t) Straftaten gegen den Wettbewerb nach § 298 und, unter den in § 300 Satz 2 genannten Voraussetzungen, nach § 299,

u) gemeingefährliche Straftaten in den Fällen der §§ 306 bis 306c, 307 Abs. 1 bis 3, des § 308 Abs. 1 bis 3, des § 309 Abs. 1 bis 4, des § 310 Abs. 1, der §§ 313, 314, 315 Abs. 3, des § 315b Abs. 3 sowie der §§ 316a und 316c,

v) Bestechlichkeit und Bestechung nach den §§ 332 und 334,

2. aus der Abgabenordnung:

a) Steuerhinterziehung unter den in § 370 Abs. 3 Satz 2 Nr. 5 genannten Voraussetzungen,

b) gewerbsmäßiger, gewaltsamer und bandenmäßiger Schmuggel nach § 373,

c) Steuerhehlerei im Falle des § 374 Abs. 2,

3. aus dem Anti-Doping-Gesetz:

Straftaten nach § 4 Absatz 4 Nummer 2 Buchstabe b,

4. aus dem Asylgesetz:

a) Verleitung zur missbräuchlichen Asylantragstellung nach § 84 Abs. 3,

b) gewerbs- und bandenmäßige Verleitung zur missbräuchlichen Asylantragstellung nach § 84a,

5. aus dem Aufenthaltsgesetz:

a) Einschleusen von Ausländern nach § 96 Abs. 2,

b) Einschleusen mit Todesfolge und gewerbs- und bandenmäßiges Einschleusen nach § 97,

5a. aus dem Ausgangsstoffgesetz: Straftaten nach § 13 Absatz 3,

6. aus dem Außenwirtschaftsgesetz:

vorsätzliche Straftaten nach den §§ 17 und 18 des Außenwirtschaftsgesetzes,

7. aus dem Betäubungsmittelgesetz:

a) Straftaten nach einer in § 29 Abs. 3 Satz 2 Nr. 1 in Bezug genommenen Vorschrift unter den dort genannten Voraussetzungen,

b) Straftaten nach den §§ 29a, 30 Abs. 1 Nr. 1, 2 und 4 sowie den §§ 30a und 30b,

8. aus dem Grundstoffüberwachungsgesetz:

Straftaten nach § 19 Abs. 1 unter den in § 19 Abs. 3 Satz 2 genannten Voraussetzungen,

9. aus dem Gesetz über die Kontrolle von Kriegswaffen:

a) Straftaten nach § 19 Abs. 1 bis 3 und § 20 Abs. 1 und 2 sowie § 20a Abs. 1 bis 3, jeweils auch in Verbindung mit § 21,

b) Straftaten nach § 22a Abs. 1 bis 3,

9a. aus dem Neue-psychoaktive-Stoffe-Gesetz:

Straftaten nach § 4 Absatz 3 Nummer 1 Buchstabe a,

10. aus dem Völkerstrafgesetzbuch:
    a) Völkermord nach § 6,
    b) Verbrechen gegen die Menschlichkeit nach § 7,
    c) Kriegsverbrechen nach den §§ 8 bis 12,
    d) Verbrechen der Aggression nach § 13,
11. aus dem Waffengesetz:
    a) Straftaten nach § 51 Abs. 1 bis 3,
    b) Straftaten nach § 52 Abs. 1 Nr. 1 und 2 Buchstabe c und d sowie Abs. 5 und 6.

(3) Die Anordnung darf sich nur gegen den Beschuldigten oder gegen Personen richten, von denen auf Grund bestimmter Tatsachen anzunehmen ist, dass sie für den Beschuldigten bestimmte oder von ihm herrührende Mitteilungen entgegennehmen oder weitergeben oder dass der Beschuldigte ihren Anschluss oder ihr informationstechnisches System benutzt.

(4) Auf Grund der Anordnung einer Überwachung und Aufzeichnung der Telekommunikation hat jeder, der Telekommunikationsdienste erbringt oder daran mitwirkt, dem Gericht, der Staatsanwaltschaft und ihren im Polizeidienst tätigen Ermittlungspersonen (§ 152 des Gerichtsverfassungsgesetzes) diese Maßnahmen zu ermöglichen und die erforderlichen Auskünfte unverzüglich zu erteilen. Ob und in welchem Umfang hierfür Vorkehrungen zu treffen sind, bestimmt sich nach dem Telekommunikationsgesetz und der Telekommunikations-Überwachungsverordnung. § 95 Absatz 2 gilt entsprechend.

(5) Bei Maßnahmen nach Absatz 1 Satz 2 und 3 ist technisch sicherzustellen, dass

1. ausschließlich überwacht und aufgezeichnet werden können:
    a) die laufende Telekommunikation (Absatz 1 Satz 2), oder
    b) Inhalte und Umstände der Kommunikation, die ab dem Zeitpunkt der Anordnung nach § 100e Absatz 1 auch während des laufenden Übertragungsvorgangs im öffentlichen Telekommunikationsnetz hätten überwacht und aufgezeichnet werden können (Absatz 1 Satz 3),
2. an dem informationstechnischen System nur Veränderungen vorgenommen werden, die für die Datenerhebung unerlässlich sind, und
3. die vorgenommenen Veränderungen bei Beendigung der Maßnahme, soweit technisch möglich, automatisiert rückgängig gemacht werden.

Das eingesetzte Mittel ist nach dem Stand der Technik gegen unbefugte Nutzung zu schützen. Kopierte Daten sind nach dem Stand der Technik gegen Veränderung, unbefugte Löschung und unbefugte Kenntnisnahme zu schützen.

(6) Bei jedem Einsatz des technischen Mittels sind zu protokollieren

1. die Bezeichnung des technischen Mittels und der Zeitpunkt seines Einsatzes,
2. die Angaben zur Identifizierung des informationstechnischen Systems und die daran vorgenommenen nicht nur flüchtigen Veränderungen,
3. die Angaben, die die Feststellung der erhobenen Daten ermöglichen, und
4. die Organisationseinheit, die die Maßnahme durchführt.

§ 100b Online-Durchsuchung

(1) Auch ohne Wissen des Betroffenen darf mit technischen Mitteln in ein von dem Betroffenen genutztes informationstechnisches System eingegriffen und dürfen Daten daraus erhoben werden (Online-Durchsuchung), wenn

1. bestimmte Tatsachen den Verdacht begründen, dass jemand als Täter oder Teilnehmer eine in Absatz 2 bezeichnete besonders schwere Straftat begangen oder in Fällen, in denen der Versuch strafbar ist, zu begehen versucht hat,
2. die Tat auch im Einzelfall besonders schwer wiegt und
3. die Erforschung des Sachverhalts oder die Ermittlung des Aufenthaltsortes des Beschuldigten auf andere Weise wesentlich erschwert oder aussichtslos wäre.

(2) Besonders schwere Straftaten im Sinne des Absatzes 1 Nummer 1 sind:

1. aus dem Strafgesetzbuch:
   a) Straftaten des Hochverrats und der Gefährdung des demokratischen Rechtsstaates sowie des Landesverrats und der Gefährdung der äußeren Sicherheit nach den §§ 81, 82, 89a, 89c Absatz 1 bis 4, nach den §§ 94, 95 Absatz 3 und § 96 Absatz 1, jeweils auch in Verbindung mit § 97b, sowie nach den §§ 97a, 98 Absatz 1 Satz 2, § 99 Absatz 2 und den §§ 100, 100a Absatz 4,
   b) Bildung krimineller Vereinigungen nach § 129 Absatz 1 in Verbindung mit Absatz 5 Satz 3 und Bildung terroristischer Vereinigungen nach § 129a Absatz 1, 2, 4, 5 Satz 1 erste Alternative, jeweils auch in Verbindung mit § 129b Absatz 1,

c) Geld- und Wertzeichenfälschung nach den §§ 146 und 151, jeweils auch in Verbindung mit § 152, sowie nach § 152a Absatz 3 und § 152b Absatz 1 bis 4,

d) Straftaten gegen die sexuelle Selbstbestimmung in den Fällen des § 176a Absatz 2 Nummer 2 oder Absatz 3 und, unter den in § 177 Absatz 6 Satz 2 Nummer 2 genannten Voraussetzungen, des § 177,

e) Verbreitung, Erwerb und Besitz kinderpornografischer Inhalte in den Fällen des § 184b Absatz 2,

f) Mord und Totschlag nach den §§ 211, 212,

g) Straftaten gegen die persönliche Freiheit in den Fällen der §§ 234, 234a Absatz 1, 2, der §§ 239a, 239b und Menschenhandel nach § 232 Absatz 3, Zwangsprostitution und Zwangsarbeit nach § 232a Absatz 3, 4 oder 5 zweiter Halbsatz, § 232b Absatz 3 oder 4 in Verbindung mit § 232a Absatz 4 oder 5 zweiter Halbsatz und Ausbeutung unter Ausnutzung einer Freiheitsberaubung nach § 233a Absatz 3 oder 4 zweiter Halbsatz,

h) Bandendiebstahl nach § 244 Absatz 1 Nummer 2 und schwerer Bandendiebstahl nach § 244a,

i) schwerer Raub und Raub mit Todesfolge nach § 250 Absatz 1 oder Absatz 2, § 251,

j) räuberische Erpressung nach § 255 und besonders schwerer Fall einer Erpressung nach § 253 unter den in § 253 Absatz 4 Satz 2 genannten Voraussetzungen,

k) gewerbsmäßige Hehlerei, Bandenhehlerei und gewerbsmäßige Bandenhehlerei nach den §§ 260, 260a,

l) besonders schwerer Fall der Geldwäsche, Verschleierung unrechtmäßig erlangter Vermögenswerte nach § 261 unter den in § 261 Absatz 4 Satz 2 genannten Voraussetzungen; beruht die Strafbarkeit darauf, dass die Straflosigkeit nach § 261 Absatz 9 Satz 2 gemäß § 261 Absatz 9 Satz 3 ausgeschlossen ist, jedoch nur dann, wenn der Gegenstand aus einer der in den Nummern 1 bis 7 genannten besonders schweren Straftaten herrührt,

m) besonders schwerer Fall der Bestechlichkeit und Bestechung nach § 335 Absatz 1 unter den in § 335 Absatz 2 Nummer 1 bis 3 genannten Voraussetzungen,

2. aus dem Asylgesetz:

a) Verleitung zur missbräuchlichen Asylantragstellung nach § 84 Absatz 3,

   b) gewerbs- und bandenmäßige Verleitung zur missbräuchlichen Asylantragstellung nach § 84a Absatz 1,
3. aus dem Aufenthaltsgesetz:
   a) Einschleusen von Ausländern nach § 96 Absatz 2,
   b) Einschleusen mit Todesfolge oder gewerbs- und bandenmäßiges Einschleusen nach § 97,
4. aus dem Betäubungsmittelgesetz:
   a) besonders schwerer Fall einer Straftat nach § 29 Absatz 1 Satz 1 Nummer 1, 5, 6, 10, 11 oder 13, Absatz 3 unter der in § 29 Absatz 3 Satz 2 Nummer 1 genannten Voraussetzung,
   b) eine Straftat nach den §§ 29a, 30 Absatz 1 Nummer 1, 2, 4, § 30a,
5. aus dem Gesetz über die Kontrolle von Kriegswaffen:
   a) eine Straftat nach § 19 Absatz 2 oder § 20 Absatz 1, jeweils auch in Verbindung mit § 21,
   b) besonders schwerer Fall einer Straftat nach § 22a Absatz 1 in Verbindung mit Absatz 2,
6. aus dem Völkerstrafgesetzbuch:
   a) Völkermord nach § 6,
   b) Verbrechen gegen die Menschlichkeit nach § 7,
   c) Kriegsverbrechen nach den §§ 8 bis 12,
   d) Verbrechen der Aggression nach § 13,
7. aus dem Waffengesetz:
   a) besonders schwerer Fall einer Straftat nach § 51 Absatz 1 in Verbindung mit Absatz 2,
   b) besonders schwerer Fall einer Straftat nach § 52 Absatz 1 Nummer 1 in Verbindung mit Absatz 5.

(3) Die Maßnahme darf sich nur gegen den Beschuldigten richten. Ein Eingriff in informationstechnische Systeme anderer Personen ist nur zulässig, wenn auf Grund bestimmter Tatsachen anzunehmen ist, dass

1. der in der Anordnung nach § 100e Absatz 3 bezeichnete Beschuldigte informationstechnische Systeme der anderen Person benutzt, und
2. die Durchführung des Eingriffs in informationstechnische Systeme des Beschuldigten allein nicht zur Erforschung des Sachverhalts oder zur Ermittlung des Aufenthaltsortes eines Mitbeschuldigten führen wird.

Die Maßnahme darf auch durchgeführt werden, wenn andere Personen unvermeidbar betroffen werden.

(4) § 100a Absatz 5 und 6 gilt mit Ausnahme von Absatz 5 Satz 1 Nummer 1 entsprechend.

§ 100c Akustische Wohnraumüberwachung

(1) Auch ohne Wissen der Betroffenen darf das in einer Wohnung nichtöffentlich gesprochene Wort mit technischen Mitteln abgehört und aufgezeichnet werden, wenn

1. bestimmte Tatsachen den Verdacht begründen, dass jemand als Täter oder Teilnehmer eine in § 100b Absatz 2 bezeichnete besonders schwere Straftat begangen oder in Fällen, in denen der Versuch strafbar ist, zu begehen versucht hat,
2. die Tat auch im Einzelfall besonders schwer wiegt,
3. auf Grund tatsächlicher Anhaltspunkte anzunehmen ist, dass durch die Überwachung Äußerungen des Beschuldigten erfasst werden, die für die Erforschung des Sachverhalts oder die Ermittlung des Aufenthaltsortes eines Mitbeschuldigten von Bedeutung sind, und
4. die Erforschung des Sachverhalts oder die Ermittlung des Aufenthaltsortes eines Mitbeschuldigten auf andere Weise unverhältnismäßig erschwert oder aussichtslos wäre.

(2) Die Maßnahme darf sich nur gegen den Beschuldigten richten und nur in Wohnungen des Beschuldigten durchgeführt werden. In Wohnungen anderer Personen ist die Maßnahme nur zulässig, wenn auf Grund bestimmter Tatsachen anzunehmen ist, dass

1. der in der Anordnung nach § 100e Absatz 3 bezeichnete Beschuldigte sich dort aufhält und
2. die Maßnahme in Wohnungen des Beschuldigten allein nicht zur Erforschung des Sachverhalts oder zur Ermittlung des Aufenthaltsortes eines Mitbeschuldigten führen wird.

Die Maßnahme darf auch durchgeführt werden, wenn andere Personen unvermeidbar betroffen werden.

§ 100e StPO – Verfahren bei Maßnahmen nach den §§ 100a bis 100c

(1) Maßnahmen nach § 100a dürfen nur auf Antrag der Staatsanwaltschaft durch das Gericht angeordnet werden. Bei Gefahr im Verzug kann die Anordnung auch durch die Staatsanwaltschaft getroffen werden. Soweit die Anordnung der Staatsanwaltschaft nicht binnen drei Werktagen von dem

Gericht bestätigt wird, tritt sie außer Kraft. Die Anordnung ist auf höchstens drei Monate zu befristen. Eine Verlängerung um jeweils nicht mehr als drei Monate ist zulässig, soweit die Voraussetzungen der Anordnung unter Berücksichtigung der gewonnenen Ermittlungsergebnisse fortbestehen.

(2) Maßnahmen nach den §§ 100b und 100c dürfen nur auf Antrag der Staatsanwaltschaft durch die in § 74a Absatz 4 des Gerichtsverfassungsgesetzes genannte Kammer des Landgerichts angeordnet werden, in dessen Bezirk die Staatsanwaltschaft ihren Sitz hat. Bei Gefahr im Verzug kann diese Anordnung auch durch den Vorsitzenden getroffen werden. Dessen Anordnung tritt außer Kraft, wenn sie nicht binnen drei Werktagen von der Strafkammer bestätigt wird. Die Anordnung ist auf höchstens einen Monat zu befristen. Eine Verlängerung um jeweils nicht mehr als einen Monat ist zulässig, soweit die Voraussetzungen unter Berücksichtigung der gewonnenen Ermittlungsergebnisse fortbestehen. Ist die Dauer der Anordnung auf insgesamt sechs Monate verlängert worden, so entscheidet über weitere Verlängerungen das Oberlandesgericht.

(3) Die Anordnung ergeht schriftlich. In ihrer Entscheidungsformel sind anzugeben:

1. soweit möglich, der Name und die Anschrift des Betroffenen, gegen den sich die Maßnahme richtet,
2. der Tatvorwurf, auf Grund dessen die Maßnahme angeordnet wird,
3. Art, Umfang, Dauer und Endzeitpunkt der Maßnahme,
4. die Art der durch die Maßnahme zu erhebenden Informationen und ihre Bedeutung für das Verfahren,
5. bei Maßnahmen nach § 100a die Rufnummer oder eine andere Kennung des zu überwachenden Anschlusses oder des Endgerätes, sofern sich nicht aus bestimmten Tatsachen ergibt, dass diese zugleich einem anderen Endgerät zugeordnet ist; im Fall des § 100a Absatz 1 Satz 2 und 3 eine möglichst genaue Bezeichnung des informationstechnischen Systems, in das eingegriffen werden soll,
6. bei Maßnahmen nach § 100b eine möglichst genaue Bezeichnung des informationstechnischen Systems, aus dem Daten erhoben werden sollen,
7. bei Maßnahmen nach § 100c die zu überwachende Wohnung oder die zu überwachenden Wohnräume.

(4) In der Begründung der Anordnung oder Verlängerung von Maßnahmen nach den §§ 100a bis 100c sind deren Voraussetzungen und die wesentlichen Abwägungsgesichtspunkte darzulegen. Insbesondere sind einzelfallbezogen anzugeben:

1. die bestimmten Tatsachen, die den Verdacht begründen,
2. die wesentlichen Erwägungen zur Erforderlichkeit und Verhältnismäßigkeit der Maßnahme,
3. bei Maßnahmen nach § 100c die tatsächlichen Anhaltspunkte im Sinne des § 100d Absatz 4 Satz 1.

(5) Liegen die Voraussetzungen der Anordnung nicht mehr vor, so sind die auf Grund der Anordnung ergriffenen Maßnahmen unverzüglich zu beenden. Das anordnende Gericht ist nach Beendigung der Maßnahme über deren Ergebnisse zu unterrichten. Bei Maßnahmen nach den §§ 100b und 100c ist das anordnende Gericht auch über den Verlauf zu unterrichten. Liegen die Voraussetzungen der Anordnung nicht mehr vor, so hat das Gericht den Abbruch der Maßnahme anzuordnen, sofern der Abbruch nicht bereits durch die Staatsanwaltschaft veranlasst wurde. Die Anordnung des Abbruchs einer Maßnahme nach den §§ 100b und 100c kann auch durch den Vorsitzenden erfolgen.

(6) Die durch Maßnahmen nach den §§ 100b und 100c erlangten und verwertbaren personenbezogenen Daten dürfen für andere Zwecke nach folgenden Maßgaben verwendet werden:

1. Die Daten dürfen in anderen Strafverfahren ohne Einwilligung der insoweit überwachten Personen nur zur Aufklärung einer Straftat, auf Grund derer Maßnahmen nach § 100b oder § 100c angeordnet werden könnten, oder zur Ermittlung des Aufenthalts der einer solchen Straftat beschuldigten Person verwendet werden.
2. Die Verwendung der Daten, auch solcher nach § 100d Absatz 5 Satz 1 zweiter Halbsatz, zu Zwecken der Gefahrenabwehr ist nur zur Abwehr einer im Einzelfall bestehenden Lebensgefahr oder einer dringenden Gefahr für Leib oder Freiheit einer Person, für die Sicherheit oder den Bestand des Staates oder für Gegenstände von bedeutendem Wert, die der Versorgung der Bevölkerung dienen, von kulturell herausragendem Wert oder in § 305 des Strafgesetzbuches genannt sind, zulässig. Die Daten dürfen auch zur Abwehr einer im Einzelfall bestehenden dringenden Gefahr für sonstige bedeutende Vermögenswerte verwendet werden. Sind die Daten zur Abwehr der Gefahr oder für eine vorgerichtliche oder gerichtliche Überprüfung der zur Gefahrenabwehr getroffenen Maßnahmen nicht mehr erforderlich, so sind Aufzeichnungen über diese Daten von der für die Gefahrenabwehr zuständigen Stelle unverzüglich zu löschen. Die Löschung ist aktenkundig zu machen. Soweit die Löschung lediglich für eine etwaige vorgerichtliche oder gerichtliche Überprüfung zurückgestellt ist, dürfen die Daten nur für diesen Zweck verwendet werden; für eine Verwendung zu anderen Zwecken sind sie zu sperren.

3. Sind verwertbare personenbezogene Daten durch eine entsprechende polizeirechtliche Maßnahme erlangt worden, dürfen sie in einem Strafverfahren ohne Einwilligung der insoweit überwachten Personen nur zur Aufklärung einer Straftat, auf Grund derer die Maßnahmen nach § 100b oder 100c angeordnet werden könnten, oder zur Ermittlung des Aufenthalts der einer solchen Straftat beschuldigten Person verwendet werden.

§ 100g StPO – Erhebung von Verkehrsdaten

(1) Begründen bestimmte Tatsachen den Verdacht, dass jemand als Täter oder Teilnehmer

1. eine Straftat von auch im Einzelfall erheblicher Bedeutung, insbesondere eine in § 100a Absatz 2 bezeichnete Straftat, begangen hat, in Fällen, in denen der Versuch strafbar ist, zu begehen versucht hat oder durch eine Straftat vorbereitet hat oder
2. eine Straftat mittels Telekommunikation begangen hat,

so dürfen Verkehrsdaten (§ 96 Absatz 1 des Telekommunikationsgesetzes und § 2a Absatz 1 des Gesetzes über die Errichtung einer Bundesanstalt für den Digitalfunk der Behörden und Organisationen mit Sicherheitsaufgaben) erhoben werden, soweit dies für die Erforschung des Sachverhalts erforderlich ist und die Erhebung der Daten in einem angemessenen Verhältnis zur Bedeutung der Sache steht. Im Fall des Satzes 1 Nummer 2 ist die Maßnahme nur zulässig, wenn die Erforschung des Sachverhalts auf andere Weise aussichtslos wäre. Die Erhebung gespeicherter (retrograder) Standortdaten ist nach diesem Absatz nur unter den Vorausseztungen des Absatzes 2 zulässig. Im Übrigen ist die Erhebung von Standortdaten nur für künftig anfallende Verkehrsdaten oder in Echtzeit und nur im Fall des Satzes 1 Nummer 1 zulässig, soweit sie für die Erforschung des Sachverhalts oder die Ermittlung des Aufenthaltsortes des Beschuldigten erforderlich ist.

(2) Begründen bestimmte Tatsachen den Verdacht, dass jemand als Täter oder Teilnehmer eine der in Satz 2 bezeichneten besonders schweren Straftaten begangen hat oder in Fällen, in denen der Versuch strafbar ist, eine solche Straftat zu begehen versucht hat, und wiegt die Tat auch im Einzelfall besonders schwer, dürfen die nach § 113b des Telekommunikationsgesetzes gespeicherten Verkehrsdaten erhoben werden, soweit die Erforschung des Sachverhalts oder die Ermittlung des Aufenthaltsortes des Beschuldigten auf andere Weise wesentlich erschwert oder aussichtslos wäre und die Erhebung der Daten in einem angemessenen Verhältnis zur Bedeutung der Sache steht. Besonders schwere Straftaten im Sinne des Satzes 1 sind:

1. aus dem Strafgesetzbuch:
   a) Straftaten des Hochverrats und der Gefährdung des demokratischen Rechtsstaates sowie des Landesverrats und der Gefährdung der äußeren Sicherheit nach den §§ 81, 82, 89a, nach den §§ 94, 95 Absatz 3 und § 96 Absatz 1, jeweils auch in Verbindung mit § 97b, sowie nach den §§ 97a, 98 Absatz 1 Satz 2, § 99 Absatz 2 und den §§ 100, 100a Absatz 4,
   b) besonders schwerer Fall des Landfriedensbruchs nach § 125a, Bildung krimineller Vereinigungen nach § 129 Absatz 1 in Verbindung mit Absatz 5 Satz 3 und Bildung terroristischer Vereinigungen nach § 129a Absatz 1, 2, 4, 5 Satz 1 Alternative 1, jeweils auch in Verbindung mit § 129b Absatz 1,
   c) Straftaten gegen die sexuelle Selbstbestimmung in den Fällen der §§ 176a, 176b und, unter den in § 177 Absatz 6 Satz 2 Nummer 2 genannten Voraussetzungen, des § 177,
   d) Verbreitung, Erwerb und Besitz kinder- und jugendpornographischer Inhalte in den Fällen des § 184b Absatz 2, § 184c Absatz 2,
   e) Mord und Totschlag nach den §§ 211 und 212,
   f) Straftaten gegen die persönliche Freiheit in den Fällen der §§ 234, 234a Absatz 1, 2, §§ 239a, 239b und Zwangsprostitution und Zwangsarbeit nach § 232a Absatz 3, 4 oder 5 zweiter Halbsatz, § 232b Absatz 3 oder 4 in Verbindung mit § 232a Absatz 4 oder 5 zweiter Halbsatz und Ausbeutung unter Ausnutzung einer Freiheitsberaubung nach § 233a Absatz 3 oder 4 zweiter Halbsatz,
   g) Einbruchdiebstahl in eine dauerhaft genutzte Privatwohnung nach § 244 Absatz 4, schwerer Bandendiebstahl nach § 244a Absatz 1, schwerer Raub nach § 250 Absatz 1 oder Absatz 2, Raub mit Todesfolge nach § 251, räuberische Erpressung nach § 255 und besonders schwerer Fall einer Erpressung nach § 253 unter den in § 253 Absatz 4 Satz 2 genannten Voraussetzungen, gewerbsmäßige Bandenhehlerei nach § 260a Absatz 1, besonders schwerer Fall der Geldwäsche und der Verschleierung unrechtmäßig erlangter Vermögenswerte nach § 261 unter den in § 261 Absatz 4 Satz 2 genannten Voraussetzungen,
   h) gemeingefährliche Straftaten in den Fällen der §§ 306 bis 306c, 307 Absatz 1 bis 3, des § 308 Absatz 1 bis 3, des § 309 Absatz 1 bis 4, des § 310 Absatz 1, der §§ 313, 314, 315 Absatz 3, des § 315b Absatz 3 sowie der §§ 316a und 316c,

2. aus dem Aufenthaltsgesetz:
   a) Einschleusen von Ausländern nach § 96 Absatz 2,
   b) Einschleusen mit Todesfolge oder gewerbs- und bandenmäßiges Einschleusen nach § 97,
3. aus dem Außenwirtschaftsgesetz:
   Straftaten nach § 17 Absatz 1 bis 3 und § 18 Absatz 7 und 8,
4. aus dem Betäubungsmittelgesetz:
   a) besonders schwerer Fall einer Straftat nach § 29 Absatz 1 Satz 1 Nummer 1, 5, 6, 10, 11 oder 13, Absatz 3 unter der in § 29 Absatz 3 Satz 2 Nummer 1 genannten Voraussetzung,
   b) eine Straftat nach den §§ 29a, 30 Absatz 1 Nummer 1, 2, 4, § 30a,
5. aus dem Grundstoffüberwachungsgesetz:
   eine Straftat nach § 19 Absatz 1 unter den in § 19 Absatz 3 Satz 2 genannten Voraussetzungen,
6. aus dem Gesetz über die Kontrolle von Kriegswaffen:
   a) eine Straftat nach § 19 Absatz 2 oder § 20 Absatz 1, jeweils auch in Verbindung mit § 21,
   b) besonders schwerer Fall einer Straftat nach § 22a Absatz 1 in Verbindung mit Absatz 2,
7. aus dem Völkerstrafgesetzbuch:
   a) Völkermord nach § 6,
   b) Verbrechen gegen die Menschlichkeit nach § 7,
   c) Kriegsverbrechen nach den §§ 8 bis 12,
   d) Verbrechen der Aggression nach § 13,
8. aus dem Waffengesetz:
   a) besonders schwerer Fall einer Straftat nach § 51 Absatz 1 in Verbindung mit Absatz 2,
   b) besonders schwerer Fall einer Straftat nach § 52 Absatz 1 Nummer 1 in Verbindung mit Absatz 5.

(3) Die Erhebung aller in einer Funkzelle angefallenen Verkehrsdaten (Funkzellenabfrage) ist nur zulässig,

1. wenn die Voraussetzungen des Absatzes 1 Satz 1 Nummer 1 erfüllt sind,
2. soweit die Erhebung der Daten in einem angemessenen Verhältnis zur Bedeutung der Sache steht und

3. soweit die Erforschung des Sachverhalts oder die Ermittlung des Aufenthaltsortes des Beschuldigten auf andere Weise aussichtslos oder wesentlich erschwert wäre.

Auf nach § 113b des Telekommunikationsgesetzes gespeicherte Verkehrsdaten darf für eine Funkzellenabfrage nur unter den Voraussetzungen des Absatzes 2 zurückgegriffen werden.

(4) Die Erhebung von Verkehrsdaten nach Absatz 2, auch in Verbindung mit Absatz 3 Satz 2, die sich gegen eine der in § 53 Absatz 1 Satz 1 Nummer 1 bis 5 genannten Personen richtet und die voraussichtlich Erkenntnisse erbringen würde, über die diese das Zeugnis verweigern dürfte, ist unzulässig. Dennoch erlangte Erkenntnisse dürfen nicht verwendet werden. Aufzeichnungen hierüber sind unverzüglich zu löschen. Die Tatsache ihrer Erlangung und der Löschung der Aufzeichnungen ist aktenkundig zu machen. Die Sätze 2 bis 4 gelten entsprechend, wenn durch eine Ermittlungsmaßnahme, die sich nicht gegen eine in § 53 Absatz 1 Satz 1 Nummer 1 bis 5 genannte Person richtet, von dieser Person Erkenntnisse erlangt werden, über die sie das Zeugnis verweigern dürfte. § 160a Absatz 3 und 4 gilt entsprechend.

(5) Erfolgt die Erhebung von Verkehrsdaten nicht beim Erbringer von Telekommunikationsdiensten, bestimmt sie sich nach Abschluss des Kommunikationsvorgangs nach den allgemeinen Vorschriften.

§ 100j StPO – Bestandsdatenauskunft

(1) Soweit dies für die Erforschung des Sachverhalts oder die Ermittlung des Aufenthaltsortes eines Beschuldigten erforderlich ist, darf von demjenigen, der geschäftsmäßig Telekommunikationsdienste erbringt oder daran mitwirkt, Auskunft über die nach den §§ 95 und 111 des Telekommunikationsgesetzes erhobenen Daten verlangt werden (§ 113 Absatz 1 Satz 1 des Telekommunikationsgesetzes). Bezieht sich das Auskunftsverlangen nach Satz 1 auf Daten, mittels derer der Zugriff auf Endgeräte oder auf Speichereinrichtungen, die in diesen Endgeräten oder hiervon räumlich getrennt eingesetzt werden, geschützt wird (§ 113 Absatz 1 Satz 2 des Telekommunikationsgesetzes), darf die Auskunft nur verlangt werden, wenn die gesetzlichen Voraussetzungen für die Nutzung der Daten vorliegen.

(2) Die Auskunft nach Absatz 1 darf auch anhand einer zu einem bestimmten Zeitpunkt zugewiesenen Internetprotokoll-Adresse verlangt werden (§ 113 Absatz 1 Satz 3, § 113c Absatz 1 Nummer 3 des Telekommunikationsgesetzes).

(3) Auskunftsverlangen nach Absatz 1 Satz 2 dürfen nur auf Antrag der Staatsanwaltschaft durch das Gericht angeordnet werden. Bei Gefahr im Verzug kann die Anordnung auch durch die Staatsanwaltschaft oder ihre Ermittlungspersonen (§ 152 des Gerichtsverfassungsgesetzes) getroffen werden. In diesem Fall ist die gerichtliche Entscheidung unverzüglich nachzuholen. Die Sätze 1 bis 3 finden keine Anwendung, wenn die betroffene Person vom Auskunftsverlangen bereits Kenntnis hat oder haben muss oder wenn die Nutzung der Daten bereits durch eine gerichtliche Entscheidung gestattet wird. Das Vorliegen der Voraussetzungen nach Satz 4 ist aktenkundig zu machen.

(4) Die betroffene Person ist in den Fällen des Absatzes 1 Satz 2 und des Absatzes 2 über die Beauskunftung zu benachrichtigen. Die Benachrichtigung erfolgt, soweit und sobald hierdurch der Zweck der Auskunft nicht vereitelt wird. Sie unterbleibt, wenn ihr überwiegende schutzwürdige Belange Dritter oder der betroffenen Person selbst entgegenstehen. Wird die Benachrichtigung nach Satz 2 zurückgestellt oder nach Satz 3 von ihr abgesehen, sind die Gründe aktenkundig zu machen.

(5) Auf Grund eines Auskunftsverlangens nach Absatz 1 oder 2 hat derjenige, der geschäftsmäßig Telekommunikationsdienste erbringt oder daran mitwirkt, die zur Auskunftserteilung erforderlichen Daten unverzüglich zu übermitteln. § 95 Absatz 2 gilt entsprechend.

§ 110 StPO – Durchsicht von Papieren und elektronischen Speichermedien

(1) Die Durchsicht der Papiere des von der Durchsuchung Betroffenen steht der Staatsanwaltschaft und auf deren Anordnung ihren Ermittlungspersonen (§ 152 des Gerichtsverfassungsgesetzes) zu.

(2) Im Übrigen sind Beamte zur Durchsicht der aufgefundenen Papiere nur dann befugt, wenn der Inhaber die Durchsicht genehmigt. Andernfalls haben sie die Papiere, deren Durchsicht sie für geboten erachten, in einem Umschlag, der in Gegenwart des Inhabers mit dem Amtssiegel zu verschließen ist, an die Staatsanwaltschaft abzuliefern.

(3) Die Durchsicht eines elektronischen Speichermediums bei dem von der Durchsuchung Betroffenen darf auch auf hiervon räumlich getrennte Speichermedien, soweit auf sie von dem Speichermedium aus zugegriffen werden kann, erstreckt werden, wenn andernfalls der Verlust der gesuchten Daten zu besorgen ist. Daten, die für die Untersuchung von Bedeutung sein können, dürfen gesichert werden; § 98 Abs. 2 gilt entsprechend.

§ 161 StPO – Allgemeine Ermittlungsbefugnis der Staatsanwaltschaft

(1) Zu dem in § 160 Abs. 1 bis 3 bezeichneten Zweck ist die Staatsanwaltschaft befugt, von allen Behörden Auskunft zu verlangen und Ermittlungen jeder Art entweder selbst vorzunehmen oder durch die Behörden und Beamten des Polizeidienstes vornehmen zu lassen, soweit nicht andere gesetzliche Vorschriften ihre Befugnisse besonders regeln. Die Behörden und Beamten des Polizeidienstes sind verpflichtet, dem Ersuchen oder Auftrag der Staatsanwaltschaft zu genügen, und in diesem Falle befugt, von allen Behörden Auskunft zu verlangen.

(2) Soweit in diesem Gesetz die Löschung personenbezogener Daten ausdrücklich angeordnet wird, ist § 58 Absatz 3 des Bundesdatenschutzgesetzes nicht anzuwenden.

(3) Ist eine Maßnahme nach diesem Gesetz nur bei Verdacht bestimmter Straftaten zulässig, so dürfen die auf Grund einer entsprechenden Maßnahme nach anderen Gesetzen erlangten personenbezogenen Daten ohne Einwilligung der von der Maßnahme betroffenen Personen zu Beweiszwecken im Strafverfahren nur zur Aufklärung solcher Straftaten verwendet werden, zu deren Aufklärung eine solche Maßnahme nach diesem Gesetz hätte angeordnet werden dürfen. § 100e Absatz 6 Nummer 3 bleibt unberührt.

(4) In oder aus einer Wohnung erlangte personenbezogene Daten aus einem Einsatz technischer Mittel zur Eigensicherung im Zuge nicht offener Ermittlungen auf polizeirechtlicher Grundlage dürfen unter Beachtung des Grundsatzes der Verhältnismäßigkeit zu Beweiszwecken nur verwendet werden (Artikel 13 Abs. 5 des Grundgesetzes), wenn das Amtsgericht (§ 162 Abs. 1), in dessen Bezirk die anordnende Stelle ihren Sitz hat, die Rechtmäßigkeit der Maßnahme festgestellt hat; bei Gefahr im Verzug ist die richterliche Entscheidung unverzüglich nachzuholen.

§ 163 StPO – Aufgaben der Polizei im Ermittlungsverfahren

(1) Die Behörden und Beamten des Polizeidienstes haben Straftaten zu erforschen und alle keinen Aufschub gestattenden Anordnungen zu treffen, um die Verdunkelung der Sache zu verhüten. Zu diesem Zweck sind sie befugt, alle Behörden um Auskunft zu ersuchen, bei Gefahr im Verzug auch, die Auskunft zu verlangen, sowie Ermittlungen jeder Art vorzunehmen, soweit nicht andere gesetzliche Vorschriften ihre Befugnisse besonders regeln.

(2) Die Behörden und Beamten des Polizeidienstes übersenden ihre Verhandlungen ohne Verzug der Staatsanwaltschaft. Erscheint die schleunige Vornahme richterlicher Untersuchungshandlungen erforderlich, so kann die Übersendung unmittelbar an das Amtsgericht erfolgen.

(3) Zeugen sind verpflichtet, auf Ladung vor Ermittlungspersonen der Staatsanwaltschaft zu erscheinen und zur Sache auszusagen, wenn der Ladung ein Auftrag der Staatsanwaltschaft zugrunde liegt. Soweit nichts anderes bestimmt ist, gelten die Vorschriften des Sechsten Abschnitts des Ersten Buches entsprechend. Die eidliche Vernehmung bleibt dem Gericht vorbehalten.

(4) Die Staatsanwaltschaft entscheidet

1. über die Zeugeneigenschaft oder das Vorliegen von Zeugnis- oder Auskunftsverweigerungsrechten, sofern insoweit Zweifel bestehen oder im Laufe der Vernehmung aufkommen,
2. über eine Gestattung nach § 68 Absatz 3 Satz 1, Angaben zur Person nicht oder nur über eine frühere Identität zu machen,
3. über die Beiordnung eines Zeugenbeistands nach § 68b Absatz 2 und
4. bei unberechtigtem Ausbleiben oder unberechtigter Weigerung des Zeugen über die Verhängung der in den §§ 51 und 70 vorgesehenen Maßregeln; dabei bleibt die Festsetzung der Haft dem nach § 162 zuständigen Gericht vorbehalten.

Im Übrigen trifft die erforderlichen Entscheidungen die die Vernehmung leitende Person.

(5) Gegen Entscheidungen von Beamten des Polizeidienstes nach § 68b Absatz 1 Satz 3 sowie gegen Entscheidungen der Staatsanwaltschaft nach Absatz 4 Satz 1 Nummer 3 und 4 kann gerichtliche Entscheidung durch das nach § 162 zuständige Gericht beantragt werden. Die §§ 297 bis 300, 302, 306 bis 309, 311a und 473a gelten jeweils entsprechend. Gerichtliche Entscheidungen nach Satz 1 sind unanfechtbar.

(6) Für die Belehrung des Sachverständigen durch Beamte des Polizeidienstes gelten § 52 Absatz 3 und § 55 Absatz 2 entsprechend. In den Fällen des § 81c Absatz 3 Satz 1 und 2 gilt § 52 Absatz 3 auch bei Untersuchungen durch Beamte des Polizeidienstes sinngemäß.

(7) § 185 Absatz 1 und 2 des Gerichtsverfassungsgesetzes gilt entsprechend.

20.6 Online-Angebote mit Fachinformationen und zur Prävention

– www.polizei-beratung.de

  Hier findet sich der Internetauftritt des Programms Polizeiliche Kriminalprävention der Länder und des Bundes (ProPK) mit vielen Informationen und einem umfangreichen Medienangebot rund um das Thema „Gefahren im Internet“.

- www.bsi.bund.de

  Das BSI stellt aktuelle Informationen zu Themen rund um die IT-Sicherheit zur Verfügung.

  Der Newsletter SICHER INFORMIERT des Bürger-CERT (Computer Emergency Response Team) informiert regelmäßig über Sicherheitsrisiken – unter www.buerger-cert.de zu abonnieren.

- www.polizeifürdich.de

  Umfangreiche Tipps und Informationen, speziell für Kinder und Jugendliche, so für Handy, Smartphone, Internet, sind auf den Seiten zusammengefasst.

- www.fragfinn.de

  FragFINN – Ein Netz für Kinder

  Kindersuchmaschine und sicherer Surfraum für Kinder bis 12 Jahre. Kinder finden hier kindgeeignete und von Medienpädagogen überprüfte Internetseiten.

- www.klicksafe.de

  Die EU-Initiative für mehr Sicherheit im Netz ist eine Sensibilisierungskampagne zur Förderung der Medienkompetenz im Umgang mit dem Internet und neuen Medien im Auftrag der Europäischen Kommission. Aktionsfelder des Projektes sind Inhalte/Qualifikation, Kampagne/Marketing sowie die Vernetzung bundesweit mit Partnern und Akteuren. In Deutschland initiiert und koordiniert klicksafe die nationalen Aktivitäten zum Safer Internet Day.

- www.jugendschutz.net

  Die Jugendschutzeinrichtung der Bundesländer mit Informationen zum *Jugendschutz* im Internet.

- www.wirtschaftsschutz.bayern.de

  Auf der Seite des Bayerischen Landesamtes für Verfassungsschutz werden anhand eines virtuellen Unternehmens Einblicke in Gefährdungen und Lösungen zum Thema Wirtschaftsspionage dargestellt. In einer Onlinebibliothek können Broschüren und Publikationen kostenfrei heruntergeladen werden. Eine Suchfunktion erleichtert das schnelle und zielgerichtete Finden einzelner Themen, aktuelle Themen werden mit Videobeiträgen im eigens eingerichteten „Kinosaal“ anschaulich vermittelt.

- www.botfrei.de

  Das Anti-Botnet Beratungszentrum hilft Botnet-Infektionen vom Computer zu entfernen. Dazu arbeitet das Projekt mit verschiedenen Internetzugangsanbietern zusammen, die betroffene Kunden informieren.

  Das Anti-Botnet Beratungszentrum ist ein Service von eco – Verband der deutschen Internetwirtschaft e.V. – mit Unterstützung der Mitgliedsunternehmen.

- www.whiteit.de

  Bündnis zahlreicher Partner (z. B. DPolG, BDK, Weißer Ring u.v.m) gegen Kinderpornografie (im Internet) – Ziele: Analyse rechtlicher Rahmenbedingungen, Verbesserung der Ausstattung der Strafverfolgungsbehörden, Unterstützung der Strafverfolgung durch Entwicklung und Verbesserung forensischer Werkzeuge, Verbesserung der internationalen Zusammenarbeit, Sensibilisierung der Öffentlichkeit/Kinder, Jugendliche, Eltern über die Gefahren im Internet, Schaffung von Hilfsangeboten für Opfer, Ausbau beratender und therapeutischer Angebote für Menschen mit pädosexuellen Neigungen

- www.kaufenmitverstand.de

  Online kaufen mit Verstand ist eine Aufklärungskampagne zum sicheren Handel im Internet.

- www.sicher-im-netz.de

  Deutschland sicher im Netz e.V. informiert Verbraucher über Gefahren im Internet.

- www.vzbv.de

  Einen Überblick über die vom Verbraucherzentrale-Bundesverband zu dieser Thematik geführten Verfahren bietet die Übersicht „Kostenfallen im Internet“ (Liste entsprechender Internetseiten) als PDF im Dokumenten-Download

- www.levato.de

  Levato ist innovative Erwachsenenbildung für die digitale Welt von heute und morgen. Mit den Informationen inkl. Erklärfilmen liefern die mehrfach ausgezeichneten Experten einen verständlichen Beitrag zur Sicherheit im Netz.

- cloud.irights.info

  Das Informationsportal ist mit dem durch das Bundesministerium für Verbraucherschutz (BMELV) geförderten Projekt Anlaufstelle und Ansprechpartner für Verbraucherinnen und Verbraucher bei Fragen rund um Cloud Computing.

- www.heise.de

  Der IT-Nachrichtendienst „heise online“ gehört zur Heise Medien Gruppe. In dem redaktionsübergreifenden Internetauftritt finden IT-Interessierte tagesaktuelle Informationen aus den Redaktionen der Zeitschriftentitel c't, iX und Technology Review sowie des Online-Magazins Telepolis – News und Foren zu Computer, IT, Wissenschaft, Medien und Politik. Speziell der Bereich „heise Security“ beinhaltet Themen zur IT-Sicherheit.

- www.cyberfahnder.de

  Der Cyberfahnder behandelt im Schwerpunkt die Themen Informationstechnik, Recht und Strafverfolgung. Seine erstrangige Zielgruppe sind Juristen und Polizeibeamte, die in der Strafverfolgung tätig sind.

- www.urheberrecht.org

  Umfassende Fundstelleninformationen, so zu aktueller Rechtsprechung, finden sich auf der Internetseite des Instituts für Urheber- und Medienrecht

- P-Online

  In den Wissensportalen der Polizei finden sich deliktspezifische Informationen zur Sachbearbeitung.

Glossar

Anti-Forensik Bezeichnet Techniken, mit denen Täter IT-forensische Maßnahmen behindern.

Apps Anwendungs- oder Computerprogramm, auf die vom Arbeitsplatzrechner oder Mobilgerät über einen Webbrowser zugegriffen wird und die im Browser ablaufen, vgl. http://de.wikipedia.org/wiki/Anwendungssoftware.

Bankdrop Betrügerisch oder illegal eröffnete Girokonten, die über entsprechende Internetforen zum Verkauf angeboten und zur Abwicklung strafbarer Handlungen genutzt werden.

BITKOM Bundesverband Informationswirtschaft, Telekommunikation und neue Medien e.V., www.bitkom.org. Hier finden sich aktuelle Publikationen zum Konsum- und Nutzungsverhalten.

Blackhole Sammlung von Angriffsprogrammen.

Blog Kunstbegriff, zusammengesetzt aus den Begriffen Web und Log. Steht für Internetseiten, die, ähnlich einem Tagebuch, vom Autor mit Geschehnissen, Erfahrungen, Neuigkeiten und persönlichen Meinungen mit Beiträgen chronologisch gefüllt werden, so z. B. der Blog zur Politik in der digitalen Gesellschaft (www.netzpolitik.org) oder die Welt juristischer Blogs (www.jurablogs.com).

Bluetooth Dient der Funkübertragung zwischen Geräten über kurze Distanz. Die Geräte haben dafür einen winzigen Mikrochip samt Sende- und Empfangseinheit. Darüber hinaus benötigen die Geräte nur noch die passende Software, die den Datentransfer steuert.

Bot Computerprogramm, das weitgehend selbstständig sich wiederholende Aufgaben abarbeitet, ohne dabei auf eine Interaktion mit einem menschlichen Benutzer angewiesen zu sein. Der Rechner, auf dem die Bot-Software aktiv ist, wird dadurch Teil eines Netzwerks – eines sogenannten Botnet. Dieses Botnet kann im Weiteren gesteuert werden (durch den sog. Command-and-Control-Server/CC-Server), um z. B. Spam- oder Phishing-E-Mails zu versenden oder andere Rechner oder Server mittels einer DDoS-Attacke (Distributed Denial of Service) zu stören. Der infizierte Rechner wird häufig auch als Zombie-PC bezeichnet. Vgl. LKA Baden-Württemberg, Cyberkriminalität/Digitale Spuren, Jahresbericht, 2013.

Botnetz Ferngesteuertes Netz zahlreicher, über einen Schadcode infizierter Computer, die ohne Wissen ihres Besitzers gesteuert werden.

Browser Software, die u. a. Webseiten darstellt und die Verbindung zum Internet herstellt, stellt die Internetsprache HTML auf einem Computer in Schrift und Bild dar.

Byte Binary digit – Maßeinheit für die Datenmenge bei digitaler Speicherung von Daten: 1 = 8 Bit; 1 KB (Kilobyte) = 1024 Byte =8192 Bit; 1 MB (Megabyte) = 1024 KB = 1048576 Byte; 1 GB (Gigabyte) = 1024 MB = 1048576 KB = 1073741824 Byte; 1 TB (Terabyte) = 1024 GB = 1048576 MB =1073741824 KB.

Chat Plaudern, sich unterhalten, „chatten" bezeichnet elektronische Kommunikation in Echtzeit, meist über das Internet.

Cloud Vgl. Definition der US-amerikanischen Standardisierungsstelle NIST (National Institute of Standards and Technology), die auch von der ENISA genutzt wird: „Cloud

Computing ist ein Modell, das es erlaubt, bei Bedarf, jederzeit und überall bequem über ein Netz auf einen geteilten Pool von konfigurierbaren Rechnerressourcen (z. B. Netze, Server, Speichersysteme, Anwendungen und Dienste) zuzugreifen, die schnell und mit minimalem Managementaufwand oder geringer Serviceprovider-Interaktion zur Verfügung gestellt werden können." Quelle: BSI, „Sicherheitsempfehlungen für Cloud Computing Anbieter-Eckpunktepapier", www.bsi.bund.de

DDoS-Angriffe (engl.: distributed Denial of Service) Alle einem Botnetz oder einer Botnetz-Gruppe zugeordneten „Zombie-PC" (infizierte Computer) rufen auf Befehl des Botmasters (sozusagen der Besitzer des Botnetzes) innerhalb kürzester Abstände immer wieder z. B. eine nicht existente Seite auf den Webservern der angegriffenen Seite auf. Diese Seitenaufrufe werden so lange fortgesetzt, bis die Webserver unter der Last der Anfragen zusammenbrechen und damit ihren Service verweigern (Denial of Service), sodass die Webpräsenz (Firmen, Institute, staatliche Organisationen) damit nicht mehr über das Internet erreichbar ist.

Drive-by-Download Bereits beim Betrachten von malwareverseuchten Webseiten kann sich der ungeschützte Anwender Schadprogramme einfangen. Da die Seiten zum Betrachten auf den Rechner geladen werden, können bei diesem Vorgang unbemerkt Schadprogramme installiert (drive-by bedeutet im Vorbeifahren) werden, vgl. LKA Baden-Württemberg, Cyberkriminalität/Digitale Spuren, Jahresbericht, 2013.

Europol Etablierte Institution der europäischen Polizeizusammenarbeit. Bereits 1995 haben die Mitgliedstaaten der EU mit der Errichtung von Europol durch das Europol-Übereinkommen einen wichtigen Grundstein für die europäische Polizeizusammenarbeit gelegt. Seit der Aufnahme der Tätigkeit im Jahr 1999 hat Europol mit Sitz in Den Haag (Niederlande) einen bedeutenden Beitrag für den Informationsaustausch zwischen den Polizeien und Strafverfolgungsbehörden der EU-Mitgliedstaaten geleistet.

Mit dem Europol-Ratsbeschluss vom 06.04.2009 zur Errichtung des Europäischen Polizeiamtes, 2009/371/JI, wurde Europol zum 01.01.2010 in den Rechtsrahmen der EU überführt und ist seitdem eine EU-Agentur mit eigener Rechtspersönlichkeit. Europol hat zum Ziel, die Arbeit der zuständigen Behörden in den Mitgliedstaaten und deren Zusammenarbeit bei der Prävention und Bekämpfung von organisierter Kriminalität, Terrorismus und anderen Formen schwerer Kriminalität zu unterstützen und zu verstärken, vgl. www.bmi.bund.de

Filehoster Internetdienstanbieter, bei denen der Anwender Dateien unmittelbar mit oder ohne vorherige Anmeldeprozedur speichern oder herunterladen kann.

Filesharing Datei teilen, gemeinsamer Dateizugriff, meint das unmittelbare Weitergeben von Dateien im Internet über sogenannte Online-Tauschbörsen.

GSM (Global System für Mobile Communications) Standard für Mobilfunknetze. Er wird hauptsächlich für Telefonie genutzt. Zudem ermöglicht er die Übertragung von Kurzmitteilungen.

Handheld bzw. Handgerät. Tragbares, elektronisches Gerät mit eigener Stromversorgung für unterschiedliche Anwendungen. Es ist so klein und leicht, dass es bei der Benutzung in nur einer Hand gehalten werden kann, daher die Bezeichnung Handheld (von engl. in der Hand gehalten). Handhelds sind eine Untergruppe der Mobilgeräte (tragbare Geräte). Mitte der 1990er Jahre erschienen die ersten Modelle (Palm Pilot u. a.) mit Grafikdisplay und Touchscreen. Unter den Begriff fallen:

tragbare Computer mit PIM-Funktionalität wie Electronic Organizer, Personal Digital Assistant (PDA, früher auch Pocket Computer genannt), Personal Mobile Tool (PMT), Mobiltelefone mit erweiterten Funktionen (Smartphone), spezielle Datenerfassungsgeräte, tragbare Spielkonsolen, siehe Handheld-Konsole, tragbare Messgeräte, typischerweise ein Multimeter, tragbare Geräte zum Abspielen von Musik und Film, Outdoor-Navigationsgeräte und GPS-Empfänger. Vor dem Aufkommen der Laptops wurden tragbare Computer auch als Handheld-Computer bezeichnet (Quelle: Internet, Wikipedia).

Happy Slapping Fröhliches Schlagen.

Hashwert Digitaler Fingerabdruck.

Hoax (engl. schlechter Scherz) Kettenbrief im Mailversand. Eine aktuelle Auflistung aktueller Hoaxes findet sich im „Hoax-Info Service“ der Technischen Universität Berlin – vgl. www.bsi-fuer-buerger.de und http://hoax-info.tubit.tu-berlin.de/hoax/

Hotspot Öffentlich eingerichteter WLAN-Zugang.

HTML **H**yper**T**ext **M**arkup**L**anguage, die vorherrschende Markup-Sprache für Web-Seiten.

ICCAN Internet Corporation for Assigned Names and Numbers – Internet-Verwaltung

IKPO-Interpol (Internationale Kriminalpolizeiliche Organisation) Älteste multilaterale Kooperationsrahmen für grenzüberschreitende polizeiliche Zusammenarbeit. Nach den Vereinten Nationen ist sie die zweitgrößte zwischenstaatliche Organisation der Welt.

Die wichtigsten Ziele der Organisation, „eine möglichst umfassende gegenseitige Unterstützung aller kriminalpolizeilichen Behörden im Rahmen der in den einzelnen Ländern geltenden Gesetze und im Geiste der Erklärung der Menschenrechte sicherzustellen und auszubauen sowie alle Einrichtungen, die zur Verhütung und Bekämpfung des gemeinen Verbrechens wirksam beitragen können, zu schaffen und auszubauen“, haben sich de facto seit ihrer Gründung nicht verändert. Seit 1989 hat das Generalsekretariat der IKPO-Interpol seinen Sitz in Lyon.

IMSI Identifizierung des SIM geschieht mit einer im gesamten GSM-System einzigartigen Nummer, die maximal 8 Byte lang ist.

Internet-TV (auch Online-TV) Bei einem Online-TV-Sender werden Webvideos verschiedener Akteure präsentiert. Auf einem Hauptkanal präsentieren sich die Protagonisten, dazu kommen Zweitkanäle für spezielle oder gemeinsame Formate mit anderen Angeboten. Bekannte Plattformen sind Youtube, Y-Titty, Die Aussenseiter, Gronkh, PietSmittie, Le Floid.

IP-Adresse Adresse des PC im Internet.

IP-Telefonie Siehe Voice over IP.

IuK-Kriminalität Kriminalität, die im Zusammenhang mit Informations- und Kommunikationstechnik steht. Sie umfasst alle Straftaten, die unter Ausnutzung der Informations- und Kommunikationstechnik oder gegen diese begangen werden.

Junk Mail Müllpost.

Laptop (engl.: auf dem Schoß) Auch Notebook, kleiner tragbarer PC.

Logdatei (engl. log file, auch Ereignisprotokolldatei) Enthält das automatisch geführte Protokoll aller oder bestimmter Aktionen von Prozessen auf einem Computersystem. Die korrekte Bezeichnung dafür ist deshalb Protokoll-Datei. Wichtige Anwendungen finden sich vor allem bei der Prozess-Kontrolle und Automatisierung. Prinzipiell werden alle Aktionen mitgeschrieben, die für eine spätere Untersuchung (Audit) erforderlich sind oder sein könnten. Der Flugschreiber in Flugzeugen ist ein gutes Beispiel für kontinuierliche Protokollierung, die jedoch selten ausgewertet wird (Quelle: Internet, Wikipedia).

LTE (Long Term Evolution) Mobilfunkstandard der vierten Generation, der z. B. eine Downloadrate von bis zu 300 MBit/Sekunde erlaubt und damit UMTS nochmals übertrifft.

Malware Zusammengesetzt aus den englischen Wörtern „malicious" (= bösartig) und „Software" (= Computerprogramm). Der Begriff subsumiert jegliche schädliche Software, die mit und ohne Wissen des Nutzers auf dessen System übertragen und/oder ausgeführt wird.

Man-in-the-Middle Auch Mittelsmannangriff oder Janusangriff (nach dem doppelgesichtigen Janus der römischen Mythologie) genannt, ist eine Angriffsform, die in Rechnernetzen ihre Anwendung findet. Der Angreifer steht dabei entweder physikalisch oder heute meist logisch zwischen den beiden Kommunikationspartnern und hat dabei mit seinem System vollständige Kontrolle über den Datenverkehr zwischen zwei oder mehreren Netzwerkteilnehmern. Dadurch kann er Informationen nach Belieben einsehen oder gar manipulieren. Ein typischer Fall der MITM ist das Zwischenschalten bei Kommunikationsvorgängen im Bereich Onlinebanking. Dadurch erhält der Täter die notwendigen PIN-/TAN-Daten vom Opfer (Bankkunden), um Überweisungen zu (ver-)fälschen bzw. auf sich oder Dritte, sogenannte „Finanzagenten", umzuleiten. Vgl. LKA Baden-Württemberg, Cyberkriminalität/Digitale Spuren, Jahresbericht, 2013.

Messenger, Instant Messaging, Messaging Form der modernen Unterhaltung unter Einsatz eines Messenger-Programms zwischen zwei oder mehr Personen. Die (Kurz-) Nachrichten werden dabei ohne Verzögerung an den Empfänger weitergeleitet. Diese Kommunikationsmethode ähnelt dem Chatten. Neben den eigentlichen Texten können je nach Software auch Links sowie Audio- und Videodaten übertragen werden.

Microblogs Kurze Nachrichten, vergleichbar mit einer SMS, die auf einer Website oder einem Microblogging-Dienst, z. B. Twitter, veröffentlicht werden können. Die Nachrichten werden von einer Gruppe von Freunden, Bekannten oder Interessierten gelesen.

Netzwerktopologie Physikalische Anordnung von Netzwerk-Stationen, die über Kabel oder Funk miteinander verbunden sind. Sie bestimmen die einzusetzende Hardware sowie die Zugriffsmethoden. Dieses wiederum hat Einfluss auf das Medium (z. B. das Kabel), auf die Übertragungsgeschwindigkeit und den Durchsatz der Daten (www.elektronik-kompendium.de).

Newsgroups Virtuelle Diskussionsforen im Internet, in denen zu einem speziellen Themenbereich Informationen in Form von Textbeiträgen, Nachrichten, Artikeln etc. ausgetauscht werden. Veröffentlicht ein Benutzer einen Artikel in einer Newsgroup, so wird er an einen Server gesandt und dort gespeichert. Dieser kann den Artikel dann seinen Benutzern zur Verfügung stellen und an andere Server weiterleiten, die ihn wiederum ihren Benutzern zur Verfügung stellen, vgl. www.bsi-fuer-buerger.de

Organisierte Kriminalität Von Gewinn- oder Machtstreben bestimmte planmäßige Begehung von Straftaten, die einzeln oder in ihrer Gesamtheit von erheblicher Bedeutung sind, wenn mehr als zwei Beteiligte auf längere oder unbestimmte Dauer arbeitsteilig unter Verwendung gewerblicher oder geschäftsähnlicher Strukturen (a), unter Anwendung von Gewalt oder anderer zur Einschüchterung geeigneter Mittel (b) oder unter Einflussnahme auf Politik, Medien, öffentliche Verwaltung, Justiz oder Wirtschaft (c) zusammenwirken. Der Begriff umfasst nicht Straftaten des Terrorismus.

PIN Mit der PIN weist sich der Inhaber als rechtmäßiger Nutzer der Chipkarte aus. Nach dreimaliger Falscheingabe ist zur Freischaltung der PUK erforderlich.

Pop-up-Fenster Taucht plötzlich auf und bezieht sich insbesondere auf Fenster, die gewünscht (z. B. Kontextmenü, das mittels rechter Maustaste in vielen Programmen aufgerufen werden kann) oder unerwünscht (z. B. Werbung im Internet beim Aufrufen einer Webseite) erscheinen. Viele Browser bieten inzwischen Pop-up-Blocker an, die diesen Vorgang beim Internetsurfen verhindern. Vgl. LKA Baden-Württemberg, Cyberkriminalität/Digitale Spuren, Jahresbericht, 2013.

PUK Mit dem PUK kann die Vergabe einer gültigen PIN (ohne Bekanntsein der bereits vergebenen PIN) und somit der Zugriff auf die gespeicherten Daten erfolgen.

QR-Code Standard für die Darstellung von Texten, Links und anderen Informationen mittels einer zweidimensionalen Grafik.

RIPE Europäische Datenbank für IP-Adressen.

Router Vermittlungsstelle für Datenpakete.

SARS Auskunfts- und Recherche-System.

SIRENE **S**upplementary **I**nformation **Re**quest at the **N**ational **E**ntry. Steht für die Hauptaufgabe der in allen Schengen-Mitgliedstaaten eingerichteten „SIRENE-Büros" (BKA), nämlich den zwischenstaatlichen Austausch zusätzlicher oder ergänzender Informationen über Ausschreibungen.

SEPA (**S**ingle **E**uro **P**ayments **A**rea) Einheitlicher Zahlungsraum in Euro, in dem Überweisungen, Lastschriften und Kartenzahlungen standardisiert und gleich abgewickelt werden.

SIM Andere Bezeichnung für die GSM-spezifische Chipkarte. Das SIM ist der Träger der geheimen Authentisierungsinformationen für den Netzbetreiber und enthält zusätzlich noch benutzerspezifische Daten.

Social Engineering Agieren von Kriminellen zur Gewinnung von vertraulichen Informationen.

Social Network Services (SNS) Plattformen des Social Web haben ihren Schwerpunkt bei der Kontaktaufnahme und Kontaktpflege im Netz. Es gibt mehrere hundert soziale Netzwerke weltweit.

Social Sharing Seiten Als Teil der Social Web Community darauf spezialisiert, das „Mitmach-Netz" zu unterstützen, indem der von Benutzern (Usern) erstellte Inhalt (Content), z. B. Texte, Dokumente, Musik, Fotos oder Videos, hochgeladen und getauscht werden kann. Bekannte Seiten sind „You Tube", „Picasa", Flickr", „Delicious" und „Mister Wong".

Spam Ist dem Dosenfleisch SPAM (Spiced Porc and Ham) der amerikanischen Firma Hormel Foods entliehen (deutsch: Frühstücksfleisch), das es seit 1937 gibt. Wie der Schinken zur Massen-E-Mail wurde, darüber gibt es viele Geschichten. Hormel Foods selbst sagt, es beruhe auf einem Sketch der Comedy-Gruppe „Monty Python". Darin kam der Begriff über 120-mal innerhalb weniger Minuten vor und übertönte jede andere Konversation – vgl. www.bsi-fuer-buerger.de

Tablet-PC Kleinformatiger Computer mit Berührungsbildschirm als Ein- und Ausgabegerät (sogenannter Touchscreen).

Thumbnail Miniaturisiertes Vorschaubild.

Trojaner Trojanisches Pferd, besteht aus zwei Bestandteilen, einem in der Regel nützlichen Programmteil, das einen Zweck erfüllt, den der Nutzer erzielen möchte, und einem versteckten Programmteil, der im Hintergrund arbeitet und unerwünschte Software aufspielt oder Veränderungen am Computersystem vornimmt. Häufig wird Spyware oder eine sog. Backdoor (eine „Hintertür", durch die der Täter später ungesehen in das System eindringen kann) aufgespielt, mit deren Hilfe der Täter Daten erlangt oder Veränderungen vornehmen kann.

UCE **U**nsolicited **C**ommercial **E**-Mails („unaufgeforderte Werbe-E-Mails").

UMTS (**U**niversal **M**obile **T**elecommunations **S**ystem) Standard für Mobilfunk der dritten Generation (3G). Im Vergleich zu GSM sind deutlich höhere Datenübertragungsraten möglich.

URL **U**niform **R**esource **L**ocator (einheitlicher Quellenanzeiger oder Adresszeile).

Voice over IP IP-Telefonie (Internet-Protokoll-Telefonie), auch Internet-Telefonie (VoIP) genannt, ist das Telefonieren über Computernetzwerke, die nach Internet-Standards aufgebaut sind. Dabei werden für Telefonie typische Informationen, d. h. Sprache und Steuerinformationen z. B. für den Verbindungsaufbau, über ein auch für Datenübertragung nutzbares Netz übertragen. Bei den Gesprächsteilnehmern können sowohl Computer, auf IP-Telefonie spezialisierte Telefonendgeräte als auch über spezielle Adapter angeschlossene klassische Telefone die Verbindung herstellen (Quelle: Internet, Wikipedia).

Wikis Webbasierte Plattformen, die es erlauben, in einer einfachen Arbeitsumgebung, i. d. R. einem Browserfenster, Texte zu lesen, zu erstellen, zu verändern oder zu löschen. Die bekannteste Plattform dürfte die Online-Enzyklopädie Wikipedia sein.

Zombie-PC Infizierter Computer.

Stichwortverzeichnis

I

K

L

M

N

O

P

R

S